KB040028

투자의 역사는
반드시 되풀이된다

경제의 큰 흐름에서 발견한 부의 기회

투자의 역사는
반드시 되풀이된다

정광우 지음

포레스트북스

에스파냐 출신의 철학자 조지 산타야나는 이런 말을 남겼다. "과거를 기억하지 못하는 자는 그 과거를 반복하기 마련이다." 인류의 역사는 반복되어 왔고 그래서 과거를 제대로 복기하는 것이 얼마나 중요한지를 여러 사람이 지적해왔다. 하지만 명확한 근거를 바탕으로 '투자의 역사'가 되풀이되고 있음을 제시한 책은 이 책이 유일할 것으로 생각된다. 저자는 현역 펀드매니저 시절 투자의 역사를 완벽히 이해하여 현장에 적용한 덕분에 8천억 원이 넘는 자산을 운용했고 누구나 부러워할 최고의 성과를 맛보았다. 주식시장의 역사와 현상을 분석해 앞으로의 흐름을 예측해내는 그의 통찰력은 타의 추종을 불허한다. 이 책을 읽고 서가에 즐비했던 주식 책들을 정리할 수 있었다. 독자 여러분도 이 책에서 '투자의 미래'를 엿보시길 바란다.

이채원(現) 라이프자산운용 이사회 의장, 前) 한국투자밸류자산운용 대표이사)

주식시장의 역사는 끊임없이 반복된다. 하지만 투자자 대부분은 반복되는 역사를 무시하고 이번에는 다를 것이라고 믿는다. 어느 분야든 최고의 자리에 오른 사람은 자신이 임하는 경기에 대한 철저한 복기를 통해 실력을 쌓아 나간다. 이 책은 최근 3년간 코로나 전후의 장세를 한편의 다큐멘터리 영화처럼 꼼꼼하게 기록하고 과거의 역사적 사실과 비교하며 분석해 놓았다. 더불어 앞으로 펼쳐질 국내 증시의 변화에 대한 혜안도 엿볼 수 있다. 이 책을 읽는다면 정광우 저자가 왜 우리나라 최고의 투자 전략가로 불리는지 단박에 알 수 있을 것이다.

박세익(체슬리투자자문 대표이사)

저자는 가치투자 세계에서 나무와 숲을 두루 살피는 데 통달한 희귀한 캐릭터다. 나는 매크로 해설을 딱히 좋아하는 편이 아닌데 그럼에도 불구하고 86번가를 비롯해 그의 방송만은 반드시 챙겨본다. 미시와 거시를 오가는 그의 통찰을 살피기 위함이다. 지난 3년은 시장 사이클이 빠르게 한 바퀴 돈 특별한 시기였고, 그만큼 많은 교훈을 얻을 수 있었다. 이 책은 코로나 이후 급변했던 시장에 관한 '징비록'이다. 우리가 현재 어느 위치에 서 있는지에 대한 힌트를 준다는 점에서 그 가치는 더하다. 앞으로의 시장 변화가 궁금한 사람에게는 귀한 선물이 될 것이다.

최준철(VIP자산운용 대표이사)

시장의 불확실성이 커질 때마다 종종 저자에게 의견을 구한다. 그럴 때마다 저자는 과거의 사례를 통해 현 상황의 본질이 무엇인지를 정확히 판단해 늘 현명한 해답을 들려준다. 불확실한 미래에 대처하는 인류 문명의 유일한 무기는 이미 일어난 과거의 사건들을 공부하는 것이다. 그런 점에서 모든 학문과 기술의 출발은 역사 공부라고 할 수 있다. 그러나 투자의 세계에서는 당장의 뉴스와 수익을 좇고자 하는 인간의 욕망이 너무나 강한 나머지 과거를 복기하는 역사 공부는 종종 뒷전으로 밀리곤 한다. 인간 심리와 사회구조를 전방위로 탐색해 과거를 입체적으로 분석한 이 책이 밀린 시장 공부에 대한 최고의 참고서가 될 것이라고 단언하며 일독을 권하는 바이다.

강대권(라이프자산운용 대표이사)

"역사는 두 번 반복된다. 한 번은 비극으로, 한 번은 희극으로." 코로나 19 이후의 사이클은 역사를 공부한 사람에게는 희극으로, 역사의 반복을 믿지 않은 자에게는 비극으로 다가왔다. 정광우 저자는 내가 혼란스러울 때마다 지혜를 구하는 사람이다. 박학다식함과 뿌리 깊은 식견에서 나오는 통찰은 언제나 감탄사를 자아낸다. 그는 2022년이 되자마자 "올해는 주식을 할 필요가 없다"라고 했다. 모두를 절망케 했던 하락장이 지나가고 모두가 "도망쳐"를 외치던 그해 10월, 그는 "이제 주식을 살 때입니다"라고 담담하게, 그러나 강하게 말했다. 그가 펀드매니저를 그만둔 것은 업계의 비극이지만 자유인이 된 그의 목소리를 여러 매체에서 들을 수 있는 것은 천만 주식투자자에게 축복이다. '역사 공부가 돈이 되는지' 궁금하다면 고개를 들어 이 책을 보라.

홍진채(라쿤자산운용 대표이사)

정광우 저자는 늘 기본에 충실하다. 책 서두부터 주가를 움직이는 세 가지(유동성, 심리, 펀더멘털)를 다뤘다. "역사는 반복되지만, 완전히 재현되지는 않는다"라는 책을 관통하는 핵심 메시지도 압권이고, 중간중간 '쉬어 가는 코너'로 다룬 '연준 실패의 역사'와 '선거와 주가의 상관관계' 등은 또 다른 별미다. 이 책은 저자 특유의 통찰력으로 데이터에 근거하면서도 자신만의 뷰를 담담하게 전달하는 그의 장기가 유감없이 발휘된 책이다. 전혀 모르는 상태에서 투자하는 것과 제대로 알고 투자하는 것의 차이를 깨닫게 될 것이다.

빈센트(업라이즈 빅데이터 이코노미스트, MFO (Multi Family Office) 총괄)

투자의 역사는 반드시 되풀이된다

86번가 정광우 대표의 리서치 능력은 여의도에서는 모르는 사람이 없을 정도로 탁월합니다. 그는 시장 흐름을 적중률 높게 정확히 짚어내는 것으로 유명한데, 현역 시절부터 성실하게 데이터를 분석하면서 8천억 원의 자산을 운용해본 경험이 축적되었기 때문에 가능한 일이라고 생각합니다. 그의 리포트는 항상 단호한 어조를 사용하는데 실제로 그를 마주할 때는 항상 겸손한 자세를 유지하고 있어서 그의 말이 더욱 신뢰가 갑니다. 단호하되 겸손하고, 성실하면서도 탁월한 통찰력을 지닌 사람이 존재한다는 것이 무척 신기하고 그런 사람과 소통하고 있다는 것이 참으로 다행이라고 생각합니다. 이 책에는 정광우 저자의 투자 노하우가 고스란히 담겨 있습니다. 코로나19를 거치며 경험한 시장의 흐름이 지금의 우리에게 어떤 의미이며, 앞으로의 변화를 전망할 때 어떻게 활용해야 할지를 이 책을 통해 확인해보시기 바랍니다.

이효석(업라이즈 이사)

코로나가 지난 수년간 모든 것을 바꿔놓았다. 개인들의 일상뿐만 아니라 금융시장도 이전과는 전혀 다른 움직임을 보였다. 이 책은 정광우 저자 특유의 분석력으로 코로나 이전과 이후로 무엇이 어떻게 달라졌는지를 데이터를 근거로 낱낱이 풀어내고 있다. 경제·경영의 관점과 펀드매니저로서의 시각이 균형감 있게 기술되어 있어 이 책을 읽는 독자라면 누구나 향후 시장 분석과 전망에 큰 도움을 얻을 것으로 믿는다.

김준송(前) 리먼브러더스은행 한국대표)

"역사는 그대로 반복되지 않지만, 그 흐름은 반복된다"라고 합니다. 상황과 환경이 다르기 때문에 똑같은 역사가 반복되지는 않지만, 상황에 대처하는 사람들의 행태는 유사하기 때문에 비슷한 흐름으로 흘러간다는 의미입니다. 투자의 역사를 아는 것은 시장의 미래를 예측하는 데 꼭 필요한 공부입니다. 신뢰할 만한 투자 전문가인 정광우 저자는 코로나 전후의 주식 상황을 자세히 분석하고, 향후 시장이 어떻게 변화할지에 대한 아이디어를 그러모아 이 책에 모두 담아냈습니다. 자, 이제 여러분은 주식의 미래를 내다볼 수 있는 수정구슬을 손에 넣었습니다. 부디 제대로 활용하셔서 시장을 제대로 보는 현명한 투자 원칙을 세우시길 바랍니다.

송선재(와이민, 『스스로 좋은 투자에 이르는 주식 공부』 저자)

저는 평소에 펀드매니저가 쓴 책은 무조건 다 보라고 주변에 이야기합니다. 그들은 법 규정적 제약으로 하고 싶은 말을 제대로 다 하지 못하기에, 대나무숲에서 외치는 심정으로 책을 쓰기 때문입니다. 정광우 저자는 2021년 강세장, 2022년 하락장, 2023년 강세장을 모두 맞추며 슈퍼스타가 되었는데, 이 책은 그가 소위 '잘 맞추는 사람'이 된 이유를 상세하게 설명해줍니다. "역사에 밝고 화가를 멀리하라"고 말하는 그가 2017년 JYP를 공매도 치던 모건스탠리를 본인 소속이던 한국투자밸류자산운용이 받아치는 장면을 공시로 보여준 것이 이 책의 백미 중 하나인데, 정말이지 주식투자를 하시는 분들이라면 꼭 읽었으면 좋겠습니다.

채상욱(부동산 애널리스트, 크리에이터)

제가 아는 정광우 저자는 '아는 것 많고, 글 잘 쓰고, 말 잘하는 투자자'입니다. 뵐 때마다 반짝이는 눈으로 재미있는 투자 이야기를 들려주기 때문이죠. 사원 정광우와 대리 김효진으로 만난 인연이 10년 가까이 이어지고 있는 것도 그런 이유 때문인가 봅니다. 경제를 전망하고 투자를 고민할 때 지난 역사만큼 도움이 되는 교과서는 없습니다. 저자가 말한 대로 늘 '변주'는 있지만 역사는 진정 보물 지도입니다. 이 책에는 차트가 많지만, 걱정하지 마세요. 딱딱할 수 있는 차트 하나하나마다 이야기와 고민, 재미가 함께 곁들여져 있으니까요. 책장을 덮고 나면 내가 가야 할 투자의 길이 마음속에 보일 겁니다.

김효진(KB증권 연구위원)

투자는 어렵다. 투자 성공을 위해서는 실전 경험을 쌓는 것도 중요하지만 누군가 멘토에게 원포인트 레슨을 받는 것도 필요하다. 정광우 저자는 특유의 냉철하면서도 심플한 시각으로 주식시장의 변화를 읽고 조언하는 데 탁월한 전문가이다. 『투자의 역사는 반드시 되풀이된다』는 그의 탁월함이 충분히 녹아 있는 책인 만큼 투자의 방향을 고민하는 투자자에게 최적의 나침반이 되어줄 것이다.

오건영(신한은행 WM사업부 팀장)

지금은 「손에 잡히는 경제 플러스」 '증시 열렸다' 코너에서 매주 만나는 사이지만, 처음 저자를 만났을 때는 '이렇게 해박하고 통찰력 있고 재미있게 주식과 경제 이야기를 풀어내는 사람이 있다니!' 감탄을 금할 수 없었다. 일견 복잡해 보이는 이슈나 현상도 그의 해설을 듣고 나면 명확히 이해되기 때문이다. 그런 그가 코로나 이후의 주식시장의 역사를 통찰해 한 권의 책으로 엮었다고 한다. 추천사 작성을 위해 책을 읽으며 또 한 번 감탄을 금치 못했다. 코로나 이후의 주식시장은 어떤 일들을 겪었고 어떻게 반응했고 어떤 교훈을 남겼는지가 일목요연하게 정리되어 있었기 때문이다. 주식투자자라면 필히 일독을 권한다.

박정호(명지대학교 특임교수, MBC 「손에 잡히는 경제 플러스」 진행자)

코로나와 함께 보낸 지난 몇 년간 주식시장은 격변의 시기였습니다. 그 격변의 시기를 면밀히 살펴보고 기록한 저자의 책을 읽으면서 "알면 보이고 보이면 사랑하게 되나니 그때 보이는 것은 이미 예전과 같지 않으리라"는 오래된 문장이 떠올랐습니다. 독자들은 이 책을 통해서 주식시장을 깊이 알고, 투자를 진실로 사랑하는 뛰어난 투자자의 관점을 엿보게 될 것입니다. 더불어 코로나 전후의 주식시장을 살펴보고 되새기는 귀중한 경험을 통해 앞으로의 투자 여정에 든든한 자산도 얻게 될 것입니다. 투자의 역사를 이해하고 투자를 사랑하게 될 모든 투자자에게 일독을 권합니다.

최홍석(최파고, 미래에셋증권 선임매니저)

코로나19를 기점으로 주식 매매의 근간이 모두 깨져 버렸다. 이동평균선, 엘리어트 파동이론, 일목균형표, 스톡캐스틱 등 수백 년 역사를 바탕으로 만들어진 기술적 분석은 이제 들어맞지 않는다. 실적이나 자산 대비 싸냐 비싸냐 등의 기본적 분석도 별 의미가 없다. 무자비하게 짓누르는 공매도 앞에 실적지표는 하찮게 여겨지고 있으며, 공매도 세력이 무너지면서 나오는 쇼트커버링 앞에 주가는 우주를 뚫을 기세다. AI 알고리즘 매매 앞에 개인투자자는 속절없이 당할 뿐이기도 하다. 정광우 저자의『투자의 역사는 반드시 되풀이된다』는 바로 이런 순간 우리 앞에 나타난 희망의 빛이다. 그간 익숙했던 주식의 상식들은 깨져 버렸지만 역사 앞에서는 그 어떤 것도 겸손해질 수밖에 없기 때문이다. 마치 주식이 도박판처럼 변했다고 느끼는 순간, 세력의 놀이터로 변질됐다고 체념하는 순간, 뭘 해도 안 되겠다는 좌절감이 극대화되는 순간, 이 책은 우리에게 새로운 해답을 제시해줄 것이다.

정철진(경제평론가, 진 투자컨설팅 대표이사)

아나운서로 오랫동안 일해오면서 누군가에게 어떤 정보를 알기 쉽게 전달하기가 정말 어렵다는 것을 매번 느낍니다. 그것도 재미있고 유익하게 전달하려면 진땀을 흘려야 하는데요. 저자를 만나 이야기를 나눠보면 '어떻게 복잡한 경제 문제를 이렇게 쉽게 설명할까'란 생각이 절로 듭니다. 게다가 경제사에 정통하여 문제의 단편적인 해석이 아닌 인과관계와 흐름을 통찰해 입체적으로 설명해 줍니다. 그는 2021~2023년 기간에 강세 ⇨ 하락 ⇨ 강세장을 연속으로 예측한 것으로 유명한데, 이 책을 읽고 나서야 그가 어떻게 정확하게 시장의 흐름을 예측할 수 있는지 깨달았습니다. 시장의 위기가 닥쳤을 때, 하락 국면에 들어섰을 때, 어떻게 대처해야 할지 고민해온 투자자라면 이 책에서 귀중한 투자 지침을 얻을 겁니다.

이재용(아나운서, 정화예술대학교 초빙교수)

이 책은 역사적 사건인 코로나 이후 주식시장의 작동원리를 정확히 분석하여 주식시장에 대한 깊은 인사이트를 제공하고 있다. 일반투자자들에게 한국 주식시장의 전반적인 흐름을 이해하는데 이보다 더 좋은 가이드는 없을 것이다. 책을 읽는 내내 저자의 독창적인 접근과 분석, 그리고 어려운 내용을 쉽게 설명하는 탁월한 능력에 감탄을 금할 수 없었다. 또한 행동주의 펀드와 거버넌스에 관한 저자의 통찰은 일반투자자를 비롯해 주식시장 관련 법과 제도를 연구하는 전문가들에게도 큰 도움이 될 것으로 보인다. "역사는 반복되지만 재현되지는 않는다"라는 쉽지만, 어려운 명제가 가슴에 남는다.

이상훈(경북대학교 법학전문대학원 교수)

투자는 역사와 맞닿아 있다

필자는 역사 공부를 좋아합니다. 역사 공부를 하면서 그 당시를 상상해보는 재미가 쏠쏠하기 때문입니다. 그런데 문득 전 세계가 전염병 공포에 휩싸였던 초유의 사태가 어떻게 기록될지 궁금해졌습니다.

'코로나19는 나중에 어떻게 기억될까?'

역사는 같은 사건이라 할지라도 기록하는 사람에 따라 다르게 쓰입니다. 종종 역사적 사실 그 자체 기술에 대한 오류도 발생합니다. 그렇기에 읽는 이의 마음에 쏙 드는 역사책을 찾기란 여간 어려운 일이 아닙니다.

'그렇다면 스스로 정리해보는 건 어떨까?'

처음부터 거창하게 책을 쓰겠다는 목표를 가졌던 것은 아닙니다. 그저 유튜브 채널 86번가에 매주 정리한 내용을 올리는 것에서부터 시작했습니다. 필자는 펀드매니저로 활동한 바 있으니 코로나19 상황을 경제, 주식과 연계하여 보면 더 좋을 것 같다는 생각이 들었습니다. 그래서 경제, 주식 분야 위주로 상황을 기록해 나갔습니다.

그런데 이 과정에서 욕심이 생겼습니다. 단순히 과거의 일을 기록하는 것에서 그치기보다, 이를 통해 '투자할 때 도움이 될 수 있는 내용을 담는다면 어떨까'라는 생각이 들었습니다. 투자 세계에서는 과거의 일이 반복적으로 발생하는 경향이 있는데 이는 역사 공부와 맞닿아 있는 부분입니다.

그렇게 『투자의 역사는 반드시 되풀이된다』가 탄생했습니다. 역사와 경제에 관심 있는 분들에게 도움이 되는 책이 되었으면 합니다. 감사합니다.

왜 투자의 역사는 반복되는가

투자의 역사는 반복되는 경향이 있습니다. 그래서 수많은 투자자와 분석가가 과거를 통해 미래를 분석하려 노력합니다. 그런데 왜 투자의 역사는 반복되는 것일까요? 이 현상을 설명할 수 있는 세 가지 이유가 있습니다.

첫째, 인간의 행동입니다. 투자자들은 두려움과 탐욕 같은 감정에 의해 움직이며 이는 시장 거품과 붕괴로 이어지곤 합니다. 예를 들어 강세장에서 투자자는 잠재적 위험을 충분히 평가하지 않고 지나치게 낙관적으로 주식에 투자할 수 있습니다. 이 경우 주가가 실제 가치 이상으로 부풀려져 거품으로 이어집니다. 결국 거품이 터지고 투자자들은 상당한 손실을 입게 됩니다. 인간은 과거를 통해 배운다는 말을 하지만 실제 투자의 역사를 살펴보면 무수히 많은 거품과 붕괴가 반복적으로 나타났습니다.

둘째, 경제가 순환하기 때문입니다. 경제 성장은 자로 잰 듯 일정하게 우상향하지 않습니다. 수많은 변수가 존재하기에 경제는 종종 일정한 경로를 이탈하는 모습을 보입니다. 그리고 짧게 보면 재고 사이클, 좀 더 길게 보면 설비 투자 사이클, 훨씬 길게 보면 중대한 발명과 혁신에 따른 사이클 변화가 존재합니다. 투자자는 경제가 어떤 상황에 놓여 있는지를 참고해서 투자하기 마련인데, 경제가 확장과 침체를 반복한다면 투자도 반복적인 경향이 나타날 수밖에 없습니다.

셋째, 정부의 대응입니다. 경제가 침체에 빠지면 정부는 경제를 살려내기 위해 모든 노력을 쏟아붓습니다. 대표적으로 금리를 내리는 통화정책과 확장 예산을 편성하는 재정정책이 있습니다. 반대로 경제가 과열 신호를 보내면 정부는 지나친 버블이 만들어낼 후폭풍을 우려하여 서서히 긴축정책을 펼쳐나가게 됩니다. 이 같은 조치는 경제가 원활하게 순환하는 데 기여하게 됩니다. 물론 종종 잘못된 정책을 펼쳐서 깊은 침체나 과도한 버블로 이어지기도 합니다.

그래서 꼭 필요한 투자 역사 공부

투자의 역사는 반복되기에 투자를 제대로 하고자 한다면 역사를 꼭 공부해야 합니다. 이는 마치 학생이 기출 문제를 풀어보는 것과 같습니다.

필자가 투자 역사에 대해 관심을 갖게 된 데에는 선배님들의 조언이 컸습니다. 학창 시절 투자 동아리 활동을 했는데, 동아리 출신의 현업에 있는 훌륭한 선배님들의 강의를 들을 기회가 많았습니다. 대형 자산운용사에서 소위 스타 펀드매니저로 이름을 날리던 선배님께 '투자를 잘하려면 무엇을 공부해야 하나요?'라는 질문을 한 적이 있습니다. 당시 그 선배님의 답변은 '역사'였습니다. 국내 최고의 자산운용사를 손수 만드신 선배님께도 같은 질문을 드린 바가 있는데, 역시나 답변은 '과거를 잘 기억해야 한다'였습니다.

당시의 기억은 강렬하게 남았고, 이후 역사 공부를 꾸준히 하게 되었습니다. 한국투자밸류자산운용에 입사한 이후에는 이채원 현 라이프자산운용 의장님을 통해 과거를 배웠습니다. 의장님의 집무실은 언제나 노크만 하면 들어갈 수 있었는데, 궁금한 점을 모조리 여쭤볼 수 있었습니다. 가령 닷컴 버블을 예로 들어보겠습니다. 닷컴 버블을 모르는 투자자는 아무도 없을 것입니다. 하지만 당시를 온몸으로 겪은 투자자는 많지 않습니다. 피상적으로 당시에 주가가 너무나 말도 안 되게 비싸서 증시가 하락했다 정도는 알고 있지만, 구체적으로 당시 어떤 분위기였는지를 제대로 말해주는 사람은 거의 없습니다. 하지만 이채원 의장님은 베테랑 투자자로서 당시를 누구보다 격렬하게 경험하셨기에 마치 눈앞에 한 편의 영화가 펼쳐지듯 생생하게 닷컴 버블이 터지던 때에 대해 알려주셨습니다.

이렇게 터득한 노하우를 이 책에 모두 담았으니 재미있게 읽으셨으면 합니다.

역사는 반복되지만 재현되지 않는다

그런데 조심할 점이 있습니다. 역사가 반복되기는 하지만 완전히 동일하게 재현되진 않는다는 점입니다. 영화를 보아도 속편은 1편과 다르게 변주가 있기 마련인데, 증시도 똑같습니다. 그리고 이 점이 투자를 어렵게 만듭니다. 만약 투자의 역사가 동일하게 반복되는 것이었다면 우리는 역사 공부만으로도 모두 드라마 재벌집 막내아들의 진도준처럼 될 수 있었을 것입니다.

하지만 변주가 있다고 너무 실망할 필요는 없습니다. 왜냐하면 그것이 역사 공부를 하지 않을 이유는 되지 않기 때문입니다. 미래에 대해 전혀 모르고 투자하는 것과 어렴풋이라도 알고 투자하는 것에는 큰 차이가 있기 마련입니다.

저는 그래서 역사를 보물 지도라고 표현합니다. 영화에 나오는 보물 지도를 보면 보물이 숨겨져 있는 장소를 완벽하진 않지만 어느 정도 근접하게 알려줍니다. 그리고 이를 주인공이 열심히 탐험해서 발견해냅니다. 우선 역사를 공부해서 보물 지도를 획득했다면, 그 다음으로 투자자들이 할 일은 열심히 탐험하는 것입니다. 이를 통해 과거와 현재의 차이점을 알고, 정말로 지금에 맞는 투자가 무엇인지 알 수 있게 될 것입니다.

주가를 움직이는 세 가지 힘

본격적으로 역사 공부와 탐험에 나서기 전에 가장 기본적인 부

투자의 역사는 반드시 되풀이된다

분을 알고 갈 필요가 있습니다. 바로 주가를 움직이는 힘인데, 크게 세 가지가 있습니다.

첫째, 유동성
둘째, 심리
셋째, 펀더멘털

유동성은 주식시장에 돈이 많이 흘러들어오느냐 여부를 말합니다. 당연하게도 돈이 많이 흘러들어오면 주가는 올라가는 힘이 강해집니다. 유동성을 결정하는 요소는 크게 두 가지로 볼 수 있는데, 정부가 결정하는 재정정책과 중앙은행이 결정하는 통화정책입니다. 일반적으로 경기가 좋지 않을 때 완화적인 재정 및 통화정책이 나오게 됩니다. 그러면 비록 경제는 엉망이지만 주가는 바닥을 다지고 올라가게 됩니다. 반대의 경우도 마찬가지입니다. 경제는 아주 뜨겁지만 긴축적인 재정 및 통화정책이 나오면 주식은 어느새 고점을 찍고 하락하게 됩니다. 그래서 투자자들은 정부와 중앙은행이 어떤 정책을 펼쳐나가는지 늘 유심히 관찰해야 합니다.

심리란 말 그대로 투자자들이 주식시장을 어떻게 바라보느냐를 말합니다. 주식이 올라갈 것이란 심리가 강하면 몰려들 것이고, 내려갈 것이란 심리가 강하면 발을 빼게 될 것입니다. 심리는 추세를 더 강하게 만드는 역할을 합니다. 강세장일 때에는 주가가 하늘 높이 더 올라갈 것이라는 심리가 생겨나기 마련이고, 이는 버블을 만들어냅니다. 반면 약세장일 때에는 절대로 주식을 하지 말아야지라는 체념이 생겨나고 이는 투매를 불러일으킵니다. 주식시장의 심리를 잘 읽는 투자자라면 버블과 투매를 구분할 줄 알아야 합니다.

마지막으로 펀더멘털이란 현재 경제가 튼튼한지 여부를 말합니다. 유동성과 심리가 안정적일 때 경제도 탄탄하다면 소위 실적장세가 만들어집니다. 일반적으로 실적장세는 가장 생명력이 길고, 투자자들에게 안정적인 수익률을 안겨다 줍니다. 반면 유동성과 심리가 불안할 때 경제가 약하다면 역실적장세가 만들어집니다. 이 상황이 되면 주변에서 경기가 좋지 않다는 이야기가 연일 들려올 것입니다. 이처럼 부정적인 이야기를 계속 듣다 보면 (혹은 경험하다 보면) 자연스레 심리도 부정적으로 변하기 마련입니다. 그래서 역실적장세에는 펀더멘털과 심리가 서로 악영향을 주는 부정적 사이클이 만들어지곤 합니다.

코로나19 발생 이후 약 3년간 주식시장은 위아래로 크게 움직였습니다. 다들 전례 없는 일이라고 하는데, 사실 기본적으로 주식시장을 움직인 동력은 간단합니다. 바로 유동성, 심리 그리고 펀더멘털 이 세 가지입니다.

앞으로 투자의 역사가 어떻게 반복되어왔는지, 그리고 그때마다 유동성과 심리, 펀더멘털은 구체적으로 어떻게 전개되었는지에 대해서 다뤄보겠습니다. 중심 뼈대는 2020년 초에 시작되어 3년을 이어온 코로나19입니다. 3년이라는 짧은 기간 동안에 정말로 많은 일이 있었기에 이보다 더 좋은 사례는 없습니다.

여기에 흥미로운 과거 사례과 적절한 데이터를 살로 붙여두었습니다. 과거 사례나 데이터를 접목 시킬 때 신호가 되는 것이 있는가 하면 소음에 불과한 것들도 있습니다. 유용한 신호가 될 수 있는 것들로만 알차게 준비했습니다. 또한 실제 펀드매니저로 10여 년간 근무한 경험을 바탕으로 그동안 궁금했지만 개인 투자자들은 알기 어려웠던 업계의 이야기도 실었습니다.

자, 그럼 시작해볼까요?

· 차례 ·

| PART 1 |
태동(胎動): 코로나 팬데믹 발발

| PART 3 |
반동(反動): 역행하는 코로나 랠리 약세장

| PART 1 |

태동(胎動):
코로나 팬데믹 발발

- 코로나 19를 겪으면서 증시 순환론이 부활하였습니다.
- 증시 순환론은 재고주기에 기반합니다. 코로나19 이전에는 IT의 발달로 기업들이 적정재고를 유지해나갔기에 재고주기가 나타나지 않았습니다. 하지만 코로나19로 인해 경제 불확실성이 커지면서 재고의 과소와 과대가 나타났습니다.
- 경제가 위기에 처하면 정부와 중앙은행은 적극적으로 유동성을 공급합니다. 이 유동성을 바탕으로 비록 현실은 엉망이지만 증시는 반등하는 금융장세가 시작됩니다.

매일 야식을 먹으면 살이 찝니다. 반면 꾸준히 운동을 하면 건강해집니다. 이처럼 세상 일에는 원인과 결과가 있습니다. 주식시장도 마찬가지입니다. 지금이야 모두들 역금융장세, 역실적장세 등 증시 순환론에 기반하여 주식 시장을 분석하려 합니다. 하지만 코로나19 이전에는 증시 순환론이 사라졌었습니다. 왜냐하면 적절한 수준의 재고가 오랜 기간 유지되었기 때문입니다.

증시 순환론이란 재고가 늘었다 줄었다 하는 재고순환주기를 바탕으로 나타나는데, 재고의 순환이 2014년에서 2019년 사이에는 없었습니다. 그런데 코로나19라는 전대미문의 일을 겪으면서 아무도 재고를 가지려하지 않았습니다. 재고 감소가 급격히 나타났습니다. 이는 코로나19 이전 몇 년 동안에는 없었던 일입니다. 그렇습니다. 재고의 급변동이 정말 오랜만에 부활한 것입니다. 그리고 이는 증시 순환론을 되살려내는 원인이 되었습니다. 이를 먼저 알아차린 이들일수록 더 쉽게 향후 증시를 예상할 수 있었습니다.

아무래도 최근 사례가 기억에 많이 남는 법입니다. 그래서 코로나19 사례를 기본 축으로 해서 역사 공부를 한번 해볼까 합니다. 또한 코로나19 당시에 증시 변동성은 대단히 컸습니다. 그래서 비록 기간은 2~3년 남짓에 불과하지만 다양한 국면을 압축적으로 보여준다는 측면에서 좋은 사례가 될 것이라고 생각합니다.

지금과 정반대였던
코로나19 직전의 세상

코로나19 이후 우리는 무려 40년 만에 되살아난 높은 인플레이션으로 고통받고 있습니다. 하지만 코로나19 직전의 세상은 이와는 정반대였습니다. 당시 최대 고민은 놀랍게도 도대체 어떻게 하면 인플레이션을 일으킬 수 있을까였습니다. 코로나19 이전 상황이 얼마나 디플레적이었는지를 분야별로 살펴보도록 하겠습니다.

먼저 석유입니다. 2013년까지만 해도 110달러를 넘던 유가(WTI 기준)는 미국이 셰일가스 개발에 본격적으로 나서자 폭락세가 나타났습니다. 심지어 2016년에는 30달러 아래로까지 내려갔을 정도였습니다. 이후 위기감을 느낀 산유국들은 적극적인 감산에 나섰고, 겨우 다시 70달러 이상으로 올려놓습니다. 하지만 트럼프 당선 이후부터 전개된 미중 무역갈등으로 유가는 재차 40달러 초반까지 하락하게 됩니다. 결국 산유국들은 감산을 더욱 늘리는 방법으로 대응할 수밖에 없었습니다. 이미 하루 120만 배럴의 감산을 실행 중이던 OPEC+는 코로나19가 터지기 직전인 2019년 12월 회의에서 감산 규모를 170만 배럴로 늘리기까지 했습니다. 떨어지는 유가를 방어하기 위한 응급조치였습니다. 하지만 그럼에도 불구하고 유가는 겨우 60달러선에 머물렀습니다.

다음은 미국 정책 금리를 비롯한 통화정책입니다. 금융위기 이후 제로 금리 및 양적완화를 통해 미국은 위기를 극복하게 됩니다. 이후 경제가 좋아지자 긴축에 나서게 되는데 아주 천천히 금리를 올리게 됩니다. 2015년 0.25%, 2016년 0.25%, 2017년 0.75%, 2018년 1%로 도합 2.25%의 금리를 올린 후 인상 사이클이 종료됩니다. 무려 4년에 걸쳐서 올려 나갔는데 2.25%밖에 못 올렸던 것입니다. 이처럼 느리게, 조금만 올릴 수 있었던 이유는 물가 상승이 안정적이었기 때문입니다. 당시 물가 상승률은 2% 내외로 매우 안정적이었습니다. 가장 높았던 달조차 3%를 넘지 않았습니다. 심지어는 이후 경제가 냉각되는 모습이 보이자 연준은 그 즉시 금리 인하에 나섰습니다. 2019년 하반기에 연준은 금리를 0.75% 내려버립니다. 심지어는 Not-QE라고 해서 재정증권을 대상으로 양적완화의 비슷한 자산 매입에도 나서게 됩니다.

놀라운 점은 고용시장에서도 나타납니다. 우리는 일반적으로 고용시장이 활황이면 인플레이션이 나타난다고 배웠습니다. 바로 필립스 곡선입니다. 그런데 코로나19 이전에는 필립스 곡선이 전혀

투자의 역사는 반드시 되풀이된다

작동하지 못했습니다. 2019년 하반기를 보면, 연준이 금리를 내리고 단기물 위주이긴 하지만 자산 매입을 재개하였습니다. 그리고 실업률은 당시 자연실업률(혹은 완전고용)이라고 알려진 4%를 뚫고 내려가 3.5%에 불과했습니다. 약 50년 만의 최저치였습니다. 그럼에도 불구하고 2019년 소비자물가지수는 2.3%였습니다.

혹시나 당시 경제 상황이 나빴냐고 하면 그렇지도 않았습니다. 미국의 GDP 성장률은 잠재성장률(1% 후반)보다 높은 2%대를 계속해서 기록했습니다. 미국 경제의 핵심인 소비도 호조세를 보였습니다. 주택 관련한 데이터도 금융위기 전이었던 2006~2007년을 넘어서는 숫자를 보여주었습니다.

이 같은 상황을 반영하여 미국 3대 증시도 나란히 신고가를 기록하였습니다. 경제는 견조하게 성장하는데 물가는 상승하지 않으니 소위 골디락스 장세가 펼쳐졌던 것입니다.

당시에 얼마나 중앙은행들이 저물가를 걱정했는지는 다양한 곳에서 드러납니다. 2019년 12월 FOMC 회의 의사록을 보면 인플레이션이 2%에 미치지 못함에 대한 우려의 문구가 들어가 있습니다. 2020년 1월 FOMC 회의에서 파월 의장은 인플레이션이 목표치보다 낮은 상황에 대해 불편not comfortable하다는 표현을 사용하기까지 했습니다. 지금은 연준 부의장을 거쳐 백악관 국가경제위원회 위원장이 된 라엘 브레이너드 당시 연준 위원은 인플레이션 목표치를 현행 2%에서 2.0~2.5%로 올리자는 주장까지 하였습니다. 같은 시기 유럽 중앙은행도 2003년 이후 처음으로 성장과 인플레이션이 억제

된 상황을 탈피하기 위한 통화정책 전략 전면 재검토 계획을 발표했습니다. 그렇습니다. 당시 고민은 딱 하나였습니다.

"아무리 돈을 풀어도, 아무리 경제가 호황이어도, 아무리 고용시장이 좋아도 인플레이션이 나타나질 않습니다. 도대체 어떻게 해야 인플레이션이 나타나게 될까요?"

인플레이션이 없는 시대엔 역시나 성장주

인플레이션이 없는 시기엔 저금리 환경이 만들어집니다. 그리고 저금리 환경에서 최고의 승자는 성장주입니다. 금융위기 이후 본격적으로 저물가 시대에 접어든 시기는 2014년 말부터라고 볼 수 있습니다. 소비자물가지수와 기대인플레이션이 모두 대안정기에 접어들었기 때문입니다. 일단 인플레이션이 안정화되자 성장주는 본격적으로 증시를 앞서나가기 시작합니다. 그리고 이 같은 흐름은 인플레이션 심리가 다시 살아나기 시작한 2021년 3월까지 지속됩니다. 코로나19 발생으로 저물가 현상이 더욱 심화되었는데, 2021년 3월부터 소비자물가지수가 연준의 목표인 2%를 넘어 하늘 높이 올라가기 시작했습니다(그림 1-1). 또한 기대인플레이션도 이때부터 본격적으로 상승하기 시작합니다(그림 1-2).

2014년 말부터 2021년 3월까지 성장주는 지수 대비 35%나 더 상승하였습니다. 승자가 있으면 패자도 있는 법입니다. 가치주는

투자의 역사는 반드시 되풀이된다

그림 1-1 미국 소비자물가지수 추이(2000~2022년)

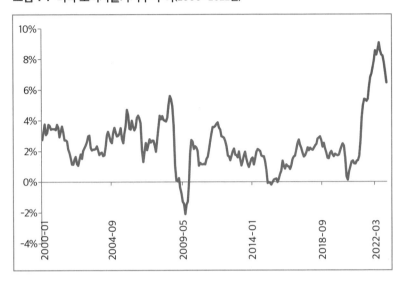

**그림 1-2 미국 기대인플레이션 추이(2000~2022년, Federal Reserve Bank of Cleveland
          1 year 기준)**

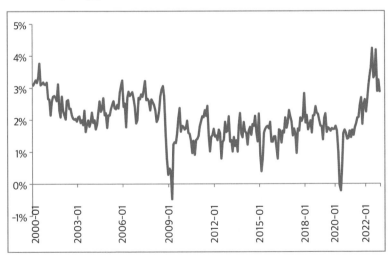

이 기간 동안 성장주 대비로는 75%, 지수 대비로는 40% 뒤처지는 성과를 기록합니다.

이처럼 격차가 발생하는 이유는 자산가치 평가방법에서 금리가 중요한 역할을 하기 때문입니다. 자산이 제공하는 미래 예상 현금흐름에 대해 할인을 적용하게 되는데, 이때 금리가 바탕이 됩니다. 금리가 높아질수록 할인율이 높아지고, 금리가 낮아질수록 할인율도 낮아집니다. 지금보다 미래에 훨씬 더 많은 현금흐름을 투자자에게 안겨 줄 수 있는 기업을 우리는 성장주라고 합니다. 금리가 낮아져서 할인율이 낮아지면 가치가 상승할 수밖에 없는 것입니다.

그림 1-3 S&P500 지수 ETF(SPY), S&P500 성장주 ETF(IVW), S&P500 가치주 ETF(IVE) 주가 추이(2014년 말~2021년 3월 말)

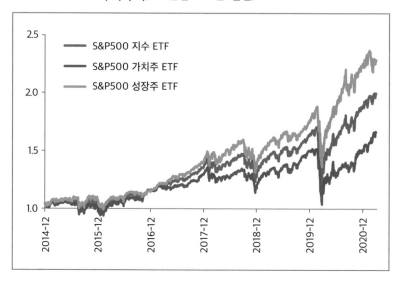

투자의 역사는 반드시 되풀이된다

장세의 순환이 없어졌다가 다시 나타난 이유: 필자가 증시 변동을 맞출 수 있었던 근거

인지도가 전혀 없던 필자가 유명세를 타게 된 계기는 코로나19 이후 증시의 장세 변화를 모두 맞추었기 때문입니다. 그래서 가장 많이 받는 질문이 '도대체 어떻게 그렇게 잘 맞출 수 있었냐?'입니다. 일단 먼저 운이 좋았다는 말씀을 드리고 싶습니다. 증시에 작용하는 변수는 매우 다양하기에 예상을 아무리 정교하게 해도 이후 진행 방향이 반대로 가기 일쑤인데, 이번에는 다행히 별 변수 없이 흘러왔기에 예상이 맞을 수 있었습니다.

이번 증시의 흐름을 예상하는 데 필요한 역사적 지식은 두 가지였습니다.

첫째, 금리의 역사에 대한 공부

금리의 역사란 결국 인플레이션의 역사입니다. 그리고 미국 연준을 비롯한 중앙은행에 대한 역사입니다. 필자는 운 좋게도 자산운용사에서 근무할 때 금융섹터를 오랜 기간 담당하였습니다. 은행, 보험, 증권 등의 기업이 금융섹터에 속하는데, 이들은 정말로 금리의 영향을 많이 받습니다. 그래서 금리의 역사에 대한 공부를 반드시 해야만 했습니다.

금리는 긴 호흡에서 바라봐야 하기에 과거 10~20년이 아닌 100년 혹은 그 이상의 역사를 공부할 때 의미가 있습니다. 따라서 갑자기 하려면 분량이 많아서 당황하기 쉽습니다. 그렇기에 더더욱 다행스럽게도 이에 대한 공부를 미리 해두었다는 점이 40년 만에 발생한 인플레이션 상황을 침착하게 읽어나가는 데 큰 도움을 주었습니다.

둘째, 증시 순환의 역사에 대한 공부

우라가미 구니오나 앙드레 코스톨라니 같은 증시 순환론자들의 논리가 최근 각광받고 있는데, 코로나19 이전에는 정반대였습니다. 증시에서 순환이 사라졌기 때문입니다. 인플레이션이 대안정기로 접어든 2014년 말부터 오로지 성장주만 독주하는 모습을 보였습니다. 그런데 과거를 들여다보면 금리가 높거나 낮을 때라고 해서 이렇게 순환 없이 특정 테마가 지속적으로 승리하는 모습은 잘 나타나지 않았습니다. 오히려 그 속에서도 소순환이 계속 발생했습니다. 그러니 순환론이 사라지게 된 이유를 금리가 아닌 다른 관점에서도 접근할 필요가 있었던 것입니다.

사실 순환론이 왜 탄생했느냐를 알아보면 답을 대번에 알 수 있습니다. 우라가미 구니오의 『주식시장 흐름 읽는 법』(한국경제신문사, 2021)에는 경기순환 파동은 기간으로 분류되는데, 주식 장세 국면에서 보면 콘드라티예프 파동이라 불리는 평균 54~60년 주기의 초장기 경기순환은 별로 관계가 없다고 합니다. 이 점에서는 설비투자순환이라고 불리는 10년 주기의 주글러 사이클이 가장 주식 장세 장기 순환 사이클에 적용하기 쉬운데, 이 주글러 사이클 이외에 재고투자순환이라 불리는 약 40개월 주기의 키친 사이클이 있는데 이것

　　　　　　투자의 역사는 반드시 되풀이된다

은 주식 장세 중기 순환 사이클과 거의 일치한다고 합니다.

이를 보면 순환론이 설비투자순환과 재고투자순환에 기반하고 있음을 알 수 있습니다. 특히 투자자들이 주목하는 중기 순환의 경우 재고투자순환을 잘 파악하는 것이 핵심임을 알 수 있습니다.

경기가 위축되면 소비자들은 일제히 지갑을 닫습니다. 물건이 잘 안 팔리기 시작하면 기업들은 당장 추가 발주를 줄여버립니다. 그리고 기존에 보유한 재고를 할인해서 판매하기 시작합니다. 제값을 못 받고 물건을 판매하니 기업의 이윤이 감소합니다. 실적이 예상보다 낮게 나옵니다. 발주가 줄어드니 해당 물건의 공급망에 속한 모든 기업의 매출과 가동률이 하락하게 됩니다.

하지만 다행히 경기가 반등하기 시작합니다. 이제 생각보다 물건이 잘 팔립니다. 물건이 부족해지자 이젠 발주를 늘려나갑니다. 할인 판매를 하지 않아도 물건이 잘 팔립니다. 이젠 반대의 현상이 발생합니다. 기업들의 실적이 잘 나오기 시작하는 것입니다. 이처럼 경기 개선이 나타나자 기업들은 계속해서 호경기가 이어질 것이란 기대를 하게 됩니다. 그래서 재고를 더욱더 확충합니다. 그런데 경기가 어느 순간 힘을 잃어갑니다. 다시금 소비자들의 지갑은 닫히게 되고, 이렇게 쌓아둔 재고는 악성 재고로 변하게 됩니다. 발주가 줄어들고 할인 판매가 늘어납니다. 이것이 재고투자순환입니다.

놀랍게도 미국의 경우 경기순환이 없어진 시기(2014년 말~2019년 말)에 재고 증가율이 재고 증가 장기 추세선에 근접하여 거의 일정하

그림 1-4 우라가미 구니오, 순환주기 차트

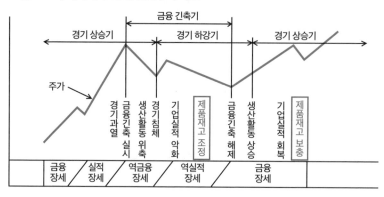

그림 1-5 미국 총재고(소비자물가 조정 후)와 총재고 장기 추세선(1992~2019년 평균 증가율 감안) 추이(1992~2019년)

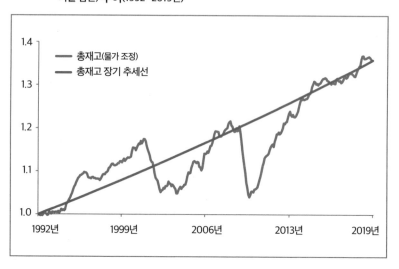

투자의 역사는 반드시 되풀이된다

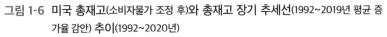

그림 1-6 **미국 총재고(소비자물가 조정 후)와 총재고 장기 추세선(1992~2019년 평균 증가율 감안) 추이(1992~2020년)**

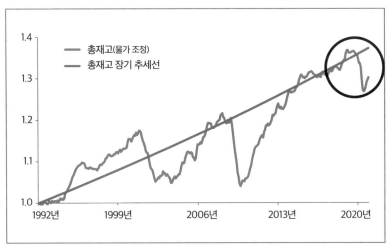

게 증가했습니다. 즉 과잉 재고나 과소 재고 문제가 발생하지 않았던 것입니다. 다르게 표현하자면 '적정 재고'를 '오랜 기간' 유지하며 장사를 해온 것입니다. 이처럼 재고의 급증, 급감이 없다 보니 재고투자순환도 사라지게 됩니다. 더불어 중기 순환 사이클도 사라지게됩니다.

정치적으로 안정화된 상황에서 빅테크 기업들이 계속해서 세상을 좀 더 효율적으로 만들어주었기에 가능한 일이었다는 생각이 듭니다. 실제로 순환론을 주장한 우라가미 구니오도 정보화 사회와 지구촌 시대가 도래하면서 경기순환의 낙차가 좁아지고 있다고 말했습니다. 특히 컴퓨터 이용이 증가하면서 재고관리 컨트롤이 두드러지고 있다고 지적했습니다.

그런데 코로나19가 발생합니다. 전례 없는 일이었기에 일단 기업들은 최대한 보수적으로 경영하기 시작합니다. 무슨 일이 발생할지 모르니 재고를 최소한만 가져가려 노력했습니다. 그 결과 없어졌던 재고 급변동이 부활하였습니다. 그렇습니다. 이를 보고 순환론이 다시 유행하게 될 것이란 생각을 하게 되었습니다.

흔히 증시란 워낙 변덕이 심하기에 이를 예상할 수 없다고 합니다. 필자도 이 말에 100% 공감합니다. 그래서 이런 말씀을 드리고 싶습니다. 필자가 굳이 증시의 고점과 저점을 예측하려고 했던 것은 아니라는 점입니다. 다만 과거에 공부해둔 금리의 역사와 증시 순환의 역사를 통해 자연스레 기회와 위험을 감지했을 뿐입니다.

투자의 역사는 반드시 되풀이된다

코로나19 발생,
이를 무시하고 상승하는 증시

2019년 말, 중국에서 첫 코로나19 환자가 발생합니다. 이때까지만 해도 코로나19에 대해 아는 바가 거의 없었기에 주식시장은 그저 흔한 전염병 중 하나로 인식합니다. 당시 투자자들의 관심사는 다른 곳에 있었으니 바로 미중 1단계 무역합의입니다. 2016년 대선에서 트럼프가 승리한 이후부터 시작된 미중 무역분쟁은 증시에 부담으로 작용했습니다. 하지만 2020년 1월 15일에 관세 일부를 철폐하는 1단계 합의가 이뤄졌고, 증시는 즉시 대환호하였습니다.

그리고 이와 같은 시기에 코로나19 이후 시장의 관심을 독차지할 인물이 방송에 나와서 놀라운 발언을 합니다. 그 주인공은 바로 ARK Investment(아크인베스트먼트)의 캐시 우드인데, 그녀는 테슬라의 2024년 목표주가가 최고 2만 2,000달러에 이를 것이라 주장했습니다(액면 분할 전 기준). 물론 여러 가지 시나리오 중에 최상의 상황이 이어질 경우라는 가정이 있긴 했지만, 당시 주가가 650달러에 불과했다는 점을 고려하면 엄청난 목표치였습니다.

랠리를 펼치던 증시와는 달리 코로나19 상황은 급격하게 나빠졌습니다. 우한에서는 항공과 철도가 폐쇄되었고, 이동 금지 명령이 내려졌습니다. 춘절 연휴를 연장하기로 했으며, 증시 재개장일도 연기하기에 이릅니다. 그리고 중국을 넘어 미국과 유럽, 한국 등에서도 첫 환자가 발생하였고, 이에 대응하기 위해 미국 질병통제예방센터CDC는 중국에 대한 여행경보를 3단계로 격상합니다. 결국 미국에

표 1-1 ARK Investment가 제시한 2024년 테슬라 목표 주가 (2020년 1월 발표)

시나리오 이름	시나리오 구분			2024년 목표주가	확률
	비용절감	효율적인 공장 건설	자율주행 네트워크 출시		
The Golden Goose	YES	YES	YES	$22,000	12%
The Autonomouse Builder	NO	YES	YES	$20,500	3%
The Autonomous Car Company	YES	NO	YES	$15,200	12%
Autonomous Over Everything	NO	NO	YES	$15,000	3%
The High Functioning EV Company	YES	YES	NO	$3,400	28%
At Least There's Wright's Law	YES	NO	NO	$2,500	28%
The Factory Builder	NO	YES	NO	$1,000	7%
The Struggle Bus	NO	NO	NO	$750	2%
Capital Markets Closed	아무도 테슬라에 자금을 대주려 하지 않는 상황			$300	5%
The Black Swan	부도			$0	1%

투자의 역사는 반드시 되풀이된다

서도 코로나19 비상 사태가 선포됩니다.

하지만 이 모든 일이 일어난 이후에도 증시는 계속 상승합니다. 약 2주가량 추가 랠리가 이어집니다. 당시 코로나19로 인해 증시가 밀릴 때마다 매수해야 한다는 의견이 줄을 이었습니다.

이처럼 코로나19 초기에는 전염병이라는 악재에 역행하여 오히려 증시가 상승하였는데, 그 배경으로 첫째, 완화적인 유동성 환경을 꼽을 수 있습니다. 연준이 2019년 하반기부터 세 차례의 금리 인하와 자산 매입을 시행하였고, 2020년 1월에는 중국이 지급준비율을 0.50% 인하하면서 완화적 정책에 동참했습니다.

그리고 둘째, 시장의 심리가 긍정적이었던 점도 한몫했습니다. 미국 3대 지수가 역사적 신고가 랠리를 펼치고 있는 상황에서 부정적인 견해를 가지긴 어려웠습니다. 또한 그동안 시장 심리를 짓눌러 온 미중 무역분쟁도 1단계 합의를 통해 갈등 봉합 국면으로 들어가니 심리가 호전될 만했습니다. 그런데 시장의 심리를 부정적으로 바꾸는 이벤트 세 가지가 발생합니다.

하락의 계기: 애플 가이던스 하향, 미국 구매관리자지수 쇼크, 중국 전국인민대표회의 연기

하락의 첫 계기는 애플로부터 나왔습니다. 전 세계 최고 우량주인 애플이 2020년 2월 17일 돌연 자료를 내고선 코로나19 여파를 감안하여 실적 가이던스를 하향한다고 발표하였습니다. 코로나19의 영향이 제한적일 것이라고 생각했던 투자자들에게 애플의 발표는 충격으로 다가왔습니다. 하지만 투자자 대부분은 여전히 중국에 국한된 문제일 뿐이고 미국에 미치는 영향은 제한적일 것이라고 믿었습니다.

다음 계기는 미국의 구매관리자지수$_{PMI}$에서 나왔습니다. 2020년 2월 22일 나온 미국의 종합 구매관리자지수가 7년 만에 기준선인 50을 깨고 내려간 것입니다. 애플에 이어 구매관리자지수까지, 미국 경제도 코로나19 영향권에 들어갔음이 다시 한번 확인된 것입니다. 이제 슬슬 투자자들은 위기감을 느끼기 시작합니다. 참고로 이 두 이벤트의 중간인 2월 19일에 나스닥과 S&P500 지수는 고점을 찍고 내려왔습니다.

하락하기 시작한 증시에 제대로 찬물을 끼얹은 이벤트는 2020년 2월 25일 중국에서 나왔습니다. 중국의 가장 큰 정치적 행사 중 하나인 전국인민대표대회(전인대)의 연기가 공식적으로 결정된 것입니다. 시장은 이를 중국이 코로나19에 대해 통제력을 상실한 것으로 받아들였습니다. 그 중요한 전인대조차 열지 못하고 무기한 연기해버릴 상황이란 뜻이니 말입니다. 시장에 공포가 퍼져나갔고, 투자심리는 급격히 냉각되었습니다. 이제 투자자들은 누가 먼저랄 것도 없이 투매에 나서게 되었습니다.

일단 한번 심리가 변하자 걷잡을 수 없는 하락세가 나타났습니다. 증시는 그야말로 폭삭 주저앉았는데, 고점 대비 30% 하락까지 걸린 시간이 단 22거래일에 불과했습니다. 이는 미국 증시 역사상 최단기간 기록 1위였습니다. 최단기간 하락 기록 2, 3, 4위가 모두 대공황 기간에 일어났었다는 점을 감안하면, 실로 엄청난 일이 발생했던 것입니다.

전염병이 증시에 미치는 영향

역사 공부를 하면 투자에 도움이 되는 것은 맞지만, 현실적으론 적절한 사례를 찾는 데 어려움이 있습니다. 코로나19 발현 초기 당시, 어느 시기의 전염병을 사례로 분석해야 하는지가 결국엔 투자자

그림 1-7 1980년 이후 각종 질병에 대한 증시의 반응 정리

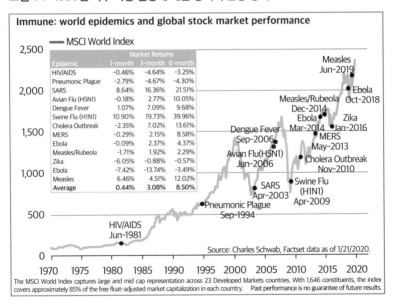

들의 수익률에 결정적인 차이를 만들어냈습니다.

　당시 상황을 낙관적으로 보았던 이들이 가지고 온 예시는 지난 40년의 사례였습니다(그림 1-7). 1981년 에이즈부터 2019년 홍역에 이르기까지 13번의 전염병이 발생했는데, 당시 주식시장은 평균적으로 1개월 후에는 0.44%, 3개월 후에는 3.08%, 6개월 후에는 8.50% 상승했다는 것입니다. 이 역사적 사실에 매료된 투자자들은 하락 초기에 증시가 밀릴 때마다 오히려 더 매수해야 한다는 의견을 냈습니다.

　반대로 당시 상황을 매우 비관적으로 본 투자자들도 있었습니다. 그들이 가지고 온 역사적 사례는 바로 100년 전에 발생한 스페인 독감이었습니다. 높은 전염성과 치명률이 최근에 발생한 전염병 사례들과는 비교가 되지 않는 수준이었기 때문입니다. 1918년에 발병한 스페인 독감은 이듬해까지 위세를 떨치며 전 세계 수천만 명의 목숨을 앗아간 무서운 전염병이었습니다. 그리고 이로 인해 당시 증시가 30% 이상 급락하였습니다.

　이처럼 어떤 역사적 사례를 선택했느냐에 따라 코로나19 초기에 손실이 얼마가 나느냐가 결정되었습니다. 하지만 전염병이 증시에 미치는 영향에는 흥미로운 사실이 하나 더 있는데, 바로 그 악명높던 스페인 독감 발생 이후에도 증시는 올랐다는 점입니다.

　스페인 독감 당시 주식시장을 살펴보면 최악의 보건 위기를 겪기 전에 이미 증시는 바닥을 찍고 상승을 시작했습니다. 실제 당시 상황을 살펴보면 1917년 하반기부터 영국, 중국 등 일부 지역에서 스페인 독감이 발병하기 시작했는데, 이때 이미 증시가 30%나 하락했습니다. 그리고 이후 실제 사망자가 급증하던 시기에는 오히려 증시가 계속 상승세를 나타냈습니다. 증시는 쉼 없이 올라 채 2년도 되지 않아 바닥 대비 약 두 배의 높은 상승을 기록하였습니다.

결론적으로 '밀리면 사야 한다'가 전염병이 증시에 들려주는 조언인 것입니다.

투자자가 화가를 멀리 해야 하는 이유

차트를 보는 투자자들에게도 역사가 반복된다는 논리는 매우 매력적인 주제입니다. 그래서 현재의 차트 흐름과 닮은 과거 차트 흐름을 찾으려 무던히도 노력합니다.

코로나19 초기 증시 하락률이 대공황에 비견되면서, 2020년 3월에는 대공황 차트와 코로나19 차트를 비교하는 분석가들이 늘어났었습니다(그림 1-8).

코로나19가 발생하기 전의 랠리까지 더해서 보니 두 차트가 마치 쌍둥이처럼 비슷해 보입니다. 역사는 반복된다고 하니 향후 주가 흐름도 대공황 당시와 동일하게 흘러갈 것이라는 이야기가 나왔는데, 정리해보면 다음과 같습니다.

'이처럼 갑자기 증시가 급락했는데, 한 번에 반등이 나올 순 없을 거야. 어느 정도 반등한 이후에는 다시 전저점을 향해 증시가 하락하

그림 1-8　S&P500, 1929년 vs. 2020년

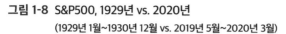

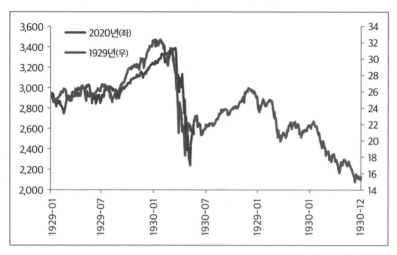

(1929년 1월~1930년 12월 vs. 2019년 5월~2020년 3월)

게 될 거야. 그러니 반등할 때마다 매도한 후에 인버스를 사야겠어.'

　실제로 어느 정도 반등에 성공한 증시는 소강국면에 들어가게 됩니다. 그러자 '추가 하락론자'들은 더욱더 신이나 하락을 주장합니다. 하지만 모두가 알다시피 세상은 반대로 흘러갔습니다. 잠시 주춤했던 증시가 재차 상승세를 나타냈습니다(그림 1-9).

　당시 상황을 스페인 독감과 비교해서 보았다면 이 같은 실수를 범하지 않았을 것입니다. 〈그림 1-10〉은 스페인 독감 이후 증시 차트입니다. 스페인 독감은 1917년부터 유행이 시작되었습니다. 그리고 증시는 이 시기에 급락하였습니다. 가운데 들어간 검은 선은 1차 대유행에서 사망자가 가장 많이 나온 1918년 10월입니다. 사망자가 급

그림 1-9 S&P500, 1929년 vs. 2020년
(1929년 10월~1930년 12월 vs. 2020년 2월~2020년 7월)

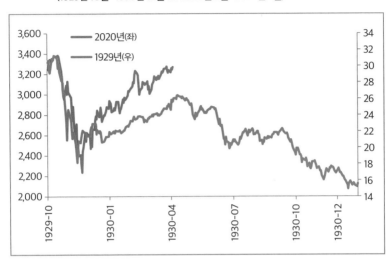

그림 1-10 스페인 독감 이후 증시 차트

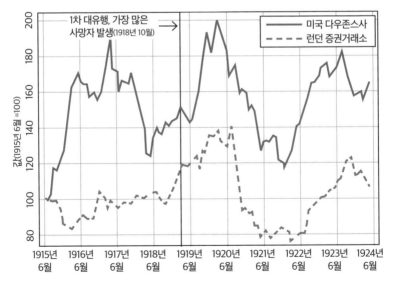

증하기 전에 증시는 바닥을 잡고 상승을 시작했습니다. 바닥에서 어느 정도 상승도 했고, 사망자도 크게 늘어났기에 당시에도 증시가 하락할 수 있다는 우려가 생겨났습니다. 하지만 증시는 이후에도 상승세를 보였습니다. 저점과 비교하면 거의 두 배나 올랐고, 심지어 스페인 독감이 발병하기 전 고점보다도 증시는 더 올라가 버렸습니다.

과거 차트 중에 어떤 것을 잘 고르는 것이 좋으냐에 대한 이야기를 하려는 것이 아닙니다. 투자자가 화가가 되어선 곤란하다는 말씀을 드리고 싶은 것입니다. 과거의 차트를 뒤적이다 보면 지금과 비슷한 유형이 종종 발견됩니다. 그러면 이를 그대로 가져와서 사용하고 싶은 욕구가 생겨납니다. 만약 역사가 '정확히 동일하게' 반복된다면 미래 예상이 너무 쉬워질 것입니다. 하지만 실제로는 변주가 나타납니다. 그런데 일단 한번 차트의 유사성이라는 유혹에 빠지게 되면 왠지 차트가 과거 시기의 경제 상황과 지금의 경제 상황이 비슷하다는 착각도 생겨나게 됩니다.

하지만 보통은 편향된 시각으로 자신이 믿고 싶은 미래가 포함된 과거 차트를 찾는 경우가 태반입니다. 가령 폭락을 믿고 싶은 사람 입장에서는 지금 상황과 과거 1년의 차트 모양이 비슷하면서도 그 후에는 폭락하는 모습을 보였던 차트를 찾으려 할 것입니다. 그러나 차트란 워낙 다양하기에 과거 모습이 비슷했던 차트 중에 반대로 그 후 상승을 가리키는 차트도 나옵니다. 즉 알 수 없다는 것입니다.

예를 들어 연준이 테이퍼링에 들어가던 2013년 말~2014년 초에는 대공황 당시와 비교하는 차트가 유행했습니다(그림 1-11).

그림 1-11 S&P500, 1929년 vs. 2013년

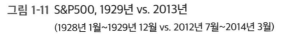
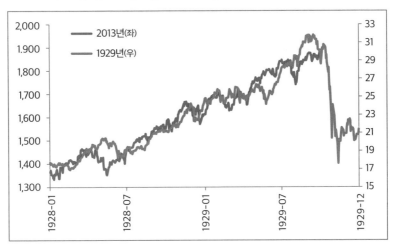

(1928년 1월~1929년 12월 vs. 2012년 7월~2014년 3월)

연준이 금융위기 이후 마지막으로 금리를 올렸던 2018년 말 ~2019년 초에는 1937년과 비교하는 차트가 돌아다녔습니다(그림 1-12).

이처럼 과거 폭락 차트와 비교할 때 가장 많이 언급되는 단골 손님이 있습니다. 바로 1987년의 블랙 먼데이입니다. 투자자들은 2013년에도, 2014년에도, 2016년에도, 2017년에도 블랙 먼데이와 비교하며 공포심을 자극하였습니다(그림 1-13에서 그림 1-16까지).

그러나 블랙 먼데이가 재현된 사례는 단 한 번도 없었습니다. 화가 놀이를 함부로 해서는 안 되는 이유입니다.

최근에 가장 유행한 화가 놀이는 바로 2007년 금융위기와 코로나19를 비교한 것입니다. 실제로 2022년 말까지만 해도 금융위기와

그림 1-12 S&P500, 1937년 vs. 2019년
(1936년 9월~1937년 12월 vs. 2018년 4월~2019년 2월)

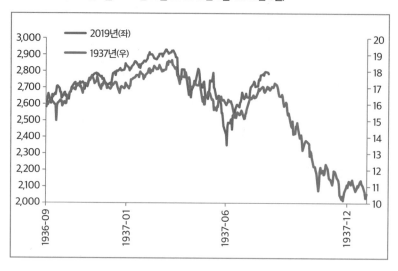

그림 1-13 S&P500, 1987년 vs. 2013년
(1985년 11월~1988년 12월 vs. 2011년 9월~2013년 8월)

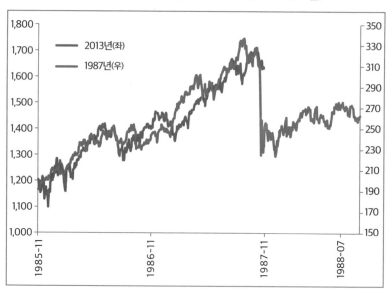

투자의 역사는 반드시 되풀이된다

그림 1-14 S&P500, 1987년 vs. 2014년
(1982년 6월~1988년 12월 vs. 2009년 6월~2014년 10월)

그림 1-15 S&P500, 1987년 vs. 2016년
(1987년 3월~1987년 12월 vs. 2016년 3월~2016년 9월)

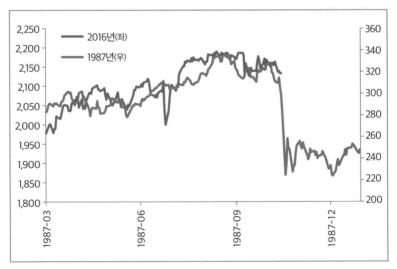

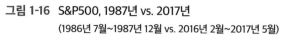

그림 1-16   S&P500, 1987년 vs. 2017년
(1986년 7월~1987년 12월 vs. 2016년 2월~2017년 5월)

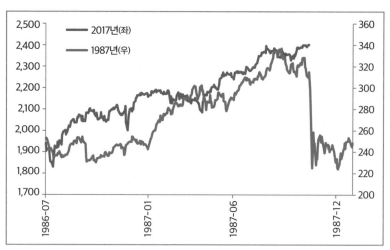

코로나 차트는 정말로 비슷하게 흘러갔습니다(그림 1-17).

하지만 이후 둘의 모습은 완전히 달라졌습니다(그림 1-18).

그러자 화가들은 또 다른 차트를 가져오는데 바로 2000년의 닷
컴 버블입니다(그림 1-19).

이 차트만 보면 당장이라도 비관론자가 되어야 할 것 같습니다.
하지만 반대로 낙관론자가 될 만한 차트를 하나 보여드리겠습니다.
1966년과 비교한 차트입니다(그림 1-20).

투자의 역사는 반드시 되풀이된다

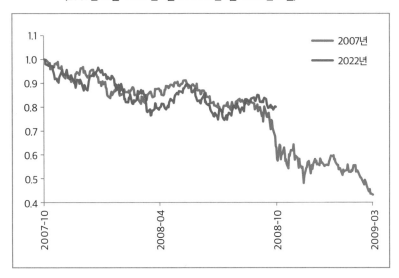

그림 1-17 S&P500, 2007년 vs. 2022년
(2007년 10월~2009년 3월 vs. 2022년 1월~2022년 12월)

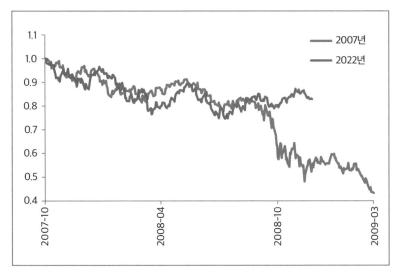

그림 1-18 S&P500, 2007년 vs. 2022년
(2007년 10월~2009년 3월 vs. 2022년 1월~2023년 2월)

그림 1-19 S&P500, 2000년 vs. 2022년

(2000년 3월~2002년 12월 vs. 2022년 1월~2023년 2월)

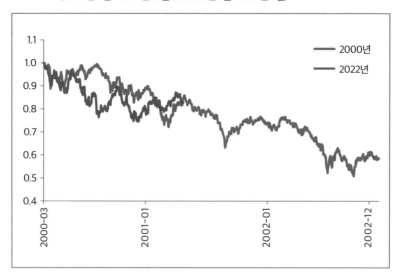

그림 1-20 S&P500, 1966년 vs. 2022년

(1966년 2월~1968년 12월 vs. 2022년 1월~2023년 2월)

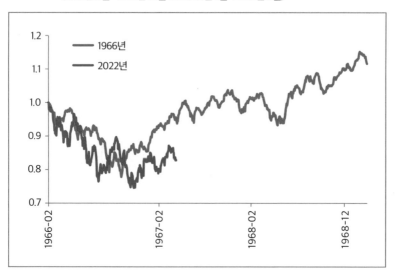

투자의 역사는 반드시 되풀이된다

쏟아지는 대책:
드디어 나온 코로나19 저점

증시가 폭락하자 각국 정부와 중앙은행은 대책을 쏟아냅니다. 대표적으로 각국 중앙은행들은 금리를 대폭 인하합니다. 연준의 경우 예정에 없던 특별회의를 개최하여 금리를 제로까지 인하해갑니다. 하지만 이것으로 모자라 금융위기 때 썼던 양적완화 카드도 꺼내 듭니다. 연준은 한시적으로 재정증권 600억 달러, 그리고 7,000억 달러 규모의 양적완화를 발표합니다. 유럽중앙은행(ECB)도 1,200억 유로 자산 매입에 더해 추가로 7,500억 유로 자산 매입을 긴급 발표합니다. 일본과 영국, 호주 등도 적극적인 완화책을 내놓습니다.

통화정책과 더불어 재정정책도 힘을 보탰습니다. 유럽은 250억 유로 기금 마련 계획을 발표합니다. 미국은 두 단계에 걸쳐 총 1,183억 달러 지원책을 통과시킵니다.

또한 글로벌 공조도 강화됩니다. 미국 연준은 한국 등 9개국과 통화 스와프를 체결하여 자산시장 안정화를 꾀했습니다.

그러나 증시는 야속하게도 계속 하락을 거듭합니다. 2020년 3월 9일에는 미국 증시에 서킷브레이커가 발동했고, 3월 16일에는 블랙먼데이 이후 최악의 폭락이 나타났습니다. 코로나19라는 전대미문의 질병 앞에서 공포심이 극에 달한 투자자들은 기존에 보았던 정책 수단 정도로는 심리적 안정을 찾을 수가 없었습니다. 즉 좀 더 화끈하고 노골적인 유동성 공급 정책을 기다리고 있었습니다.

사실 이 점에서 의문을 가지는 투자자가 있을 것입니다. 왜 연준이 금융위기 때와 동일한 대책을 내놓았음에도 불구하고 이번에는 시장 하락을 막지 못했냐는 것이지요. 실제 S&P500 기준으로 증시는 연준이 금융위기 당시와 흡사한 대책을 내놓은 이후에도 거의 20%가량 추가 하락했습니다.

같은 조치에 대해 금융위기 때와는 다른 반응이 나온 데에는 이유가 있었습니다. 사태가 워낙 빠르게 악화되어갔기에 시장은 국채와 모기지 매입을 넘어선 더 화끈한 양적완화 조치를 원하고 있었던 것입니다. 그리고 기왕이면 금액도 더 늘려줬으면 하는 분위기였습니다. 한마디로 코로나19로 인한 경제 타격이 얼마나 심각할지 가늠할 수 없으니 '무엇이든 하겠다'라는 약속을 해달라는 것이었습니다.

이 같은 시장의 요구에 기름을 부은 것은 전직 연준 의장들이었습니다. 벤 버냉키와 재닛 옐런 전 연준 의장들은 2020년 3월 18일 영국 파이낸셜타임스에 칼럼을 써서 연준에 추가 조치를 취하라는

투자의 역사는 반드시 되풀이된다

신호를 보냈습니다. 칼럼 내용의 핵심은 바로 회사채도 사라는 것이었습니다. 기본적으로 연준은 회사채를 매입할 수 있는 권한이 없습니다. 물론 긴급한 상황에서는 재무장관의 승인하에 회사채 매입 조치를 취할 수 있지만 금융위기 때에도 기업어음CP에 대한 제한적 조치만 취해졌을 뿐입니다. 사실상 연준이 회사채를 산 적은 없는 셈입니다. 그런데 두 전직 연준 의장들이 이번엔 그런 것에 연연하지 말고, 그냥 다 사주라고 공개적으로 지적한 것이었습니다. 혹자는 두 전직 연준 의장의 이러한 제안에 대해 그러다가 길거리에 떨어진 쓰레기까지도 다 사줘야 하는 것 아니냐며 냉소를 보냈지만 회사채 매입은 위기를 막을 수 있는 현실적인 방법이었습니다.

연준은 이에 대해 며칠 머뭇거립니다. 전례 없는 조치를 취하는 것이 아무래도 부담스러웠을 것입니다. 하지만 속절없이 폭락하는 증시를 보며 결국 3월 23일, 연준은 회사채까지 사겠노라고 발표합니다. 더불어 양적완화 금액도 필요한 만큼이란 표현을 통해 사실상 무제한으로 바꿔 버렸습니다. 최종대부자로서의 면모를 유감없이 발휘한 것입니다. 그리고 이날이 코로나19 바닥이었습니다. 이후에는 재정정책이 본격적인 반등에 힘을 보탰습니다. 3월 27일 트럼프 대통령이 2조 2,000억 달러 경기부양법인 CARES Act Coronavirus Aid, Relief, and Economic Security를 최종 승인하였습니다. 홍수 같은 돈이 재정과 통화정책을 통해 풀려나가기 시작한 것입니다.

당시 연준이 취한 조치들은 향후 논란의 여지가 있습니다. '부채의 화폐화' 문제가 발생했기 때문입니다. 부채의 화폐화란 보통 정부가 발행한 적자 국채를 중앙은행이 직접 매입해주는 정책을 말합니다. 부채의 화폐화는 두 가지 점에서 문제가 있는데, 첫째, 중앙은행의 독립성이 훼손된다는 점입니다. 정부의 무리한 재정정책을 중앙은행이 뒷받침해주는 꼴이 되기 때문입니다. 둘째, 과도한 인플레이션이 발생할 위험이 있습니다. 정부의 과도한 국채 발행을 중앙은행이 화폐 발행으로 모두 받아줄 경우 과도한 유동성이 시장에 공급될 것이고, 이는 높은 인플레이션으로 이어질 수 있다는 것입니다.

이 같은 논란을 피하기 위해 연준은 그동안 양적완화 시 발행시장이 아닌 유통시장의 자산을 매입하는 방식을 취해왔습니다. 정부가 발행하는 국채를 발행시장에서 직접 매입할 경우 정말로 부채의 화폐화 지적을 피하기 어렵지만, 유통시장에서 매입하면 어쨌든 직접적인 매입은 아니라고 눈 가리고 아웅 하기 식 변명을 할 수 있었기 때문입니다.

그런데 이번에 회사채 매입 조치를 내리면서는 유통시장에서의 매입뿐 아니라 발행시장에서의 매입도 실행하였습니다. 정부 부채의 화폐화는 아니지만 회사 부채의 화폐화는 일어난 것입니다. 회사채의 경우 연준 입장에서 충분히 살 만큼의 물량을 유통시장에서 구하기 어려웠기에 발행시장까지 건드릴 수밖에 없었습니다. 하지만 이로 인해 그동안 발행시장에서의 직접 매입은 하지 않겠다던 불문율이 깨졌습니다. 원래 규칙이란 것이 한번 깨기가 어렵지 다음부터는 쉽습니다. 아마도 다음 위기 시에는 연준이 더더욱 과감하게 부채의 화폐화 문제를 무시하고 자산을 매입하게 될지도 모릅니다. 물

론 이번에 과도한 인플레이션을 겪으면서 부채의 화폐화라는 금기
선까지 넘어버린 양적완화에 대한 반성이 일어날 수도 있습니다. 결
국 모든 것은 정치의 영역입니다.

부양책이란 것도 사실은 중독입니다. 다음에 증시가 위기에 처
한다면 아마도 투자자들은 굶주린 승냥이 떼처럼 더 자극적인 조
치를 요구할 것입니다. 필자가 생각하는 더 자극적인 조치는 '연준
의 주식 매입'입니다. 이미 사례가 없는 것이 아닙니다. 일본 중앙
은행은 지난 2013년부터 상장지수펀드ETF, Exchanged Traded Fund 매수
를 통해 일본 주식을 매입해왔습니다. 그리고 지난 코로나 위기 당
시 미국 내에서도 일부 인사들이 이 같은 목소리를 낸 바 있습니다.
혹시 향후에 연준이 어떤 정책을 쓰게 될지 모르니 미리 대비해 두
는 차원에서 일본이 아베노믹스 이후로 전개한 QQEQuantitative and
Qualitative Monetary Easing(양적·질적완화책)가 향후에 어떤 결과를 낳게 될
지 계속해서 주의 깊게 지켜봐야 할 필요가 있습니다.

전형적인 금융장세 전개

금융장세라는 말이 있습니다. 현실은 엉망진창인데, 재정 및 통
화정책에 따른 유동성 공급에 힘입어 주가는 상승하는 시기를 말합
니다. 2020년 3월 말부터 시작된 V자 증시 랠리는 정확히 금융장세
로 표현할 수 있습니다.

현실은 정말로 참혹했습니다. 전직 연준 의장인 재닛 옐런과 벤 버냉키는 코로나19로 인해 미국의 2020년 2분기 GDP가 30% 수축할 수도 있다고 경고했습니다. 단순 비교 대상으로 무리가 따르긴 하지만 우리나라가 IMF 외환위기를 겪었을 당시 GDP 성장률이 -5.1%이었다는 점을 감안하면 미국 경제가 얼마나 위기에 빠졌었는지 알 수 있습니다.

　실업자가 쏟아져 나왔습니다. 미국의 경우 코로나19 직전에 3.5%이던 실업률이 단숨에 14.7%까지 치솟았습니다. 비농업 고용 부문에서 고용 순감소가 1939년 집계 이래 최대를 기록하였습니다. 신규 실업수당 청구 건수도 역사상 최대치인 664만 건까지 올라갔습니다.

　미국 마켓 종합 PMI(구매자관리지수)는 사상 최저치를 기록했습니다. 미국의 소매판매는 집계 이래 가장 큰 하락세가 나타났습니다. 제조업 생산도 제2차 세계대전 이후 최대 폭으로 하락했습니다. 주택 착공 건수는 36년 내 최대 폭으로 감소했고, 신규주택 판매도 급감했습니다. 미국 컨퍼런스보드 소비자신뢰지수 하락 폭은 1973년 이후 최대 폭을 기록했으며, 미국 ISM(공급관리협회) 제조업 PMI는 11년 만에 최저치를 기록했습니다. ISM 서비스업 PMI도 11년 만에 수축국면으로 돌입했습니다. 유럽도 마찬가지여서 서비스업 PMI가 집계 이래 최저치를 나타냈고, 제조업 PMI는 2009년 이후 최저치를 보였습니다.

　코로나19의 영향을 가장 크게 받은 항공업계의 경우 세계 최대 항공 컨설팅 전문기관인 CAPA가 수 주 내 전 세계 항공사 대부분이 파산할 것으로 전망했습니다. 하필이면 이 소식이 전해진 지 한 달 뒤 가치투자의 대가 워런 버핏이 항공주를 전량 매도했다는 발표가 나왔습니다. 원유 선물은 불과 하루 만에 55달러나 급락하면서 사상 첫 마이너스(-37달러)를 기록했습니다. 수요가 없으니 가져가려면 보관료를 내라는 말이었습니다. 투자자들은 서둘러 탱커를 빌려서 그 속에 원유를 보관하기 시작했습니다. 심지어는 보관료를 아끼기 위해 기름을 넣어도 새지 않는 튼튼한 비닐을 개발했다는 업체가 나오기까지 했습니다.

이 모든 것이 2020년 3월 말에서 5월 초까지 나왔습니다. 하지만 이처럼 악재가 연일 쏟아지고 있음에도 불구하고 증시는 V자로 반등하고 있었습니다. 반등의 원동력은 풍부한 유동성이었습니다. 그리고 바닥을 찍고 증시가 오르기 시작하면서 투자자들의 심리도 개선된 덕분이었습니다.

상승 속도는 실로 놀라웠습니다. 코로나 저점일로부터 불과 두 달 반밖에 지나지 않은 2020년 6월 5일, 나스닥이 제일 먼저 코로나 전고점을 돌파했습니다. 이후에도 파죽지세로 상승세를 이어나갔는데, 그러자 속도 조절론이 나오게 됩니다. 특히 업계에서 구루로 평가받는 인물들이 이 같은 주장을 많이 펼쳤는데, 대표적으로 버핏이 언제나 그가 보낸 메모는 모든 일을 제쳐두고 가장 먼저 확인한다는 오크트리캐피털매니지먼트의 창업자 하워드 막스입니다. 그는 증시 랠리가 너무 가파름을 지적하는 메모를 내놓습니다. 비슷한 시기에 스탠리 드러큰밀러와 데이비드 테퍼도 시장에 대해서 부정적인 의견을 내비쳤습니다.

당시 시장을 부정적으로 보기 시작한 투자자들의 논리를 모아보면 크게 네 가지였습니다.

> 월가 '구루'의 경고…하워드 막스 "증시 랠리 너무 가팔랐다"
> -한국경제TV pick, 2020. 07. 01

> 데이비드 테퍼(David Tepper)
> "역사상 두 번째로 고평가된 증시(오직 99년 만이 더 고평가 시기)"

> 스탠리 드러큰밀러(Stanley Druckenmiller)
> "현재와 같은 시장 상황은 별로이다."

첫째, 불안한 차트
둘째, 코로나19 바이러스 재확산
셋째, 높은 밸류에이션
넷째, 연준 자산 감소

당시 차트를 보면 소위 강력한 추세반전형으로 알려진 섬꼴반전형Island Reversal이 S&P500에 나타났습니다(그림 1-21). 사실 이전에 코로나19 직후 랠리를 펼칠 때에도 섬꼴반전형이 나타났었는데, 당

그림 1-21 S&P500 섬꼴반전

그림 1-22 나스닥 섬꼴반전

시에 이것이 강세장의 신호탄이 되었다면 이번엔 반대로 약세장의 신호탄이 될 수 있다는 분석이었습니다. 하지만 이 논리가 설득력을 얻으려면 나스닥 등 다른 지수 차트에서도 나타났어야 하는데, 그러지 못했습니다(그림 1-22). 실제로 이후 S&P500은 차근히 갭을 메우며 상승세를 이어갔습니다.

다음으로 코로나19 확진자가 다시 증가하고 있던 점입니다. 실제로 당시 코로나19 확진자 숫자는 연일 사상 최고치를 기록했고, 미국 일부 지역은 다시 폐쇄 조치를 내리고 있던 상황이었습니다. 하지만 당시 사망자 숫자는 상대적으로 안정적인 모습을 보였습니다. 즉 재확산을 과도하게 우려할 이유는 없었던 것입니다.

또한 당시 상황을 이해하는 데에는 100년 전의 스페인 독감 사례

그림 1-23 미국, 2020년 7월 코로나19 확진자 수 추이

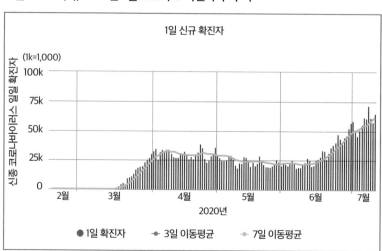

투자의 역사는 반드시 되풀이된다

그림 1-24 미국, 2020년 2~7월 코로나19 사망자 수 추이

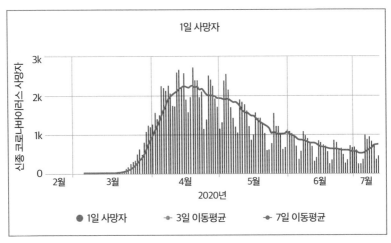

가 참고가 됩니다. 당시 남아 있는 몇몇 지역의 사망자 자료에 따르면 대유행이 한 번에 그치지 않고, 몇 차례에 걸쳐 나타났습니다. 하지만 증시는 첫 번째 유행에 부정적으로 반응했을 뿐 이후에는 강세장을 이어간 바 있습니다.

밸류에이션이 높다는 점도 단골 지적사항이었습니다. S&P500의 12M Forward PER(향후 12개월 예상 주가수익비율)을 보면 지난 5년 평균은 약 16.7배였습니다. 그런데 당시 Forward PER은 20배에 이르렀습니다. 과거 평균 대비 부풀려진 상태였다는 생각이 바로 들 수 있었습니다. 하지만 여기에는 Forward PER이 가진 맹점이 작용하고 있었습니다. Forward PER이란 애널리스트들이 추정한 향후 12개월 예상 주당순이익을 바탕으로 하기 때문에 만약 예상치가 너

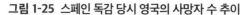

그림 1-25 스페인 독감 당시 영국의 사망자 수 추이

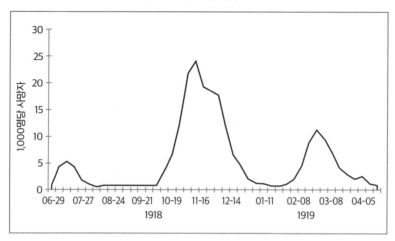

무 낮을 경우엔 그 자체로 PER이 올라가 버리는 현상이 발생할 수 있기 때문입니다. 그리고 당시가 실제로 그런 상황이었습니다.

코로나19라는 전대미문의 불확실성 속에서 그 누구도 긍정적인 분석을 내놓으려 하지 않았습니다. 그래서 실제로 실적시즌이 되어서 뚜껑을 열어보니 84%의 기업이 어닝 서프라이즈를 기록하였고, 실적이 애널리스트들의 추정치를 상회하는 폭은 무려 23.2%에 이르렀습니다. 이를 고려하면 당시의 PER은 과거 평균 수준에 불과했던 것입니다. 따라서 밸류에이션이 높다는 것도 그저 애널리스트들의 추정치가 너무 보수적이어서 현실을 반영하지 못했기에 나타난 현상이었을 뿐입니다.

다음으로 연준 자산의 감소가 나타나고 있었던 점도 시장에 불

투자의 역사는 반드시 되풀이된다

안 요인으로 작용했습니다. 연준이 계속해서 홍수와 같은 유동성을 공급하고 있는 줄 알았는데, 알고 보니 자산이 감소하고 있었던 것입니다(그림 1-26). 특히 연준의 자산 증가 추이와 증시의 상승 추이가 궤를 같이하는데 이처럼 줄어들기 시작하면 곧 증시도 하락하게 되는 것 아니냐며 걱정했습니다. 이를 두고 일부에서는 연준이 거짓말을 하고 있다며, 뒤에서는 과도한 돈 풀기를 걱정하고 있다는 주장까지 나왔습니다.

하지만 이것은 연준 자산에 대한 오해에서 비롯된 헤프닝으로 볼 수 있습니다. 연준 자산 중에는 중앙은행 유동성 스와프Central bank liquidity swap라는 항목이 있습니다. 이는 연준이 다른 나라와 맺어둔 통화 스와프를 통해 실제 다른 나라 중앙은행이 달러를 빌려

그림 1-26 연준 자산 추이(2017년 5월~2020년 7월)   (단위: 조 달러)

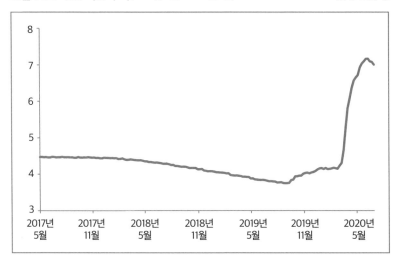

가게 되면 증가하는 항목입니다. 즉 위기 시에 증가하고, 위기를 극복하면 감소하는 항목입니다. 당시 연준 자산이 감소한 이유는 바로 이 중앙은행 유동성 스와프의 감소 때문이었습니다. 바꿔 말하면 이것은 좋은 감소였던 것이고, 이를 제외하면 연준 자산은 여전히 증가 추세에 있었습니다. 일부 시장 참여자들이 호재를 악재로 잘못 해석했던 것입니다.

그림 1-27 연준 자산 변동 상세내역(2020년 7월)

Factors Affecting Reserve Balances of Depository Institutions and Condition Statement of Federal Reserve Banks			July 2, 2020

1. Factors Affecting Reserve Balances of Depository Institutions
Millions of dollars

Reserve Bank credit, related items, and reserve balances of depository institutions at Federal Reserve Banks	Averages of daily figures		Wednesday Jul 1, 2020
	Week ended Jul 1, 2020	Change from week ended Jun 24, 2020 Jul 3, 2019	
Reserve Bank credit	6,975,799	− 33,865	+3,194,104	6,969,543
Securities held outright (1)	6,118,251	+ 3,121	+2,479,253	6,126,948
U.S. Treasury securities	4,204,541	+ 21,173	+2,100,616	4,213,220
Bills (2)	326,044	0	+ 326,039	326,044
Notes and bonds, nominal (2)	3,576,089	+ 19,375	+1,612,248	3,581,139
Notes and bonds, inflation-indexed (2)	266,682	+ 2,130	+ 150,166	270,206
Inflation compensation (3)	35,726	− 332	+ 12,164	35,831
Federal agency debt securities (2)	2,347	0	0	2,347
Mortgage-backed securities (4)	1,911,363	− 18,052	+ 378,637	1,911,381
Unamortized premiums on securities held outright (5)	313,578	+ 1,395	+ 182,706	314,324
Unamortized discounts on securities held outright (5)	−5,296	+ 44	+ 7,587	−5,345
Repurchase agreements (6)	75,379	+ 2,250	+ 75,379	61,201
Foreign official	144	+ 144	+ 144	1,001
Others	75,236	+ 2,107	+ 75,236	60,200
Loans	96,886	+ 2,928	+ 96,785	97,133
Primary credit	5,877	− 1,246	+ 5,859	5,860
Secondary credit	0	0	0	0
Seasonal credit	13	+ 1	− 70	16
Primary Dealer Credit Facility	2,616	− 1,364	+ 2,616	2,486
Money Market Mutual Fund Liquidity Facility	21,617	− 1,851	+ 21,617	20,637
Paycheck Protection Program Liquidity Facility	66,763		+ 66,763	68,133
Other credit extensions			0	0
Net portfolio holdings of Commercial Paper Funding Facility II LLC (7)			12,799	12,799
Net portfolio holdings of ~~~ LLC (7)		1,403	+ 41,359	41,940
Net portfolio holdings ~~~ Street Lending	37,502	+ 4,822	+ 37,502	37,502
Net portfolio holdings ~~~ Liquidity Facility LLC (7)	16,080	+ 1	+ 16,080	16,081
Net portfolio holdings of TALF II LLC (7)	8,753	+ 1,467	+ 8,753	8,753
Float	−497	− 314	+ 104	−756
Central bank liquidity swaps (8)	226,803	− 49,894	+ 226,786	225,414
Other Federal Reserve assets (9)	34,205	− 1,091	+ 9,011	33,048
Foreign currency denominated assets (10)	20,880	− 40	− 119	20,984
Gold stock	11,041	0	0	11,041
Special drawing rights certificate account	5,200	0	0	5,200
Treasury currency outstanding (11)	50,401	+ 14	+ 471	50,401
Total factors supplying reserve funds	7,063,322	− 33,891	+3,194,456	7,057,170

Note: Components may not sum to totals because of rounding. Footnotes appear at the end of the table.

그림 1-28 연준 자산 변동 상세내역(2020년 3월~2020년 7월)

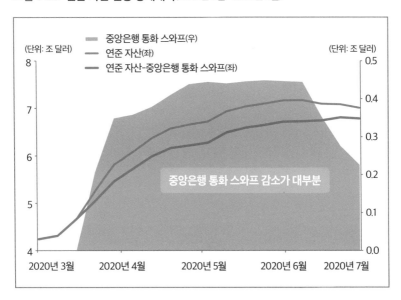

이처럼 증시는 비관론자들의 항복을 재물 삼아 계속해서 상승했습니다. 나스닥에 이어 S&P500도 2020년 8월 18일에 코로나 전고점을 돌파하였습니다.

연준 자산 변동에 대한 오해

연준의 대차대조표 조절 정책에 대해서는 오해가 많습니다. 대표적인 예가 바로 앞에서 설명한 '중앙은행 유동성 스와프'입니다. 그런데 2년 뒤인 2022년 여름에도 시장에서는 연준의 자산 변동에 대해 의문을 품는 목소리가 커진 바 있습니다.

2022년 6월부터 연준은 양적긴축에 돌입했습니다. 먼저 양적긴축에 대한 오해부터 풀어야겠습니다. 양적완화가 자산을 매입하는 것이다 보니 양적긴축은 자산을 매각하는 것이라고 생각하기 쉽습니다. 하지만 실제로는 그렇지 않습니다. 연준이 실행한 양적긴축이란 이미 보유하고 있는 자산 중에서 만기가 돌아오는 자산에 대해 재투자를 중단하는 것을 말합니다. 그러면 자연스럽게 보유 자산 총액은 줄어들게 됩니다. 이처럼 수동적으로 보유 자산 총액을 줄여나가는 정책을 양적긴축이라고 합니다. 물론 영란은행처럼 보유 자산을 정말로 시장에 내다 팔아버리는 적극적 양적긴축을 행한 사례도 있긴 하지만 최소한 연준은 그렇게 하지 않았습니다.

당시 연준은 양적긴축을 시작하면서 우선 매월 국채를 300억 달러, 주택담보부증권을 175억 달러씩 줄여나가기로 결정합니다. 그런데 약 3개월이 지난 2022년 8월 18일 기준으로 연준의 자산은 644억 달러 감소에 그쳤습니다. 계산대로라면 매달 475억 달러씩 줄어드니 최소한 1,000억 달러 이상은 줄어 있어야 하는데 말입니다. 이를 보고 투자자들은 생각했습니다.

'연준이 우리를 속이고 있다. 돈 풀기에 중독된 연준이 어떻게 양적긴축을 제대로 할 수 있겠어?'

연준은 억울했습니다. 약속한 대로 하고 있었기 때문입니다. 차이를 만들어낸 요인은 다음 두 가지입니다.

첫째, 물가 상승

연준은 이번 양적완화에서 물가연동국채TIPS, Treasury Inflation-Indexes Securites도 대량 매입했습니다. 그런데 물가가 상승하게 되면 연준의 대차대조표에 물가연동국채의 가치도 상승한 것으로 기록하도록 되어 있던 것입니다. 물가연동국채 가치의 증가로 인해 전체 국채의 감소 폭이 예상보다 작았습니다.

둘째, 주택담보부증권 거래 시 시차 문제

주택담보부증권은 거래의 실제 체결과 확정 사이에 시차가 존재하는 경우가 발생합니다. 그래서 연준 입장에서는 줄였는데, 실제로 아직 연준의 대차대조표에는 남아 있는 경우가 있습니다. 물론 이는 시간이 지나면 없어지므로 장기적으로 보았을 때에는 문제가 되지 않지만, 단기적으로 보았을 때에는 여전히 보유하고 있는 것으로 착각할 수 있습니다.

그래서 연준은 매주 자산 내역을 공개할 때 이처럼 시차가 발생한 주택담보부증권이 얼마나 있는지를 상세히 적어줍니다. 2022년 8월 당시까지도 연준이 양적완화를 할 때 매입 체결을 맺은 주택담보부증권이 계속해서 시차를 두고 대차대조표로 들어오고 있었습니다. 그래서 양적긴축을 거의 3개월이나 했음에도 불구하고 연준 자산에서 주택담보부증권은 오히려 소폭 증가한 것으로 나왔습니다.

투자의 역사는 반드시 되풀이된다

비관론자의 항복을 재물 삼아 강하게
반등하는 특징을 가진 금융장세

일단 제대로 금융장세에 돌입하게 되면 반등의 강도는 시장의 예상을 넘어서는 경우가 많았습니다. 과거에 미국 증시가 크게 하락한 이후 사례들을 살펴보면 과열을 달고서 계속해서 상승하는 모습을 보였습니다. 당시에도 반등이 과한 것 아니냐는 신중론이 나왔지만 증시는 아랑곳하지 않았습니다.

이처럼 반등이 강하게 나오는 이유는 비관론자들의 항복 때문입니다. 금융장세가 펼쳐지기 전에는 약세장이 나타납니다. 약세장을 겪으면서 투심(투자심리)은 최악으로 나빠집니다. 앞으로 평생 주식의 주자도 입에 올리지 말라는 이야기가 나올 때입니다. 또한 경제 상황도 최악입니다. 왜 지금 주식을 사면 위험한지 이유를 100가지도 더 들 수 있는 시기가 바로 금융장세입니다.

증시가 이미 충분히 많이 빠졌지만 여기서 2차 하락이 올 것이며, 2차 하락은 더욱 아플 것이라고 말하는 시기가 이때이기도 합니다. 추가 하락을 우려하며 예시로 드는 시기는 거의 정해져 있습니다. 미국은 1929년 대공황, 한국은 1997년 IMF 외환위기입니다. 두 사례 모두 거의 90% 가까이 주가가 하락했던 시기입니다. 혹은 2000년 닷컴 버블, 2007년 금융위기도 많이 언급하는데, 두 경우 모두 50% 이상 증시가 하락했던 시기입니다.

이미 증시가 크게 하락하여 투자 매력이 생겼음에도 불구하고, 추가 하락 경고론이 투자자들에게 어떤 영향을 미치는지 예를 하나 들어볼까 합니다. 2007년 금융위기 당시에 한국 증시는 이미 50% 넘게 폭락했습니다. 2,000포인트가 넘던 코스피가 900포인트 아래로 떨어진 것입니다. 하지만 비관론자들은 여기서 멈추지 않았습니다. 제2의 IMF 외환위기가 닥칠 수 있으니 추가 하락에 대비해야 한다고 말했습니다. 그러면서 IMF 외환위기 때처럼 주가가 빠지게 된다면 300포인트 아래로도 내려갈 수 있다고 경고했습니다. 코스피가 고작 892포인트에 불과했지만 300포인트 아래로 내려간다고 생각한 투자자들에겐 892포인트도 매우 높게 보였을 것입니다.

이처럼 부정적 인식이 크게 퍼져 있을 때에는 투자자들이 현금을 보유하려 합니다. 더 나아가서는 공매도나 인버스 투자와 같이 하락 베팅을 하려고 합니다. 하지만 세상은 최악의 상황이 발생하지 않고 조금씩 회복하는 모습을 나타냅니다. 그러면서 증시는 어느새 바닥을 지나 상승세를 보입니다. 하락에 베팅한 투자자들이 하나둘

투자의 역사는 반드시 되풀이된다

항복을 합니다. 이 과정에서 증시는 계속 올라갑니다. 현금을 보유하고 있던 투자자들도 하나둘 주식시장으로 돌아옵니다. 역시나 이 과정에서 증시는 계속 올라갑니다.

침체가 증시에 미치는 영향: 하락률

침체라는 단어를 보면 어떤 상황이 떠오르시나요? 아마도 대규모 실업, 기업 부도, 증시 폭락 등이 떠오르실 겁니다. 그럼 여기서 질문을 하나 더 해보겠습니다.

"침체 시 증시는 어느 정도나 폭락할까요?"

이 질문에 답변하기 위해서 우리는 먼저 침체가 구체적으로 무엇을 뜻하는지 정의부터 확실히 내릴 필요가 있습니다. 일반적으로 경기침체란 두 개 분기 연속으로 경제 성장률이 마이너스를 기록하는 경우를 말합니다. 하지만 실제로 경기침체란 이처럼 간단하게 결정되지 않습니다. 공신력 있는 기관에서 종합적인 경제 상황을 판단하여 경기침체를 선언해야 비로소 침체가 왔다고 이야기할 수 있습니다. 우리나라는 통계청에서 침체 시기를 공식 선언합니다. 다른 나라도 대부분 이처럼 국가 기관에서 공식적인 침체 시기를 판단합니다. 하지만 미국은 좀 독특합니다. 민간의 독립 기관인 전미경제연구소NBER, National Bureau of Economic Research의 비즈니스 사이클 판정 위원회에서 공식적으로 침체 여부를 선언합니다. 전미경제연구소는 1920년에 설립된 단체로, 미국 상무부가 1961년에 '월간 경제 사이클 동향' 발표 때 전미경제연구소의 자료를 사용한 후부터 공신력 있는 자료로 여겨져 왔습니다.

전미경제연구소가 침체라고 인정하는 기준은 매우 모호합니다. 정확히 숫자로 기준이 나와 있지 않습니다. 그저 '경제 활동의 현저한 감소가 나타나야 한다'라고 되어 있습니다. 그렇다 보니 우리가 일반적으로 생각하는 경제 성장률의 감소나 기업 이익의 감소가 나타나도 이들이 침체로 인정받지 못하는 경우가 꽤 많습니다.

표 1-2 전미경제연구소에서 판단한 과거 침체 시기(1950년 이후)

경기 정점	경기 저점
2020년 2월	2020년 4월
2007년 12월	2009년 6월
2001년 3월	2001년 11월
1990년 7월	1991년 3월
1981년 7월	1982년 11월
1980년 1월	1980년 7월
1973년 11월	1975년 3월
1969년 12월	1970년 11월
1960년 4월	1961년 2월
1957년 8월	1958년 4월

투자의 역사는 반드시 되풀이된다

비록 기준이 모호하기는 하지만 미국 경제가 언제 침체였는지는 전미경제연구소의 발표를 참고할 수밖에 없습니다. 1950년 이후로 미국은 11번의 침체를 겪었습니다. 그리고 침체 시기에 미국 증시는 평균적으로 32% 하락하였습니다. (S&P 500 기준) 중간값으로 보면 28% 하락하였습니다(표 1-3).

표 1-3 침체 시 미국 증시 하락률

	고점	저점	하락률
2020년	3,394	3,192	−35%
2009년	1,576	667	−58%
2002년	1,553	769	−51%
1990년	370	295	−20%
1982년	141	102	−27%
1980년	118	98	−17%
1974년	120	62	−48%
1970년	108	69	−36%
1962년	73	52	−28%
1958년	50	39	−21%
1953년	27	23	−15%
총 11회	평균		−32%
	중간 값		−28%

금융위기나 닷컴 버블 때와 같이 50% 넘게 하락한 경우도 있지만 1953년이나 1980년을 보면 20%도 하락하지 않았던 경우도 있

습니다. 총 11번의 침체 중 하락률이 20% 미만에 그친 경우가 2번입니다. 20~30%인 경우는 4번입니다.

침체가 오면 주가가 곧장 반토막이 나야 할 것 같지만 과거를 살펴보면 그렇지 않았습니다. 침체에도 여러 가지 모습이 있는데 우리는 보통 깊은 침체만을 떠올리기 때문에 입니다. 오히려 얕은 침체가 깊은 침체보다 발생할 확률이 약간 더 높은데도 말입니다.

침체라는 단어가 주는 무게감이 남다르다는 것은 이해가 갑니다. 침체가 온다고 하면 두려운 것도 사실입니다. 하지만 필요 이상으로 겁을 먹을 필요도 없습니다. 예를 하나 들어보겠습니다. 가령 어떤 기업에 주가가 30% 하락할 만한 악재가 발생했다고 가정해보겠습니다. 그런데 만약 주가는 그 두 배인 60%가 빠졌다면 이는 매수 기회가 될 것입니다. 상과 벌은 현상이 벌어진 딱 그만큼이면 충분합니다.

그리고 경제가 나빠진다고 해서 반드시 침체로 이어지지 않을 수 있다는 점도 생각해볼 필요가 있습니다. 경제가 둔화하기는 하지만 침체는 피해갈 만한 수준에서 다시 반등하는 경우도 있다는 것입니다. 경제와 주식의 상황은 1과 0으로 구분될 수 없습니다. 그 사이에 정말로 복잡하고 다양한 경우가 존재합니다.

금융장세의 특징

그렇다면 금융장세는 어떤 특징을 가지고 있을까요? 금융장세는 불경기 속에서 나타납니다. 경기가 좋지 않으니 중앙은행은 금융시장 환경을 완화하려고 노력합니다. 대표적으로 금리를 내리는 방법이 있습니다. 이렇게 금리가 내려가면 주식 입장에서는 할인율이 떨어지기 때문에 상대적인 매력이 증가하게 됩니다. 또한 가계와 기업 모두 대출 금리가 하락하므로 유동성 환경이 개선됩니다.

금리를 내리는 것 이외에도 추가로 고려할 점이 두 가지 더 있습니다. 바로 포워드 가이던스foward Guidance와 대차대조표 조절 정책입니다. 연준이 실제로 금리를 올리거나 내리지 않더라도 오직 소통을 통해 미리 시중 금리가 실제로 정책 금리를 바꾼 것처럼 움직이게 만드는 것이 포워드 가이던스입니다. 앨런 그린스펀 전 의장 시절부터 일부 활용이 되었는데, 2006년 벤 버냉키 전 의장이 취임한 이후 적극적으로 활용되었습니다.

대차대조표 조절 정책이란 양적완화, 양적긴축과 같이 연준이 자산을 늘렸다 줄였다 하는 것을 말하는데, 금융위기 이후에 도입되었습니다. 다만 자산 총액에는 변화가 없으나 장기물은 매수하고, 단기물은 매도하여 장기 금리를 낮추는 오퍼레이션 트위스트라Operation Twist는 정책의 경우엔 금융위기 당시뿐만 아니라 1960년대 초반에도 사용된 바 있습니다. 양적완화, 양적긴축, 오퍼레이션 트위스트를 통틀어서 비전통적 통화정책이라고 합니다. 이들 정책도 유동성 환경에 큰 영향을 미치기 때문에 과거처럼 단순히 기준 금리를 올리고 내렸을 때에 비해 장세를 파악하기 힘들어진 측면이 있습니다.

역금융 및 역실적장세에서 주가가 많이 내린 이후에 유동성 환경이 개선되는 금융장세에 접어들게 되면 저가 매력을 느낀 장기 투자자들의 매수가 시작됩니다. 연기금이나 금융기관 등이 여기에 속합니다. 이처럼 유동성 환경이 개선되는 와중에 나오는 정부의 경기대책으로 증시는 단숨에 반등하곤 합니다. 그리고 증시가 바닥을 다지고 올라간다는 심리가 생기면 공매도도 당황하여 매입에 나서게 됩니다. 비로소 약세장이 종료되고 강세장이 열리는 것입니다. 실제 코로나19로 증시가 급락하자 각국 정부는 완화적인 재정, 통화정책을 쏟아냈습니다. 그리고 이렇게 증가한 유동성이 증시로 몰려들며 증시 반등을 이끌어냈습니다.

테크니컬 지표로 보았을 때에는 거래량이 주가에 선행해서 늘어나게 됩니다. 실제로 우리 증시를 기준으로 보았을 때 증시 저점일 부근에서 거래가 크게 증가합니다. 지난 2000년 이후 총 4번 증시가 고점 대비 30% 이상 하락하였는데, 최저점일을 기준으로 전후 5 거래일(총 11거래일)의 시가총액 대비 거래대금을 보면 평소 대비 거의 두 배 정도 증가하였습니다.

다음으로 등락비율ADR, Advance Decline Ratio이 개선됩니다. 상승 종목 수를 하락 종목 수로 나누는 것인데, 100%를 넘어가면 상승 종목이 더 많다는 뜻입니다. 코로나19 당시 한국 증시의 ADR은 거의 40%까지 빠졌다가 230% 이상까지 상승하게 됩니다. 그리고 장기 이동평균선(200일)은 하락 중이나 단기 이동평균선(30, 100일)은 상승 전환하게 됩니다. 역시 코로나19 당시 증시를 보게 되면 장기 이동평균선은 하락하는 가운데 단기 이동평균선은 상승하면서 국면 전환을

투자의 역사는 반드시 되풀이된다

이뤄냈습니다. 마지막으로 시황이 대전환되는 국면에서는 과도할 정도의 상승이 나타난다고 했는데, 이 역시 우리가 지난 반등에서 경험한 일입니다. 코로나19는 계속 퍼져나가는 중인데 증시가 V자로 반등하니 이러다가 더블딥에 빠지는 것 아니냐는 우려가 컸지만, 이를 비웃듯이 증시는 가파르게 추가로 더 상승해 버렸습니다.

필자가 생각하는 금융장세의 주인공은 다음과 같습니다.

먼저 금융주입니다. '실적장세에서는 세상이 망한다'라는 이야기가 많이 나왔을 것이고, 실제로 기업이나 채권이 부도나는 경우가 생겼을 것입니다. 이때에는 금융사들은 모두가 피하는 주식이 됩니다. 대손비용이 얼마나 나올지 모르기 때문입니다. 심지어는 일부 금융사가 망하기도 합니다. 하지만 정부와 중앙은행의 적극적인 완화정책으로 세상이 망하지 않는다는 생각이 투자자들 사이에 확산하기 시작하면서 금융주는 우려를 덜어내고 주인공의 자리를 차지합니다.

다음으로는 공매도가 많고 소위 빈집인 주식이 주인공의 자리를 차지합니다. 금융장세는 수급 측면에서 볼 때 비관론자들의 항복을 바탕으로 상승하는 국면입니다. 따라서 가장 싫어하는 주식들이 왜 오르는지 영문도 모른 채 상승하는 시기가 바로 금융장세입니다. 심지어는 몇 조 단위의 대형주가 공매도 상환과 더불어 상한가를 기록하기도 합니다.

구체적으로 어떤 섹터가 주인공이 될지에 대해서 많이 질문하는데, 금융주를 제외하고는 금융장세 때마다 다릅니다. 이는 이전에 어떤 분야가 주도주였는지, 위기 상황에서 정부가 어느 분야로 재정 정책을 집중적으로 집행하는지, 바닥을 찍고 상승할 때 주도하는 수급 주체가 어디인지, 그리고 국가별로 나타나는 산업의 특성이 다르다는 점 등 때문으로 보입니다.

또한 금융장세는 추후에 전개될 강세장의 주도주가 탄생하는 시기입니다. 이때부터 크게 인기를 얻는 업종의 대표 종목은 향후 2~3년간 주가가 3~5배가량 상승할 수 있습니다. 이후 주가는 고가권에서 급등락을 거듭하게 되는데, 이 과정에서 주가는 서서히 내림세를 타게 됩니다.

연준의 결정적 실수:
평균물가목표제(AIT, Average Inflation Targeting)
도입

이처럼 증시 상황이 호전되는 가운데 유동성에 기름을 붓는 정책이 2020년 8월 연준에서 발표됩니다. 바로 평균물가목표제의 도입입니다.

연준은 1년에 8회 정기 FOMC 회의를 개최합니다. 8월에는 정기 회의가 없는데 잭슨홀 미팅이라고 해서 각국의 중앙은행장을 비롯하여 경제 관련 석학들이 모이는 자리가 마련됩니다. 정기 회의가 아니고 일종의 심포지움이기 때문에 잭슨홀 미팅 때에는 통화정책이 결정되지 않습니다.

정책이 결정되지 않는 자리이기 때문에 중요도가 떨어질 것 같지만 의외로 중요도는 높습니다. 왜냐하면 과거 잭슨홀 미팅에서 몇몇 중요한 발언이 나왔기 때문입니다. 우선 2010년 사례를 들 수 있습니다. 당시 연준 의장이던 벤 버냉키는 연설에 나서서 이렇게 이야기합니다.

"특히 위원회는 필요하다고 판명되는 경우 비전통적인 방법(=QE, 양적완화)을 통해 추가적인 통화 완화 조치를 제공할 준비가 되어 있습니다."

2009년 초부터 시작한 1차 양적완화를 2010년 1분기에 종료했는데, 추가적인, 즉 2차 양적완화를 하겠다는 의지를 강력하게 내보인 것입니다. 이 같은 발언에 증시는 즉각적으로 반응했습니다. S&P500 기준으로 장 중 한때 0.72%까지 하락하던 증시는 상승 반전하며 +1.66%로 마감하였습니다. 이날을 저점으로 승승장구하며 미국 신용등급 강등 이슈가 강타하기 전인 2011년 5월까지 무려 31.8%나 상승하였습니다.

2014년 잭슨홀 미팅에서는 마리오 드라기 당시 유럽 중앙은행 총재가 양적완화 도입의 힌트를 시장에 제공했습니다. 이에 따라 다음 영업일 유럽 증시는 스톡스50 기준으로 2.16%나 상승하였습니다. 그리고 2015년 4월까지 23.8%의 강한 랠리를 기록하였습니다. 당시 상황이 충격적이었던 이유는 드라기의 발언이 애드립이었다는 것입니다. 일반적으로 잭슨홀 미팅 연설의 시작과 동시에 스크립트 전문이 해당 중앙은행 홈페이지에 올라오게 됩니다. 그런데 드라기 총재는 예정에 없던 이야기를 쏟아냈고, 이는 종합해보면 양적완화

투자의 역사는 반드시 되풀이된다

였던 것입니다.

이처럼 종종 서프라이즈를 연출하기 때문에 투자자들은 잭슨홀 미팅에 촉각을 곤두세웁니다. 그런데 2020년 잭슨홀 미팅에서도 서프라이즈가 연출됩니다. 바로 예정에 없던 특별회의를 열어서 평균물가목표제를 도입하기로 한 것입니다.

평균물가목표제란 장기간에 걸쳐서 연준의 목표인 2%의 인플레이션을 달성하겠다는 것을 말합니다. 가령 올해 인플레이션이 1.5%에 그쳤다면 내년에는 2.5%가 되어야 평균했을 때 2%의 물가를 달성했다고 본다는 것입니다. 평균물가목표제를 도입하기 전이라면 올해 인플레이션이 1.5%가 나왔고, 내년에 2.5%가 나올 것 같을 때, 인플레이션이 2% 목표를 초과한 것으로 보아 통화정책을 긴축적인 방향으로 돌립니다. 그런데 새로운 제도를 도입하고 나면 내년에 2.5%가 나올 것 같아도 통화정책을 긴축으로 돌릴 이유가 없어집니다. 그렇기 때문에 이 정책의 도입은 매우 완화적 조치인 것입니다.

지금 이 책을 읽고 있는 분들은 이후에 엄청난 인플레이션이 발생했다는 것을 이미 알고 있을 것입니다. 그렇기 때문에 이 조치가 얼마나 잘못된 것이었는지 쉽게 알 수 있습니다. 하지만 책 첫 부분에서 다루었듯이 코로나19 직전만 해도 연준의 고민은 오로지 어떻게 하면 인플레이션을 발생시킬 수 있을지였습니다. 그렇기에 연준은 이제 경제가 좀 회복하기 시작하는데, 그동안 경기침체로 인해 잃어버린 인플레이션을 이참에 만회해보자는 생각을 했던 것입니다. 이처럼 연준의 사려 깊은(?) 조치에 힘입어 증시는 별다른 위기 없이 승승장구합니다.

연준 실수의 역사

"연준에 맞서지 마라."

최근 가장 많이 회자되는 투자 격언입니다. 그런데 연준이 절대적인 존재는 아닙니다. 그리고 사람이 하는 일인지라 그들도 실수를 저지릅니다. 연준의 흑역사를 간략하게 살펴보겠습니다.

대표적으로 1929년부터 1933년까지 지속한 대공황입니다. 주식시장이 더없이 좋았던 '광란의 1920년대'의 막바지인 1928년 초부터 연준은 긴축에 돌입합니다. 3.5%였던 재할인율을 1929년까지 6%로 올립니다. 당시 연준은 신용자원의 용도를 '생산적인' 것과 '투기적인' 것으로 구분해왔는데, 주식시장이라는 '투기적인' 영역의 과도한 상승을 제어하려 했습니다.

결국 1929년 10월에 주식시장은 붕괴하기 시작합니다. 통화량, 산업생산, 개인소득 그리고 물가까지 모두 마이너스를 나타냈습니다. 그러자 연준은 다시 부양책을 꺼내 듭니다. 1931년 중반까지 재할인율을 1.5%로 낮춰버렸습니다. 연준의 부양책은 효과를 내기 시작합니다. 여전히 경제 지표가 부진했지만 조금씩 개선의 모습이 나타났습니다.

투자의 역사는 반드시 되풀이된다

그런데 여기서 영국이 사고를 칩니다. 1931년 9월에 영국이 금본위제를 포기한 것입니다. 이제 사실상 미국만이 금본위제를 유지하는 국가가 되어 버렸고, 투자자들은 미국도 영국처럼 금본위제를 폐지할까 봐 두려워했습니다. 이는 미국 내에서 자금이 해외로 급격히 유출될 것이라는 우려로 번졌고, 여기서 연준은 중대한 실수를 저지릅니다. 바로 재할인율을 올리는 긴축 조치를 내린 것입니다.

연준은 1931년 10월 8일에 회의를 열어서 재할인율을 1.5%에서 2.5%로 인상합니다. 그리고 불과 일주일 후에 다시 모여 이젠 재할인율을 3.5%까지 인상해 버립니다. 불과 2주일 만에 금리가 2%나 올라 가버린 것입니다. 당시에 미국은 여전히 물가가 마이너스였습니다. 경제가 수축하고 있는 국면에서 금리를 인상해 버리고 나니 주식시장과 각종 경제 데이터는 계속해서 추가로 하락합니다. 부랴부랴 1931년 말부터 재할인율을 다시 인하하고, 1932년에는 공개시장 매입에도 재차 나서며 완화책을 쓰기 시작했지만 시장의 신뢰를 회복하기에는 역부족이었습니다. 또한 1932년 11월에 당선된 루스벨트 대통령이 1933년 4월 업무를 시작하기 전까지 명확한 경제정책을 내놓지 않으면서 시장에서는 마지막 투매가 나타났습니다.

1929년과 비교했을 때 개인소득과 산업생산은 1933년에 반토막이 났습니다. 통화량과 물가는 30%나 하락하였습니다. 주가는 거의 90% 가까이 폭락했습니다. 실업률은 20% 중반까지 치솟았고, 9,000개가 넘는 은행이 도산했습니다.

당시 연준이 영국처럼 금본위제를 폐지하고, 경기를 부양하는

데 힘썼어야 한다는 반성이 이후에 나왔습니다. 해외로의 자금 유출을 너무 의식한 나머지 디플레이션을 심화시켜서 미국이 치명적인 상처를 입었다는 것입니다.

대공황은 결국 루스벨트 대통령이 뉴딜정책을 통해 적극적인 재정정책을 펼치면서 해결됩니다. 물론 연준도 재할인율을 1%까지 낮추며 이를 적극 뒷받침합니다. 하지만 1937년에 또다시 실수를 저지릅니다. 증시와 경제가 좀 살아났다 싶으니 다시금 재할인율 인상에 나선 것입니다. 당시 연준 의장이었던 매리너 에클스는 1%이던 재할인율을 1.5%로 인상합니다. 그러자 경제 지표는 또다시 꺾이고, 증시는 50% 이상 폭락해 버립니다. 중환자실에 있던 환자가 이제 겨우 일어나려고 하는데, 치료를 중단하고 달리기를 시킨 꼴이었습니다. 이를 두고 '에클스의 실수'라는 말이 생겨났습니다. 성급하게 긴축에 나서다가 경제를 다시 얼어붙게 만들 것 같을 때 에클스의 실수라는 단어가 사용됩니다.

이처럼 1930년대에 연준은 너무 빨리 긴축에 나서는 실수를 반복했습니다. 금융위기 이후 연준이 좀 과하다 싶을 정도로 완화적인 모습을 유지해온 것도 이 당시에 대한 교훈 때문이었습니다.

대공황 시기에는 디플레이션 대응에 실패했다면 이번엔 정반대로 인플레이션 대응에 실패한 사례가 있는데, 바로 1970년대입니다. 1950년대 초반 한국전쟁을 끝으로 미국에서는 인플레이션이 자취를 감춥니다. 하지만 1971년 여름, 물가가 한국전쟁 이후 가장 빠른 속도로 상승하자 닉슨 대통령은 임금과 제품 가격을 비롯하여 전방위적인 가격 통제 조치를 내립니다. 다행히 초기에는 정부의 조치가 힘을 발휘합니다. 그래서 6%에 달하던 물가는 1972년 여름까지 3%로 내려옵니다. 하지만 억지로 가격을 막아놓았기에 투자가 부진했고, 이는 만성적인 공급 부족으로 이어집니다. 게다가 1차 석유파동까지 발생하면서, 물가는 12%까지 뛰어오릅니다. 연준은 하늘 높이 뛰어 오르는 물가를 억제하기 위해 계속해서 금리를 인상해나갑니다. 5%대이던 금리를 13%까지 올립니다. 그러자 경제가 침체에 돌입하고, 주가는 급락했습니다. 침체는 그 자체로 물가를 억제하는 역할을 했습니다. 1976년 말에는 물가가 5% 아래로까지 내려갔지만, 인플레이션의 불씨는 꺼지지 않았습니다. 경제가 다시 회복하는 모습을 보이자 또다시 물가가 뛰어 올랐습니다. 1979년에 발발한 2차 석유파동까지 겹치면서 물가는 무려 14%를 넘겨 버렸습니다.

이 시기에 연준은 갈팡질팡하는 모습을 보였습니다. 물가가 오르면 금리를 인상해나가다가, 물가가 높음에도 불구하고 침체가 온다 싶으면 금리를 인하했습니다. 이를 여러 차례 반복했고, 결국 기저에 깔려 있는 인플레이션 불씨를 꺼뜨리지 못했습니다. 14%가 넘는 살인적인 물가 상승을 경험하고 나서야 연준은 문제 해결을 위한 근본적인 조치를 취합니다. 바로 강력한 긴축입니다.

인플레이션 통제에 실패한 닉슨에 이어 1977년에 대통령에 취임한 지미 카터는 윌리엄 밀러로 연준 의장을 교체합니다. 하지만 밀러도 물가 안정에 실패합니다. 그래서 임명한 지 불과 1년 5개월 만에 밀러를 사실상 경질하기에 이릅니다. 이후에는 모두가 잘 알고 있는 인플레이션 파이터, 폴 볼커가 연준 의장으로 취임합니다. 그는 물가와의 전쟁에서 승리하기 위해 근본적인 대응법부터 바꿉니다. 기존에는 연준이 기준 금리를 결정하는 방식을 취했습니다. 하지만 볼커는 연준이 목표 통화량만 정하고 금리는 시장이 알아서 수요와 공급에 따라 균형 수준을 맞춰나가도록 내버려 두는 방식으로 바꾸었습니다. 이후 약 3년간 금리는 위아래로 널뛰기를 거듭했습니다. 하지만 이를 통해서 인플레이션은 완전히 사라지게 되었습니다. 파월이 되살리기 전까지 말이지요.

투자의 역사는 반드시 되풀이된다

미국 대선/선거와 증시

코로나19로 증시가 급락했던 2020년 3월, 당시 필자는 펀드매니저로 일하고 있었습니다. 그때 업계에서 광범위하게 퍼져나갔던 생각은 다음과 같았습니다.

'올해 트럼프의 재선이 걸려 있으니 그때까지는 무슨 수를 써서라도 트럼프가 증시를 반등시키려 할 것입니다.'

그리고 이와 동시에 다음과 같은 생각도 퍼져나갔습니다.

'하지만 트럼프가 대선에서 진다면, 그는 불복 운동도 펼칠 수 있는 인물이기에 대선 전후로 증시 불확실성이 크게 증가하게 될 것입니다. 따라서 대선 전후로 헤지(리스크 관리)가 필요합니다.'

이에 따라 진작부터 대선을 전후로 한 변동성 지수, 풋옵션 매수가 활발히 일어났을 정도였습니다. 투자자들 사이에서 불확실성 회피 심리가 퍼져나갔고, 증시 자체도 저점 대비 많이 상승했기에 대선을 앞둔 2020년 9월 중순부터 증시는 상승세를 멈추고 박스권에 갇히게 됩니다.

특히 트럼프와 바이든 두 후보 중 누가 당선되는 것이 좋으냐를 두고 갑론을박이 펼쳐졌습니다. 대통령에 당선된 이후 증시의 신고가를 이끈 검증된 트럼프가 좋다는 의견이 있는가 하면, 미중 무역 분쟁에서도 보듯 예측할 수 없는 행동 때문에 향후 증시에는 부담이 될 것이라는 걱정도 있었습니다. 바이든의 경우에는 오바마 정부 때 부통령을 지냈기에 안정적이라는 것은 장점이었지만, 아무래도 주요 공약이 증세이다 보니 주식시장에는 안 좋은 영향을 주는 것 아닌가라는 걱정이 생겨났습니다.

하지만 점차 시간이 지나면서 누가 되어도 좋다는 소위 무조건 강세론이 힘을 받기 시작했습니다. 일단 공화당과 트럼프는 이미 지난 4년간 실제로 증시를 상승시켰기 때문에 더 이상 말할 게 없었습니다. 바이든의 경우 비록 증세가 기업 이익에 악영향을 주는 것은 맞지만 과거 트럼프의 법인세율 인하에서도 경험했듯이 실제 증세가 기업에 적용되는 것은 아무리 빨라도 2~3년 뒤라는 점이 안도감을 주었습니다. 또한 바이든과 민주당은 대규모 재정정책을 예고했는데, 이는 승리하기만 하면 이듬해에 곧바로 시행될 수 있는 것들이었습니다. 즉 대통령과 의회를 모두 민주당이 장악하게 되더라도

투자의 역사는 반드시 되풀이된다

증세는 멀리 있고, 대규모 재정 확장은 가까이에 있다는 것입니다. 또한 선거 때에는 유권자들의 이목을 끌기 위해 공약 사항을 강하게 이야기하지만 실제로 당선된 이후에는 보통 정치인들이 현실과 타협하여 공약 내용을 후퇴하곤 했다는 점도 제기되었습니다.

이 같은 인식 덕분에 비록의 선거 결과로 인해 실제 승리 확정 때까지는 꽤 오랜 시간이 걸렸지만, 미국 증시는 흔들리지 않았습니다. 어떤 결과가 나오든 강세장에 흠집을 주지는 않는 것으로 이미 다들 마음을 굳혔기 때문입니다. 그리고 트럼프도 의외로 대선에 빨리 승복하여 불확실성을 덜어주었습니다.

선거와 증시

선거와 증시 사이에는 과연 어떤 상관관계가 있을까요? 앞서 대선 당시 분위기에서 볼 수 있듯 선거가 있는 해에는 정치인들이 주식시장을 올리기 위해 노력할 것이라는 심리가 크게 퍼져나갑니다. 2022년에도 그랬습니다. 연초부터 증시가 약세로 돌아서자 많은 투자자가 이렇게 말했습니다. '중간선거가 있기 때문에 바이든 입장에서는 증시를 띄울 수밖에 없다'라고 말이지요. 얼핏 생각해보면 일리가 있어 보입니다. 하지만 실제로 과거에 어떠했는지를 살펴보면 이는 잘못된 논리였습니다.

지난 93년간 미국 증시를 보면 중간선거가 있었던 해의 수익률이 상대적으로 가장 부진했습니다. 대선이 있던 해에는 수익률이 좀 나아지긴 했지만, 의외로 가장 수익률이 좋은 시기는 선거가 아예 없던 해였습니다. 정치와 증시를 연결하려는 사람들에겐 좀 김빠지는 결과라고 할 수 있습니다.

이를 굳이 해석해보자면, 선거가 있던 해에는 오히려 양당이 정책의 선명성을 드러내면서 갈등을 빚다 보니 증시에는 불확실성의 증가로 작용한 것 아닌가라는 생각이 듭니다.

	총 연도 수	상승 연도 수	하락 연도 수	상승 확률	평균 수익률
대상 기간 전체	94	63	31	67%	7.98%
중간선거가 있던 해	23	13	10	57%	4.30%
대선이 있던 해	24	18	6	75%	7.47%
선거가 없던 해	47	32	15	68%	10.04%

선거 결과에 따라 증시가 어떻게 반응했는지도 아마 궁금할 것입니다. 민주당과 공화당, 과연 어디가 승리하는 것이 증시에 더 좋을까요? 결과는 권력을 나눠 가질 때 가장 좋았습니다. 상하원을 특정 정당이 독차지할 때보다 양당이 나눠 가질 때 증시는 더 환호했습니다. 마찬가지로 백악관과 의회도 양당이 권력을 나눠 가질 때 수익률이 더 좋았습니다. 특정 정당이 권력을 모두 차지하면 과격한 정책이 나올 수도 있는데, 권력이 분산되면 이 같은 위험이 줄어들기 때문이 아닐까라는 생각을 해봅니다.

그리고 중간선거 이후에는 증시가 좋았던 기록도 있습니다. 1946년 이후로 보면 중간선거가 있던 해에 내내 부진했던 증시는

투자의 역사는 반드시 되풀이된다

중간선거 직전부터 상승하기 시작해 선거가 없는 다음 해 내내 랠리를 펼친 것으로 나오는데, 평균적으로 약 15%가량 상승했습니다. 지난 2022년에 중간선거가 있었습니다. 과연 이번에도 중간선거일(2022년 11월 8일)부터 선거가 없는 2023년 내내 랠리를 펼칠 수 있을까요?

이처럼 선거와 증시를 여러 측면에서 연관시킬 수 있지만 기본적으로는 둘을 엮어서 투자 전략을 짜는 데 신중해야 한다고 생각합니다. 정치가 세상을 변화시키는 데 중요한 역할을 하는 것은 맞지만, 그 영향을 과도하게 생각하는 것은 곤란하기 때문입니다. 과거 세계대전, 냉전, 대통령 암살 등 정말로 뜻밖의 일들이 많이 발생했지만, 주식시장은 그런 이슈를 꾸역꾸역 소화해나가며 결국엔 제 갈 길을 갔습니다. 정치도 세상의 일부일 뿐입니다.

PART 2

요동(搖動): 춤추는 코로나 랠리 실적장세

- 적극적인 통화 및 재정 정책이 마침내 실물 경제에도 긍정적인 영향을 미치기 시작하면서 실적장세가 시작됩니다. 실적장세에는 재고 축적이 함께 나타납니다. 따라서 재고 변화에 큰 영향을 받는(=경기민감주 비중이 큰) 한국 증시는 실적장세 전반부에 두각을 나타냅니다.
- 인플레이션이 발생하면 실적장세는 전반부에서 후반부로 넘어가게 되는데, 주도주의 변화가 나타납니다.
- 미국 정부는 인플레이션이 일시적 요인들 때문이라고 오판합니다. 초기 대응 실패는 두고두고 증시의 발목을 잡았습니다.
- 외국인, 기관, 연기금, 공매도 등 수급이 증시에 미치는 영향은 큽니다. 하지만 수급 동향이 워낙 복잡해졌기 때문에 이를 제대로 알기란 어렵습니다.

아프면 병원에 갑니다. 여러 검사를 받고 적절한 치료가 이뤄집니다. 물론 불치병에 걸렸다면 치료가 어렵겠지만 그렇지 않다면 치료를 받고 난 후 건강을 회복합니다. 경제도 마찬가지입니다.

경제 상황이 나빠지면 중앙은행과 정부가 오만가지 조치를 다 취합니다. 이들 조치가 효과를 발휘하면서 경제 상황이 나아집니다. 경제 상황은 나쁜데 조치를 취하고 있는 상황에서는 금융장세가, 그리고 이후 실제 회복이 나타나고 있는 상황에서는 실적장세가 도래합니다. 여기서 경제가 더욱 좋아지게 되면 마침내 인플레이션이 발생하게 되는데, 그러면 실적장세가 전반부에서 후반부로 넘어가게 됩니다.

이때 실적장세가 오랜 기간 길게 유지되려면 인플레이션이 적절한 수준에서 제어되어야 합니다. 그런데 이번 코로나19 이후 장세에서는 인플레이션을 적절한 수준으로 묶어두는 데 실패하였습니다. 미국 정부조차도 인플레이션이 일시적 요인들 때문이라고 오판했기 때문입니다.

게임 체인저, 백신의 등장:
실적 장세의 시작

전염병과의 싸움에서 승리하기 위한 최고의 방법은 백신 개발입니다. 미국의 화이자와 독일의 바이오엔테크는 전사 역량을 집중하여 백신 개발에 몰두했고, 마침내 그 결과가 2020년 11월 9일에 나왔습니다. 이날 공개된 임상3상 결과는 놀라우리만치 우수했습니다. 당초 75% 이상의 효과를 기대했으나 실제 임상 결과는 90% 이상으로 나타났습니다. 특히 코로나19에 취약한 고령층에서도 높은 예방률이 나타났다고 발표했기에 시장은 흥분했습니다. 더불어 보름 전에는 치료제도 긴급승인을 받았기에 이제 코로나19 정복이 얼마 남지 않았다는 인식이 급속도로 퍼져나갔습니다. 이날 증시는 급등했고, 다른 두 지수에 이어 다우도 마침내 전고점 돌파에 성공합니다.

그리고 이 시기부터 금융장세의 다음 순서인 실적장세가 시작됩니다. 금융장세가 현실은 별로지만 유동성의 힘으로 상승하는 시기라면, 실적장세는 그렇게 풀려나간 유동성이 마침내 경제 회복으로 나타나 기업의 이익이 본격적으로 증가하는 시기를 말합니다. 그렇지 않아도 전례 없는 유동성이 풀려나간 덕에 기업 실적 개선의 여지가 엿보였는데, 치료제와 백신까지 개발되면서 그 어느 때보다 화끈한 실적장세, 실적 파티가 나타납니다. 코스피도 여기에 편승하여 11월 24일 마침내 전고점을 뚫고 위로 올라갔습니다.

표 2-1 코스피 vs. 글로벌 주요 증시 수익률 비교(2020년 10월 말~2021년 1월 말)

	2020년 10월 말 ~2021년 1월 말
한국 코스피	31%
미국 다우	13%
미국 S&P500	14%
미국 나스닥	20%
일본 니케이225	20%
중국 상해종합	8%
홍콩 항셍	17%
대만 가권	21%
영국 FTSE100	15%
프랑스 CAC40	18%
독일 DAX30	16%
인도 SENSEX	17%

투자의 역사는 반드시 되풀이된다

이처럼 글로벌 경기가 회복세를 보이면서 이익이 증가하는 구간에서는 경기민감주가 빛을 발합니다. 그리고 주요국 증시를 비교해 보았을 때 경기민감주의 비중이 가장 높은 나라는 바로 대한민국입니다. 따라서 이 시기부터는 코스피가 차별화된 랠리를 펼치기 시작합니다. 이후 실제로도 우리 기업들의 이익이 급증하는 모습이 나타났습니다. 또한 코로나19 정복은 글로벌 공급망 교란 완화를 뜻하는 것이니 수출 국가들이 혜택을 볼 것이란 기대가 생겨난 점도 한국 증시 급등을 이끈 요인이었습니다.

이처럼 경제가 급격한 회복세를 보이자 0.3% 초반까지 떨어졌던 미국채 10년물 금리가 2021년 1월에 마침내 1%를 돌파하게 됩니다. 삼성전자는 10만전자를 외치며 같은 달에 최고치인 9만 6,800까지 상승합니다. 삼성전자가 최고가를 기록한 날이 코스피200 지수의 코로나19 랠리 최고점이었고, 거래대금 측면에서도 65조 원으로 최고치를 기록한 날로 남게 됩니다(코스피, 코스닥 합산).

실적장세(전반)의 특징

금융장세 다음은 실적장세입니다. 둘을 묶어서 우리는 강세국면이라고 이야기합니다. 실적장세는 회의론 속에서 출발합니다. 아직 경기는 좋지 않은데, 주식은 반등했기에 주변에는 비관론자가 많은 상황입니다. 그런데 주식 격언 중 '주가는 의심의 벽을 타고 오른다'

라는 말처럼 비관론 사이에서 증시는 계속해서 우상향하게 됩니다. 정부가 실시한 각종 정책의 효과가 서서히 나타나기 시작하면서 경제 여건의 개선세가 나타납니다. 생산이 플러스로 전환하고, 재고가 감소합니다. GDP가 회복하고 다음 경기 전망이 상향됩니다. 이처럼 경제가 다시 좋아지고 있음을 보고 투자자들은 경기회복을 확인하여 현실 매입에 나서게 됩니다. 완화적인 유동성 환경에 경기 개선세도 보이기에 일반적으로 강세국면 중에서 가장 안정되어 있고, 상승 기간도 깁니다. 보통 2년 정도 지속한다고 봅니다.

이때 주인공은 소재산업입니다. 우라가미 구니오는 구체적으로 섬유, 제지, 화학, 유리, 시멘트, 철강, 비철금속 주식이 주목받는다고 했는데, 지금 기준으로 보면 반도체를 비롯한 경기민감주라고 보는 것이 맞을 듯합니다. 또한 대량 매매가 손쉬운 저가 대형주로 기관투자자의 관심이 몰리는 시기입니다. 더불어 공급이 수요를 못 따라가니 퀄리티가 떨어지는 3류 주식도 기회를 얻게 됩니다. 실제로 지난 증시 반등 때 실적장세 시기에는 반도체, 화학, 시멘트, 철강 등 경기민감주가 크게 상승했습니다.

또한 앞에서도 말씀드렸듯이 우리 증시가 지닌 특성 때문에 이 시기에는 한국 증시가 크게 오르는 경향이 있습니다. 이는 다른 국가와 비교하여 한국이 경기민감주의 비중이 높기 때문입니다. 그래서 경기민감주가 주인공이 되는 실적장세 전반부에는 한국 증시가 글로벌에서 주인공이 되곤 합니다. 실제로 코로나19 랠리에서도 한국은 실적장세 전반부에 가장 좋은 모습을 보였습니다.

투자의 역사는 반드시 되풀이된다

실적장세는 생명력이 길기 때문에 이를 전반부와 후반부로 나누는데 여기까지가 전반부입니다. 이제 후반부로 넘어가야 할 텐데요. 전반부와 후반부를 나누는 결정적 요소가 있습니다. 바로 인플레이션이 싹트기 시작한다는 점입니다.

첫 낙오자 발생: 초장기 성장주

실적장세로 넘어가면서 증시는 계속해서 강세를 보였습니다. 하지만 이렇게 좋은 분위기 속에서도 낙오자가 처음으로 발생하게 되는데, 바로 초장기 성장주입니다.

주식 가치평가를 할 때에는 할인율을 적용합니다. 이 할인율 때문에 오늘의 100원과 내일의 100원 중 오늘의 100원이 더 가치 있는 것이 됩니다. 그런데 만약에 제로 금리가 영원히 계속된다고 생각한다면 세상은 어떻게 변화하게 될까요? 오늘의 100원과 내일의 100원이 같은 가치를 지니게 될 것입니다. 이는 바꿔 말하면 지금 당장은 돈을 못 벌지만 먼 미래에 언젠가는 돈을 벌게 될 기업들의 가치가 극적으로 올라가게 됨을 뜻합니다.

2020년에만 해도 사람들은 연준이 영원히 돈 풀기를 멈출 수 없을 것이라고 생각했습니다. 심지어 어떤 이들은 미국에서는 총기 소유가 자유롭기에 금리를 잘못 올릴 경우 연준 위원들이 총에 맞게 될 것이라는 말까지 했습니다. 정말 말도 안 되는 소리 같겠지만 워낙 유동성이 풍부했던 시기였고, 연준에 대한 이해도가 낮은 신규 투자자가 급증했던 시기였기에 당시에는 그런 이야기까지도 나왔던 것입니다.

풍부한 유동성 환경 속에서 실적장세가 전개되고, 치료제와 백신까지 나오자 영원히 제로 부근에 있을 줄로만 알았던 미국채 금리가 상승하기 시작합니다. 2021년 1월 6일에는 미국채 10년물 금리가 코로나19 이후 처음으로 1%를 돌파합니다. 이때부터 몇몇 투자자는 초장기 성장주에 대한 의구심을 가지게 됩니다.

'과연 금리가 상승하는 구간에서도 초장기 성장주가 현재처럼 높게 가치평가를 받을 수 있을까요?'

코로나19 랠리의 주인공이자 초장기 성장주를 펀드에 가득 담아둔 것으로 유명한 ARK Investment의 대표펀드 ARKK가 2021년 2월 16일 최고가를 기록한 이후 하락하기 시작합니다. 상승 속도가 빨랐던 만큼 하락 속도도 빨랐습니다. 불과 3개월 만에 36%가 빠졌습니다. 이를 두고 증시의 버블이 붕괴되기 시작했다는 비관론이 급증합니다. 주도주가 무너지면 그 상승장은 생명이 다했다는 논리였습니다. 그리고 증시가 너무 비싸다는 말도 많이 했습니다. 특히 2000년 초반의 닷컴 버블과 비교하며 증시의 추가 급락을 우려했습니다.

하지만 이후의 전개 과정은 다들 알고 있듯 ARK와 초장기 성장주의 문제로 그쳤습니다. 2월 중순부터 3월 초까지 보름 동안 S&P 500은 최대 5.7%, 나스닥은 최대 12.5% 하락을 기록한 후 계속 랠

투자의 역사는 반드시 되풀이된다

리를 이어갔습니다. 증시 버블이 아닌 ARK 버블이었던 것입니다.

흔히 말하는 주도주가 무너지면 상승장의 생명이 다했다는 논리는 사후적으로 답안지를 보고 하는 말에 불과합니다. 강세장이 끝난 이후에 그 당시 가장 잘 나갔던 주식과 섹터를 사후에 보고서는 주도주와 강세장이 운명을 같이 했다고 봐 버리는 꼴이 되기 때문입니다. 강세장이 진행되는 가운데에는 주도주 쟁탈전이 치열하게 전개됩니다. 그리고 이 중에는 당연히 탈락자가 나옵니다. 하지만 이 탈락자를 사후적으로 분석할 때에는 진작부터 주도주가 아니었다는 식으로 치부해 버리게 됩니다. 결과론적으로 ARK는 이번 강세장에서 탈락자가 되었습니다.

실제 닷컴 버블 당시 나스닥 지수 시가총액과 ARK 버블을 비교해보면 차이가 많이 납니다(표 2-2). 닷컴 버블 당시 나스닥 지수 시가총액 상위권 종목을 보면 평균 PER이 109배(단순평균)에 달합니다. 반면 ARK 버블 당시의 나스닥 지수 시가총액 상위권 종목을 보면 PER이 49배에 불과합니다. 물론 과거 평균 대비 비싸긴 하지만 닷컴 버블답지는 않습니다. 반면 〈표 2-3〉의 ARKK 종목 구성과 밸류에이션을 보면 입이 쩍 벌어집니다. 상위권 톱 10 종목 중에 적자가 절반입니다. 나머지 절반의 PER은 160배 이상입니다. 그나마 바이두가 28배로 저렴해(?) 보입니다. 닷컴 버블이 ARK 앞에서는 한 수가 아니라 여러 수 접고 가야 할 지경입니다.

**표 2-2 닷컴 버블 당시(2020년) 나스닥 지수 시가총액 Top 10 vs. 2021년 나스닥 지
수 시가총액 Top 10 PER 비교**

2000년			2021년		
순위	기업	PER	순위	기업	PER
1	마이크로소프트	57	1	애플	28
2	시스코	127	2	마이크로소프트	29
3	인텔	43	3	아마존	66
4	오라클	103	4	테슬라	161
5	선마이크로시스템즈	85	5	알파벳A	29
6	델	57	6	페이스북	23
7	월드콤	22	7	알파벳C	29
8	차터드세미컨덕터	53	8	엔비디아	53
9	퀄컴	123	9	페이팔	57
10	야후	418	10	인텔	13
	단순평균	109		단순평균	49

표 2-3 ARKK 2021년 2월 말 포트폴리오 Top 10 PER

ARKK 2021년 2월 말 포트폴리오		
	이름	PER
1	테슬라	161
2	스퀘어	187
3	로쿠	적자
4	텔라독	적자
5	바이두	28
6	스포티파이	적자
7	질로우	183
8	쇼피파이	320
9	크리스퍼 테라퓨틱스	적자
10	인비테	적자

투자의 역사는 반드시 되풀이된다

그림 2-1 미국 성장주 vs. 가치주(ETF 추이, 2009년 3월 9일~2021년 2월 12일)

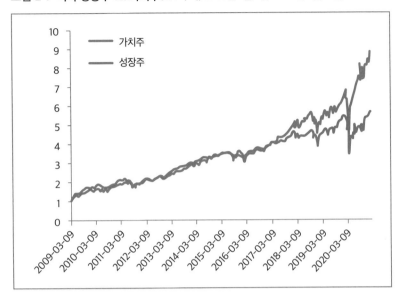

지는 해가 있으면 떠오르는 해도 있는 법입니다. 시장 분위기는 이때부터 변화가 시작되는데 금융위기 이후 성장주 대비 늘 패배자였던 가치주가 부상하게 됩니다. S&P500의 성장주 ETF(티커: IVW)와 가치주 ETF(티커: IVE)를 비교해보면, 금융위기 이후 ARKK가 최고점을 기록한 2021년 2월 12일까지 누적 수익률의 차이가 313% 발생합니다(IVW 787%, IVE 474%). 차트 추이를 보면 거의 일방적으로 성장주가 승리를 거두었습니다(그림 2-1).

하지만 이때부터 가치주의 반전이 시작됩니다. ARKK가 최고점을 기록한 2021년 2월 12일부터 역실적장세가 종료되는 2022년 11

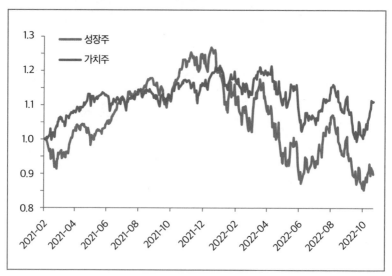

그림 2-2 미국 성장주 ETF(IVW) vs. 가치주 ETF(IVE) 추이
(2021년 2월 12일~2022년 11월 2일)

월 2일까지 가치주 ETF는 9% 상승한 반면, 성장주 ETF는 13% 하락하였습니다. 22%의 역전이 발생한 것입니다. 이 과정에서 약세장인 역금융장세와 역실적장세가 나타났는데, 이번의 경우 특히 인플레이션이 높게 나타났기에 둘 간의 차이가 크게 발생했습니다. 결국 돌이켜보면 이 모든 변화의 시작은 ARKK가 최고점을 기록한 날부터였습니다.

시스템 리스크가 발생하기 위한 조건

ARK가 추락하던 2021년도 1분기에는 시스템 리스크에 대한 이야기가 많이 나왔습니다. 우선 1월에 게임스탑 주가 폭등 사건이 있

투자의 역사는 반드시 되풀이된다

었습니다. 미국의 소셜 뉴스 웹사이트인 레딧을 중심으로 펼쳐진 공매도 척결 운동인데, 개인투자자가 공매도 세력에게 한 방 먹인 역사적 사건입니다. 당시 최대 피해를 입은 곳은 멜빈 캐피탈인데, 손실액이 최대 68억 달러에 달했던 것으로 전해졌습니다. 그러자 투자자들은 2008년 금융위기를 떠올리며 해외 유명 금융회사의 거대 손실발 시스템 리스크 발생 가능성을 제기하였습니다.

또한 3월에는 빌 황의 아르케고스 청산 사태가 벌어집니다. 바이두, 텐센트뮤직 등 중국의 테크 주식과 비아콤, 디스커버리 등 미국의 미디어 주식에 높은 레버리지로 투자해 두었는데, 이들이 급락하면서 대규모 반대매매가 발생한 사건입니다. 투자자들은 이를 두고 무언가 사건이 터질 징조가 보인다는 말들을 많이 했습니다. 당시 필자는 이들 사건이 시스템 리스크로 이어질 가능성은 작다는 이야기를 많이 했는데, 여기에는 나름의 판단 근거가 있었습니다.

첫째, 장부 외 부채 문제가 아니었습니다

큰 위기는 제대로 측정되지 않는 데에서 나타납니다. 금융사들의 경우 문제가 발생하면 국가의 개입이 있을 수밖에 없는데, 이때 장부에 기록되지 않은 부분이 많으면 국가는 어느 정도까지 조치를 취해야 할지를 파악하는 데 어려움을 겪게 됩니다. 그러면 적절한 지원책을 마련하기 어려워지고, 더 큰 문제로 번져나가면서 시스템 리스크를 야기하게 됩니다. 잘 알려진 예로 2008년 금융위기 당시 주택 관련 파생상품이 여기에 속합니다.

그런데 앞의 세 가지 사례는 너무나 깔끔하게 장부에 남아 있는 거래들입니다. 금융사들과 정부 입장에서는 소위 각이 나오는 경우들이었기에 만약 문제가 발생했다면 적절한 지원책이 즉시 나왔을 것입니다.

둘째, 레버리지가 과도하지 않았습니다

가령 금융위기 직전에 투자은행들의 자기자본 대비 총자산은 30~50배에 달했습니다. 하지만 이제는 10~20배 수준으로 많이 감소했습니다. 각국 정부가 금융사들의 과도한 레버리지를 제한하는 각종 장치를 마련한 덕분입니다.

개별 상품으로 보아도 앞선 세 사례(ARK 수익률 급락, 레딧발 공매도 척결 운동 사태, 아르케고스 청산 사태) 중 레버리지 투자가 문제가 된 빌 황의 경우 약 5~10배의 레버리지를 사용한 것으로 알려져 있습니다. 워낙 주식 하락 속도가 가팔랐기에 증권사들이 반대매매 과정에서 손해를 입긴 했지만 과거 위기 대비 레버리지 정도가 낮았기에 금융사가 위험에 빠질 정도의 손해는 피할 수 있었습니다.

향후에도 여러분이 어떤 금융 사건이 발생했을 때 이것이 시스템 위기로 넘어갈지에 대해 판단할 때는 이 두 가지를 기준으로 판단하시길 당부합니다.

만약 위의 두 가지 요인을 충족하는 위기 상황인 것으로 추정될 때에는 추가로 무엇을 보아야 할까요? 바로 정부와 중앙은행의 수중에 이를 해결할 수 있는 정책적 카드가 있는지를 보아야 합니다.

2021년 1분기로 돌아가 보면 당시 중앙은행이 쓸 수 있는 카드는 여전히 많았습니다. 대표적으로 아직 테이퍼링도 하기 전이었기 때문에 추가로 완화책을 사용해도 무방한 상황이었습니다.

자산운용사와 펀드에 대한 오해도 큰 것 같아서 바로잡아 봅니다. 가령 ARK와 멜빈 캐피탈의 펀드 수익률이 크게 하락한다고 해서 운용사가 망하진 않습니다. 만약 운용사가 그 펀드에 자기자본을 넣어서 투자했다면 문제가 될 수 있지만, 운용사의 경우 대부분은 고객의 자금을 받아와서 위탁 운용하는 형태를 취합니다. 그래서 엄밀히 말하면 고객의 손해일 뿐, 회사 손익에 손해를 미치진 않습니다. 물론 수익률에 실망한 고객이 다수 환매하여 나가게 되면 회사의 수익이 줄어들게 될 것입니다.

그리고 펀드의 경우 약관이 있기에 특정 종목에 집중 투자하기 매우 어렵습니다. 따라서 특정 종목에서 큰 손실이 발생해도 펀드 전체에 미치는 영향은 제한됩니다. 가령 게임스탑 사태로 큰 손실을 기록한 멜빈 캐피탈의 경우 2021년 1분기 펀드 수익률이 -30%였습니다. 당시 일각에서 추정했던 것처럼 멜빈이 전체 자금을 잃고, 심지어 펀드에 레버리지도 사용했기에 손실이 100% 이상까지도 갈 수 있다고 봤던 것은 루머에 불과했습니다.

마침내 나타난 인플레이션: 실적장세 후반부로 전환

코로나19 이후 미국의 소비자물가지수 상승률은 지속적으로 연준의 목표인 2%를 밑돌았습니다. 그런데 2021년 4월 13일에 발표된 3월 물가지수가 마침내 2%를 넘어선 2.6%를 기록했습니다. 그렇습니다. 마침내 인플레이션이 발생한 것입니다. 그리고 이것은 증시 국면이 또 한 번 전환됨을 의미합니다. 바로 실적장세 전반부에서 후반부로 말입니다.

인플레이션과 더불어 시작되는 실적장세 후반부에는 경기가 최고조를 기록합니다. 다만 더 이상 주식시장으로 유입되는 자금은 늘어나지 않고, 기업들의 실적 성장은 둔화됩니다. 이처럼 경기는 뜨

그림 2-3 미국 소비자물가지수(CPI) 추이(코로나 이후 ~ 2021년 3월)

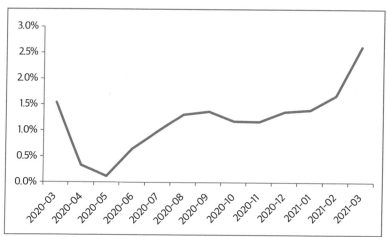

투자의 역사는 반드시 되풀이된다

겁지만 유동성은 제한적이고, 성장 모멘텀은 꺾여 내려가기 때문에 중소형의 고수익 종목이 인기를 끕니다. 특히 호황이 계속되었기에 개인 소비가 왕성한 시기입니다. 따라서 히트 상품이 일단 나오기만 하면 이들 기업의 주가는 초강세를 보일 수 있는 구간입니다.

반면 실적장세 전반부의 주인공이었던 경기민감 소재주는 수개월의 시차를 두고 서서히 하락합니다. 이익은 여전히 잘 나오지만 추가로 얼마나 더 잘할 수 있을지에 대해 투자자들이 의문을 품기 시작하면서 주가는 이익에 역행합니다. 흔히 '경기민감주를 고PER에 사서 저PER에 팔라'고 하는데, 이 시기가 바로 '저PER에 파는 시기'가 됩니다.

실제 당시 우리 증시를 보면 대형 경기민감주보다는 중소형 성장주의 강세가 두드러집니다. 삼성전자, SK하이닉스, 현대차, POSCO, 롯데케미칼, 금호석유 등 대형 경기민감주는 1~5월 사이 시차를 두고 각각 고점을 기록한 후 주가가 내렸습니다(그림 2-4). 반면 에코프로비엠, 엘앤에프 등 이차전지 관련주와 하이브, JYP 등 엔터미디어 관련주, 그리고 F&F, 아프리카TV, 펄어비스, 위메이드 등 소비 관련주들이 주도주로 등극했습니다(그림 2-5).

우리 증시만 놓고 보면 정부의 조치도 대형주 부진과 개별주 장세를 만드는 데 일조했습니다. 코로나19 이후 전면 중단한 공매도를 마침내 2021년 5월 3일부터 재개하게 되었는데, 대형주만 가능하도록 한 것입니다. 그러니 콘셉트가 같은 종목군을 선정하고선 대

표 2-4 연기금 등 2021년 1~7월 코스피, 코스닥 순매매 추이 （단위: 억 원）

	코스피	코스닥
1월	−80,646	−3,412
2월	−43,196	−2,582
3월	−33,387	854
4월	−29,211	2,346
5월	−36	643
6월	−2,241	2,284
7월	−2,825	215

그림 2-4 실적장세 전반부의 주도주(삼성전자, SK하이닉스, 현대차, POSCO, 롯데케미칼, 금호석유) 2021년 주가 추이

투자의 역사는 반드시 되풀이된다

형주를 공매도하고, 공매도가 불가능한 중소형주를 매수하는 전략이 인기를 끌었습니다.

　그렇지 않아도 실적장세 후반부로 넘어갈 시기였는데, 정부의 정책 변화가 여기에 제대로 불을 붙였던 셈입니다. 뿐만 아니라 당시 연기금의 포트폴리오에도 극적인 변화가 일어나는 데 한몫했습니다.

금융위기 이후 나타난 한국 증시의
주도주 변화 역사

지금까지 금융장세로 시작해 실적장세 전반부, 그리고 실적장세 후반부에 이르기까지 강세장의 특징에 대해서 알아보았습니다. 특히 이번 코로나19 이후 증시 변화 국면에서 순환론은 높은 적중률을 보였는데, 과연 과거에도 그랬을까요?

금융위기로 돌아가보겠습니다. 역실적장세에서 세상이 망한다는 공포감에 사로잡힌 투자자들은 연쇄 부도에 따른 금융권의 대손비용 증가를 걱정하게 됩니다. 이 과정에서 투매가 나옵니다. 하지만 정부와 중앙은행의 적극적인 정책으로 인해 최악의 상황을 벗어나게 되면 그동안 대손비용 우려로 버려졌던 금융주의 상승이 가파르게 나타납니다.

한국 증시의 바닥은 2008년 10월에 나왔습니다. 이후 금융장세

투자의 역사는 반드시 되풀이된다

가 도래했고, 2009년 가을까지 지속했습니다. 이 시기에 금융주는 코스피와 비교해서 우수한 성과를 기록했습니다. 사실 은행은 한국 증시가 바닥이 나온 이후에도 추가로 하락합니다. 아무래도 이 당시의 위기는 서브프라임 사태였으므로 은행이 좀 더 오랜 기간 영향을 받았습니다. 또한 서브프라임의 본원지인 미국 증시가 2009년 3월에야 비로소 바닥이 나온 점도 영향을 주었습니다. 하지만 그럼에도 불구하고 가파른 상승세를 나타내 결국 코스피보다 나은 성과를 보여주었습니다.

그림 2-6 금융장세의 주도주(신한지주, KB금융, 하나금융지주, 보험업종)
2008년 11월~2009년 10월 주가 추이

이후 실적장세 전반부의 주인공인 경기민감주가 바통을 이어받았습니다. 시기상으로 보면 2010년부터 시작하여 2011년 상반기까지 이어졌습니다. 대표적으로 화학주가 이 시기의 주인공 노릇을 톡톡히 했습니다.

그림 2-7 실적장세 전반부의 주도주(화학업종) 2010년 1월~2011년 6월 주가 추이

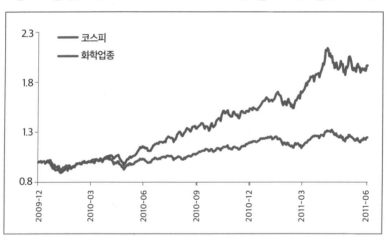

금융장세에서 향후 2~3년간 3~5배가 상승할 주도주가 탄생한다고 하는데, 코로나19 이후에 이차전지가 이 자리를 차지했다면 이 당시에는 '차화정(자동차, 화학, 정유)'이었습니다(그림 2-8).

이후 한국 증시는 박스권에 들어갑니다. 이제 주도주의 자리는 개별 종목이 차지합니다. 덕분에 당시 바텀업 관점에서 개별 주식에 집중하는 펀드와 자산운용사가 흥행합니다. 가치주도 이때 대흥행

투자의 역사는 반드시 되풀이된다

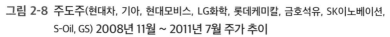

그림 2-8 주도주(현대차, 기아, 현대모비스, LG화학, 롯데케미칼, 금호석유, SK이노베이션, S-Oil, GS) 2008년 11월 ~ 2011년 7월 주가 추이

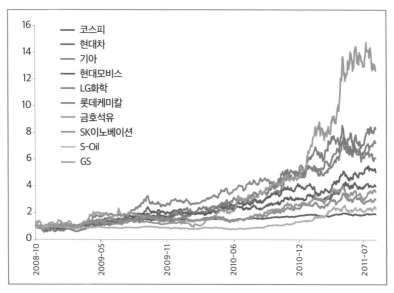

합니다. 당시 필자는 그중 한 회사에 근무하고 있었는데, 자금이 정말로 빠르게 유입되었습니다. 입사할 당시 약 1조 원이었던 수탁고는 7조 원 이상으로 불어나게 됩니다. 당시 펀드 자금 유출입 쪽지를 매일 보았던 기억이 나는데, 정말로 매일 100억 원씩 들어왔습니다. 펀드에 자금이 원래 그렇게 잘 들어오는 것이라고 착각했습니다. 나중에 유출되는 상황을 겪고 나니 그 당시가 얼마나 독특했던 때였는지 잘 알게 되었지만 말입니다.

이처럼 자금이 계속 흘러 들어올 때에는 오직 매수 생각뿐이라고 보아도 무방합니다. 왜냐하면 매수하지 않는 것만으로도 펀드 내

주식 비중이 줄어들기 때문입니다. 상황이 이러면 주변에서 정보를 알아내려는 자들이 늘어납니다.

필자가 겪었던 어처구니없는 일을 하나 소개하려고 합니다. 펀드매니저들은 종종 증권사에 기업 탐방 약속을 잡아달라는 요청을 하게 됩니다. 탐방 요청을 받은 증권사는 해당 매니저가 어느 기업으로 탐방 가는지 정보를 알게 되는데, 당연히 고객사의 정보를 이용하면 안 됩니다. 하지만 그 증권사에서는 투자 매력이 높은 회사를 골라 필자의 회사가 탐방 요청을 했다고 생각한 모양입니다. 탐방을 요청하고 며칠 뒤 이들 중 몇 종목의 주가가 갑자기 껑충 뛰기 시작했습니다. 아직 탐방도 가지 않았는데 말입니다. 나중에 그 회사들에 물어보니 필자의 회사에서 탐방 약속을 잡아달라고 요청한 그 증권사의 사람들이 먼저 회사를 방문했다고 합니다. 그 이후로는 탐방 요청을 하지 않고, 모두 개인적으로 다녀오게 되었습니다.

개별주 장세는 2015년을 끝으로 막을 내립니다. 일단은 개별주들이 너무 많이 올랐습니다. 당시 시장을 주도했던 음식료, 화장품, 바이오, 중국 관련주는 몇 배 오르지 않은 종목이 없었을 정도였습니다. 당연히 과열을 우려할 만한 상황이었습니다(그림 2-9).

그리고 또 한 가지 중요한 요인이 작용하는데, 바로 국내에서 가장 큰 손인 연기금 등이 포트폴리오를 변화시킨 점입니다. 2015년 가을부터 연기금 등에서는 코스피는 계속 매수했지만 코스닥은 매도하기 시작합니다. 당시 코스닥 매도는 심상치 않은데, 2017년 말까지 이어집니다(그림 2-10).

투자의 역사는 반드시 되풀이된다

그림 2-9 개별주 장세 주도주(아모레퍼시픽, 한미약품, 오뚜기)
2012년 ~ 2015년 주가 추이

그림 2-10 연기금 등의 코스피, 대형주 누적 순매수 추이(2014~2017년)

그림 2-11 연기금 등의 코스닥, 소형주 누적 순매수 추이(2014~2017년)

그림 2-12 코스피-코스닥-대형주-소형주 주가 추이(2014~2017년)

투자의 역사는 반드시 되풀이된다

같은 시기부터 코스피 내에서도 소형주는 팔기 시작합니다(그림 2-11). 비로소 개별주의 시대가 가고 대형주의 시대가 열린 것입니다.

여기다 마침 삼성전자가 2015년 10월 말에 처음으로 3개년 주주환원책을 대대적으로 발표하면서 대형주 장세는 더욱 힘을 얻게 됩니다. 2016년 상반기부터는 SK하이닉스, 현대차, POSCO, KB금융, 현대중공업 등 업종 대표 대형주가 바닥을 찍고 반등을 보였습니다(그림 2-12). 수급의 변화가 증시 색깔마저 바꾼 것입니다.

수급 바로 알기

"외국인이 일주일 내내 매수하는 것을 보니 이 주식은 잘 올라가겠군."

"오늘 매수 보고서를 내놓고, 매도 창구 1등이라고? 역시 우리나라 기관은 쓰레기야. 개미 털어먹기 제대로 하는군."

투자자 대부분이 일단 주식을 하면 수급에 대해서 이야기합니다. 아마도 가장 손쉽게 확인해볼 수 있는 항목이기 때문이겠지요. 주식거래 앱을 통해 개인, 외국인, 기관투자자의 매수/매도를 확인해볼 수 있습니다. 심지어 장중에도 예상 매매 내역이 나옵니다. 그리고 어느 증권사가 사고파는지 창구까지 실시간으로 볼 수 있습니다. 이러니 수급 동향에 대한 과몰입이 발생하는 것입니다. 그런데 수급에 대해서 제대로 아는 개인투자자를 만나본 적은 한 번도 없습니다. 제대로 모르면서 엉뚱한 분석만 하고 있는 꼴입니다.

필자가 실제로 펀드매니저로 근무하면서 겪은 일을 예로 들어보겠습니다. 필자가 근무한 회사에는 역외 펀드가 있었습니다. 해외 투자자가 필자의 회사 펀드 가입을 쉽게 하도록 해외 어느 지역에 펀드를 만들어둔 것입니다. 그리고 이 자금을 가지고 실제 투자는 한국 주식에만 하였습니다. 자, 이 펀드에서 매수/매도를 하면 수급 주체가 누구로 찍힐까요? 답은 외국인입니다. 국내 기관투자자가 운용하는데, 외국인으로 기록되는 것입니다. 만약 이런 루트로 어느 종목에 매수가 찍힌다면 이를 외국인 투자자가 들어온다고 좋아해야 하는 것일까요?

다른 예로 랩어카운트가 있습니다. 가령 A 증권사를 통해 B 운용사가 자문하는 랩어카운트에 가입했다고 가정해보겠습니다. B 운용사가 직접 주식을 사고파는 것은 아니지만 포트폴리오 구성에 대한 자문 내역을 A 증권사에 보내게 됩니다. 그러면 A 증권사는 이를 바탕으로 랩어카운트에 가입한 고객의 계좌에서 직접 주식을 사고팔게 됩니다. 이 거래는 수급 주체가 누구로 찍힐까요? 개인입니다. 국내 기관투자자가 사실상 운용하는데, 개인으로 기록되는 것입니다.

또 다른 예로 차액결제CFD, Contract For Difference가 있습니다. 이는 전문투자자 혹은 고액 자산가를 위한 상품인데, 절세가 가능하고 레버리지 투자를 손쉽게 할 수 있다는 장점이 있습니다. CFD는 대부

투자의 역사는 반드시 되풀이된다

분의 경우 국내 증권사들이 해외 증권사와 계약을 맺고 운영하고 있습니다. 따라서 개인투자자가 CFD로 사고파는 경우, 다수는 수급 주체가 외국인으로 기록됩니다. 당일 매수/매도 창구를 보다 보면 종종 JP모건이나 CS, 모건스탠리 등이 과격한 매매를 하는 경우를 본 적이 있을 것입니다. 많은 경우 이는 CFD 거래이며, 외국인이 아니라 개인이 하고 있다고 보아야 합니다.

더 나아가 기관투자자 중에서도 금융투자, 일반, 사모, 은행, 보험, 연기금 등으로 주체가 나뉘는 것을 확인할 수 있습니다. 필자는 다양한 유형의 펀드를 운용해보았는데, 이건 정말로 잘 맞지 않습니다. 소위 아무도 손대지 않는 주식을 필자가 운영하는 다양한 유형의 펀드로 매매해본 적이 있습니다. 그런데 부정확하게 분류되는 경우를 많이 보았습니다.

또한 연기금의 경우 사람들은 이를 국민연금으로 생각합니다. 그런데 이는 틀렸습니다. '연기금 등'으로 분류하고 있기에 국민연금을 비롯하여 기타 기금성 자금이 여기에 다 들어옵니다. 따라서 '연기금 등'을 보고 국민연금의 매매를 추적한다고 말하는 것도 꽤 웃기는 이야기입니다.

그렇기에 수급 이야기가 나오면 필자는 늘 이렇게 말합니다. 이제는 너무 많은 노이즈가 들어가 있기 때문에 수급을 체크하는 것은 별 도움이 안 된다고 말이지요.

기관투자자와 관련해서 좀 더 알아보겠습니다.

"이 종목은 A 운용사가 6%, 국민연금도 5%를 보유하고 있는 걸보니 좋은 종목임에 틀림없군."

국민연금의 경우 외부에 위탁을 맡겨서 운용하는 경우와 직접 보유하며 운용하는 경우로 나뉩니다. 보통은 위탁한다고 보면 됩니다. 그런데 만약 A 운용사가 국민연금의 자금을 위탁 운영하고 있다면 어떻게 될까요? A 운용사가 자사의 공모펀드를 통해 특정 종목을 1% 매수함과 동시에 국민연금으로부터 위탁받은 자금으로 같은 종목의 지분을 5% 매수한 경우 위와 같은 지분 분포가 나올 수 있습니다. 즉 A 운용사가 국민연금 자금으로 매수한 지분이 이중으로 계산되는 것입니다.

따라서 기관투자자가 보유한 물량은 A 운용사 6% 더하기 국민연금 5%, 그래서 11%가 되는 것이 아니라 이중 계산된 5%를 제외한 6%에 불과한 것입니다. 사실 이 부분은 해당 운용사가 아니면 정확히 알기 어렵기 때문에 다른 운용사 펀드매니저들도 확인이 힘든 경우가 많습니다.

이는 해외 자금을 위탁받아 운용하는 경우에도 마찬가지입니다. 노르웨이 국부펀드, 테마섹, 아디아 등의 자금이 국내에서 특정 종목을 지분 신고하여 보유하는 경우가 있는데, 이들 중 다수는 국내 운용사가 위탁받은 자금으로 매수한 경우입니다.

외국인 투자자에 대해서도 좀 더 깊이 들어가 보겠습니다. 외국

인 투자자는 크게 외국계 운용사와 외국계 증권사로 나눌 수 있습니다. 블랙록, 캐피털그룹, 피델리티 같은 곳이 운용사이고, JP모건, 모건 스탠리, 골드만삭스 같은 곳이 증권사입니다.

운용사는 고객의 자금을 모아서 대신 투자해주는 곳인데 크게 특정 지수를 추종하는 패시브성 펀드와 운용의 자유도가 높은 액티브성 펀드로 나눕니다. 블랙록의 iShares는 대표적인 패시브성 자금입니다. 패시브의 경우 '더 높은 수익률을 올리는 것'이 목표가 아니라, '지수 추적 오차'를 줄이는 데 운용 역량을 집중합니다. 즉 펀드를 만들 때 추종하기로 약속한 지수와 실제 펀드가 어떻게 하면 최대한 비슷하게 움직일 수 있을지에 매매 역량을 집중합니다. 따라서 매매 패턴이 매우 기계적입니다.

투자 대상 기업에 대한 기본적 분석은 완전히 무시됩니다. 지수에 편입되면 사고, 편출되면 팝니다. 그리고 자금이 설정되면 사고, 해지되면 팝니다. 종종 패시브성 자금이 어떤 기업을 5% 대량 매수 신고하는 경우가 있습니다. 이를 두고 종목 토론방에서는 '드디어 외국인 투자자도 이 기업의 가치를 인정해주었다!'라고 말하는 경우가 있는데, 이는 그저 지수에 신규로 편입되어서 매수하게 된 경우가 대부분입니다. 테마주가 주가의 이상 급등 시 지수에 편입되는 경우가 있습니다. 이는 지수 편입 여부가 보통 시가총액을 기준으로 이뤄지기 때문에 발생하는 일입니다. 펀더멘털과는 무관합니다.

패시브성 자금은 지수 추적 오차를 줄이는 데 집중하기 때문에 이상매매를 만들어내곤 합니다. 대표적으로 MSCI 지수 재조정입니다. 재조정이 있는 날의 장 종료 동시호가는 늘 난리가 납니다. 호가가 그야말로 춤을 춥니다. 가령 장중 내내 약보합에 머물러 있던 주식이 갑자기 플러스 8%에 끝나곤 합니다. 이를 보고 '장 중에 싸게 사지, 왜 종가에 비싸게 사서 지수에 편입을 하는 걸까? 펀드에 손해가 아닌가?'라는 생각을 할 수 있습니다. 하지만 다시 한번 말씀드리지만 패시브성 자금의 목표는 오로지 지수 추적 오차를 줄이는 데 있습니다. 플러스 8%에 샀지만 그 가격이 바로 그날의 종가입니다. 즉 이렇게 매입한 평균 단가가 정확히 그날의 종가이고, 그 종가로 지수에 편입된 것이기에 이렇게 해야 지수 추적 오차는 제로가 됩니다.

액티브성 자금은 종목 선정을 통해 초과 수익을 노리는 전략입니다. 각 운용사마다 가진 색깔을 바탕으로 최대한 지수 대비 우수한 성과를 거두고 싶어 합니다. 따라서 액티브성 자금이 특정 종목을 5% 이상 보유하고 있다면 이는 의미 있는 수급이라고 평가할 수 있습니다.

외국계 증권사의 경우 크게 세 가지로 볼 수 있습니다.

투자의 역사는 반드시 되풀이된다

첫째, 스와프북

둘째, 차액결제 CFD

셋째, IB 부서 보유 물량

설명이 가장 쉬운 IB 부서 보유 물량부터 말씀드리겠습니다. 비상장 기업에 대해 외국계 증권사가 투자하는 경우가 있습니다. 그런데 이 비상장 회사가 상장하게 되면 외국계 증권사는 보유하고 있던 물량을 시장에서 매도하게 됩니다.

다음으로 CFD(차액결제)입니다. 앞서 말씀드린 것처럼 이는 국내 개인 개인투자자의 매매 주문입니다. 하지만 CFD 구조는 일반적으로 외국계 증권사가 해당 물량을 보유하도록 되어 있습니다. 최근 한국에서 나타난 외국계 증권사 5% 신고 거래 중 다수는 CFD였다고 보면 됩니다.

마지막으로 스와프북입니다. 스와프북이란 말 그대로 '장부$_{book}$를 바꾼다$_{swap}$'는 것입니다. 운용 지시는 운용사가 내리지만 주식 소유 주체는 증권사로 두고, 여기서 발생한 손익만 차액 정산을 하는 구조입니다. 꽤 복잡한 내용이고, 굳이 일반투자자 입장에서는 자세하게 알지 않아도 되기에 이에 대한 자세한 설명은 생략하겠습니다. 다만 운용사 입장에서는 증권사의 스와프북을 사용하는 것이 여러모로 편리한 경우가 많다는 점만 기억하시면 됩니다. 특히 해외 투자 시에 많은 도움이 되기에 스와프북은 실제로 널리 사용됩니다.

앞서 스와프북을 활용할 때 운용 지시는 운용사가 내리지만 실제 주식 소유 주체는 증권사라고 말씀드렸습니다. 예를 하나 들어보 겠습니다. 가령 A 운용사가 B 증권사의 스와프북을 활용해 어떤 종 목을 5% 샀다고 가정해보겠습니다. 이 경우 5% 보유 신고는 A 운 용사가 아닌 B 증권사로 나가게 됩니다. 투자자들은 드디어 외국계 증권사가 이 종목의 숨은 가치를 발견했다고 좋아하겠지만, 실은 그 주체는 외국의 어느 운용사인 것입니다.

지금부터가 중요합니다. 스와프북을 활용하는 펀드의 경우 보통 단기에 강하게 시세를 만들고자 합니다. 왜냐하면 스와프북을 이용 하는 데 비용이 들기 때문입니다. 더 오랜 기간 보유할수록 비용은 더 많이 나가게 됩니다. 즉 시간이 돈입니다. 또한 스와프북의 장점 중 하나가 레버리지 투자를 할 수 있다는 점인데, 레버리지 역시 시 간에 비례해서 비용이 발생합니다. 이렇게 보나 저렇게 보나 시간이 돈입니다. 따라서 외국계 증권사가 5% 대량보유신고를 내면 일단 주의하고 보는 것이 좋습니다.

2017년 JYP엔터 수급이 좋은 예시입니다(그림 2-13). 모건스탠리 는 2017년 9월 26일 기준으로 JYP엔터를 5.73% 보유하고 있다는 신고를 합니다. 그런데 불과 두 달 뒤인 12월 5일에는 이제 0.81% 만 남기고 다 팔았다는 공시를 냅니다. 천하의 모건스탠리가 단타를 친 걸까요? 이는 모건스탠리의 스와프북을 활용하는 어느 운용사의 펀드에서 한 것이라고 보는 것이 옳습니다. 스와프북을 활용한다는 것은 시간이 돈이 된다는 말이기에 단기에 성과를 내고서 치고 빠지 는 전략을 택한 것입니다.

그림 2-13 2017년 9월, 모건스탠리, JYP엔터 5% 신고 공시(위)
－ 2017년 12월, 모건스탠리, JYP엔터 매도 공시(아래)

주식등의 대량보유상황보고서

(약식서식 : 자본시장과 금융투자업에 관한 법률 제147조에 의한 보고 중 '경영권에 영향
을 주기 위한 목적'이 아닌 경우)

금융위원회 귀중　　　　　　　　보고의무발생일　：　　2017.09.20
한국거래소 귀중　　　　　　　　보고서작성기준일：　　2017.09.26

　　　　　　　　　　　　　　　　보고자 ：　　　　모건스탠리 앤 씨오
　　　　　　　　　　　　　　　　　　　　　　　인터내셔널 피엘씨

요약정보			
발행회사명	제이와이피엔터테인먼트	발행회사와의 관계	주주
보고구분	신규		
보유주식등의 수 및 보유비율		보유주식등의 수	보유비율
	직전 보고서	-	-
	이번 보고서	1,980,142	5.73
보고사유	총 발생주식 대비 5%이상 보유에 따른 보고		

주식등의 대량보유상황보고서

(약식서식 : 자본시장과 금융투자업에 관한 법률 제147조에 의한 보고 중 '경영권에 영향
을 주기 위한 목적'이 아닌 경우)

금융위원회 귀중　　　　　　　　보고의무발생일　：　　2017.11.16
한국거래소 귀중　　　　　　　　보고서작성기준일：　　2017.12.05

　　　　　　　　　　　　　　　　보고자 ：　　　　모건스탠리 앤 씨오
　　　　　　　　　　　　　　　　　　　　　　　인터내셔널 피엘씨

요약정보			
발행회사명	제이와이피엔터테인먼트	발행회사와의 관계	주주
보고구분	변동		
보유주식등의 수 및 보유비율		보유주식등의 수	보유비율
	직전 보고서	1,980,142	5.73
	이번 보고서	279,072	0.81
보고사유	직전 보고서 대비 1%이상 변동		

그림 2-14 2017년 12월, 모건스탠리, JYP엔터 매도 공시 속에서 발견할 수 있는 공
          매도 차입 거래

공매도를 위한 차입 증가

모건스탠리 앤 씨오 인 터내셔널 피엘씨	2844	2017.11.21	차입(+)	의결권있는 주식	1,018,202	148,200	1,166,402	10,450	대여자: 이머징 마켓 코어 이쿼티 (고유자금 운용)
모건스탠리 앤 씨오 인 터내셔널 피엘씨	2844	2017.12.01	차입(+)	의결권있는 주식	353,583	150,000	503,583	11,950	대여자: 키움닷컴증권
모건스탠리 앤 씨오 인 터내셔널 피엘씨	2844	2017.12.05	차입(+)	의결권있는 주식	273,422	37,000	310,422	12,200	대여자: 키움닷컴증권

이 어느 펀드는 여기에서 그치지 않습니다. 공매도까지 친 것으로 보입니다(그림 2-14). 대량보유 신고 공시의 상세 내역을 보면 구체적으로 언제 얼마나 매매했는지가 나옵니다. 이 중에서 '차입(+)'이라고 되어 있으면 이는 공매도를 위한 차입이 일어났다는 말입니다. 참고로 공매도를 위해 차입을 하게 되면 일단 그 순간에는 보유 주식 수가 증가하게 된 것이니 공시 자료에는 지분율 증가로 나오게 됩니다.

6% 가까이 샀다가 이를 단기간에 다 팔고 나면, 시장의 수급은 매우 꼬여 있을 가능성이 크므로 이제 공매도로 주가 하락을 만들어 보자고 생각했을 가능성이 큽니다.

이 전략은 성공했을까요? 주식시장에는 늘 예상치 못한 일이 발생하는 법입니다. 이 펀드의 물량을 어느 운용사가 모두 받아내버

투자의 역사는 반드시 되풀이된다

그림 2-15 2017년 12월, 한국투자밸류자산운용, JYP엔터, 5% 신고 공시

주식등의 대량보유상황보고서

(약식서식 : 자본시장과 금융투자업에 관한 법률 제147조에 의한 보고 중 '경영권에 영향을 주기 위한 목적'이 아닌 경우)

금융위원회 귀중
한국거래소 귀중

보고의무발생일 :	2017년 12월 06일
보고서작성기준일 :	2017년 12월 06일
보고자 :	한국투자밸류 자산운용

요약정보			
발행회사명	JYP Ent.	발행회사와의 관계	주주
보고구분	신규		
보유주식등의 수 및 보 유비율		보유주식등의 수	보유비율
	직전 보고서	1,642,954	4.75
	이번 보고서	1,773,749	5.13
보고사유	단순투자목적의 5% 보유주식의 신규보고		

렸기 때문입니다. 그 운용사가 보기에 당시 JYP엔터의 주가는 내재 가치 대비 크게 저평가 상태였으므로 이처럼 대량 매도가 발생하는 상황은 오히려 원하는 만큼 주식을 사 모을 수 있는 좋은 기회였습니다(그림 2-15).

결국 원하는 대로 주가가 움직이지 않자 이 펀드는 쇼트커버에 나선 것으로 보입니다. 장 중 한때 상한가까지 만들면서 말이지요. 당시 모건스탠리의 매매를 전체적으로 정리해보면 다음과 같습니다. 6% 가까이 매수 이후 단기간에 근사한 수익이 났지만 공매도라

는 과도한 욕심까지 부리다가 손실이 발생했을 것으로 추정해볼 수 있습니다.

그림 2-16 당시 모건스탠리의 JYP엔터 매매 재구성

공매도의 현실

공매도가 증시 하락의 원흉일까요?

개인투자자들에게 공매도는 공공의 적입니다. 그래서 증시 하락의 원흉으로 지목됩니다. 그런데 수많은 전문가가 나와서 '공매도가 증시 하락의 원인이 되지 않는다'라고 이야기합니다. 아니, 오히려 순기능도 있다고 합니다. 과연 이 전문가들의 말이 틀린 것일까요?

실체가 없는 기업이 주가만 과도하게 오를 때 공매도는 여기에

경종을 울려줄 수 있습니다. 이는 선량한 투자자가 과도하게 높은 가격에 주식을 매수해서 손실을 볼 위험을 줄여줍니다.

미국 역사상 최악의 회계 부정 사건인 엔론의 민낯이 드러나게 된 데에도 공매도 투자자가 큰 역할을 했습니다. 유명한 공매도 투자자 짐 채노스는 당시 엔론의 부정을 적극적으로 파고들어 이를 세상에 알리는 데 기여했습니다.

또한 이론상으로 보았을 때 공매도는 증시에 상승과 하락 어느 쪽으로도 영향을 주지 못합니다. 한마디로 중립적입니다. 왜냐하면 보통 페어 트레이딩 전략을 사용하는 곳에서 공매도를 하기 때문입니다. 페어 트레이딩이란 쉽게 말해 롱-쇼트 매매입니다. 가령 삼성전자는 좋아 보이는데, 한국전력은 별로라는 생각이 들 경우 삼성전자를 1억 원 매수하고 한국전력을 1억 원 공매도하게 됩니다. 그런데 매수/매도 금액을 합쳐보면 제로입니다. 롱-쇼트 매매로 인해 증시 수급에 미친 영향은 중립이라는 말이 됩니다.

보통 공매도 그 자체만 보는데, 사실은 이에 대응되는 매수 짝이 있고, 이를 감안해야 한다는 것입니다. 물론 짝을 만들지 않고, 공매도'만' 하는 경우엔 어떻게 하냐고 반문하실 수 있습니다. 그런데 이 경우 만약 증시가 상승했을 때 공매도'만' 친 펀드는 큰 위기에 빠질 수 있습니다. 가끔 이렇게 강심장을 가진 곳들이 나오긴 하는데, 대부분은 증시에 대한 노출도를 중립으로 가져가는 전략을 선호합니다. 그렇게 해야 현실적으로 업계에서 롱런이 가능하기 때문입니다.

여기까지는 이론의 영역입니다. 그리고 지금부터는 실전의 영역인데, 필자가 실제로 경험한 공매도는 '충분히 증시에 악영향을 줄 만하다'입니다.

이유는 간단합니다. 공매도에는 비용이 발생하기 때문입니다. 매수 후 보유 전략의 경우 시간이 경과해도 추가로 발생하는 비용이 없습니다. 그런데 공매도는 남의 주식을 빌려서 판 것이기 때문에 빌린 대가를 지불해야 합니다. 가령 롱-쇼트 전략을 사용하는 투자자가 A라는 주식은 매수하고 B라는 종목은 공매도를 한다고 가정해보겠습니다. 그런데 B 종목을 빌리는 데 1년에 12%의 이자 비용이 발생한다고 하면 어떻게 될까요? 포지션을 구축하고 1년 뒤 A, B 주식의 주가가 그대로 보합일 경우 이 전략은 12%의 손실이 발생합니다. 이자 비용 때문입니다. 자, 여러분이 이와 같은 상황이라면 어떻게 하시겠습니까?

시간이 금입니다. 공매도한 종목이 최대한 빠르게 하락하기를 학수고대할 것입니다. 그래서 정말로 루머가 많이 돌아다닙니다. 왜 B라는 종목의 미래가 어두운지를 오만가지 이유를 다 만들어서 이야기하게 됩니다.

공매도의 탐욕이 얼마나 대단한지 예를 하나 들어드리겠습니다. 코로나19가 터진 직후 어느 글로벌 여행 관련 주식의 경우 1년 공매도 비용이 무려 100%를 넘어가기도 했습니다. 공매도한 입장에서는 1년 뒤 실제로 회사 주식이 휴짓조각이 되어도 손실이 나게 되는 구조였습니다. 말이 안 된다는 생각이 드시지요? 이게 무얼 말하겠습니까? 정말로 시간이 금이라는 말이 됩니다. 공매도 후 당장 다음

날 하한가로 가버리길 원했을 것입니다. 그렇지 않으면 시간이 지남에 따라 엄청난 비용이 발생해서 설령 그 주식이 하락하더라도 공매도에서 손실이 발생해버릴 테니 말입니다.

코로나19 이후 공매도가 금지되었던 시기를 떠올려보십시오. 공매도 입장에서는 이제 루머를 퍼트릴 유인이 없어졌습니다. 당시에는 어떻게든 다들 자신이 매수한 종목이 빨리 올라가기만을 바랐습니다. 부정적인 루머를 만드는 데 낭비할 시간이 없었습니다.

또 다른 이유는 롱-쇼트 전략이 글로벌로 이뤄진다는 점입니다. 앞서 이론상으로 롱-쇼트가 증시에 미치는 영향이 중립적으로 작용하기 위해서는 전제 조건이 하나 필요합니다. 바로 롱과 쇼트가 모두 국내 시장에서만 이뤄져야 한다는 점입니다.

만약 동아시아 롱-쇼트 전략을 하는 곳에서 일본 주식은 롱, 한국 주식은 쇼트 전략을 취했다고 가정해보겠습니다. 이 경우 한국 증시에 대한 수급은 롱은 없으면서 쇼트만 남게 됩니다. 그러면 수급이 순매도가 되어 증시에 악영향을 미치게 됩니다.

마지막으로 공매도의 경우 철저히 외국인들의 놀이터라는 점입니다. 개인투자자가 공매도를 하기란 쉽지 않습니다. 그래서 국내 공매도 거래 중 개인의 비중은 한 자릿수대에 불과합니다. 국내 기관투자자도 마찬가지입니다. 사모펀드에서 그나마 공매도 전략을 펼칠 수 있는데, 롱-쇼트 전략을 사용하는 사모펀드 시장 자체가 별로 크지 않습니다. 그래서 국내 기관투자자라고 해봐야 공매도에서 차지하는 비중이 10%대에 불과합니다. 즉 80%가 외국인입니다.

그들은 압도적인 자금력과 현실적으로 국내 감독기관이 상시 감시하기 힘들다는 점을 철저히 이용합니다. 때때로 아슬아슬한 행위를 하고 있다는 소문이 돌기도 합니다. 하지만 실제로 처벌받는 경우는 극히 드뭅니다. 받더라도 고작 과태료 처분에 그칩니다.

2021년에야 비로소 자본시장법 개정을 통해 불법 공매도가 적발되었을 때 과징금을 주문 금액의 100%까지 부과할 수 있게 되었습니다. 이 같은 상황이었다 보니 더욱 과감하게 한국 시장에서 공매도를 펼치지 않았나라는 생각도 듭니다.

사실 미공개 정보를 간접적으로 받아서 활용한 펀드매니저에 대한 처벌 규정이 구체적으로 생겨난 것도 2015년으로 얼마 되지 않았습니다. 그전에는 미공개 중요 정보를 간접적으로 취득하여 이를 매매에 활용해도 펀드매니저들은 처벌 대상이 되지 않았습니다. 가령 A라는 기업의 실적이 예상보다 부진할 것이란 정보를 A 기업 관계자로부터 B라는 애널리스트가 취득했다고 가정해보겠습니다. B 애널리스트는 이렇게 취득한 정보를 C라는 펀드매니저에게 알렸고, A 주식을 보유하고 있던 C 펀드매니저는 손실을 회피하기 위해 실적이 나오기 전에 얼른 A 주식을 매도해 버렸습니다. 미공개 정보 활용과 관련한 자본시장법이 개정된 2015년 이전에 이 같은 일이 발생했다면, 정보를 유출한 A 기업 관계자와 B 애널리스트만 처벌을 받습니다. C 펀드매니저의 처벌 근거가 아예 없었기 때문입니다. 이는 억지로 만들어낸 사례가 아닙니다. 2013년에 실제로 발생한

CJ E&M의 실적 유출 사건입니다. 당시 자본시장조사심의위원회에서는 IR담당자와 증권사 애널리스트에 대한 심의만 진행했습니다.

일반적으로 금융업계에서는 펀드매니저가 갑이고 애널리스트가 을이라고들 합니다. 애널리스트는 베스트 애널리스트로 선정되는 것이 중요한데 이는 펀드매니저들의 투표로 결정됩니다. 그러니 펀드매니저에게 좋은 서비스를 제공하기 위해 최대한 노력합니다. 또한 펀드매니저가 느끼기에 특정 애널리스트의 분석이 본인의 운용에 도움을 주었다고 생각하면 해당 애널리스트가 속한 증권사에 더 많은 주문을 줄 수 있는 구조로 되어 있습니다. 주문을 더 많이 주게 되면 증권사는 수수료 수익이 증가하게 됩니다. 수수료 수익 증가라는 혁혁한 공을 세운 애널리스트는 사내에서 역량 있는 인재로 평가받게 됩니다. 해외의 경우 주문지에 '××애널리스트 때문에 이 주문을 당신 증권사에 내게 되었다'라는 메모를 달 수도 있습니다.

이해관계 측면에서 철저히 펀드매니저가 애널리스트에게 유리한 구조로 되어 있습니다. 그런데 미공개 정보를 활용함에 있어서 만약 나중에 문제가 되더라도 애널리스트는 처벌받을 위험이 있는 반면, 펀드매니저는 처벌받을 위험이 전혀 없는 구조로 되어 있다면 과연 펀드매니저는 애널리스트에게 어떤 요구를 하게 될까요? 다행히 2015년에 규정이 만들어졌고, 이제는 위험 부담을 같이 지게 되었습니다.

이처럼 적절한 규정을 만드는 일은 매우 중요합니다. 그래서 공매도의 순기능을 말하기 전에 시스템부터 잘 구축했으면 하는 바람이 있습니다. 우선 루머 확산에 대해서 철저하게 감시해야 합니다. 그리고 여전히 수기로 이뤄지는 공매도 기록을 거래소가 완전히 전산화해야 합니다. IT 강국이라는 한국에서 공매도 완전 전산화가 아직도 이뤄지지 않고 있다는 건 도무지 이해할 수 없는 일입니다. 또한 향후 불법이 밝혀지면 과징금을 무겁게 내려야 합니다. 그래야 불법 공매도는 돈이 되지 않는다는 것을 배우게 되어, 다시는 같은 일을 저지르지 않게 될 테니 말입니다.

투자의 역사는 반드시 되풀이된다

정부의 선택적 공매도 금지 제도가 만들어낸 IPO 비극

따상이라는 말을 들어보셨나요? 신규 상장 종목이 공모가에서 더블이 올라서 첫 거래를 시작한 후 그날 상한가까지 상승하는 것을 말합니다. 가령 공모가가 1만 원이었다고 하면, 2만 원에 거래를 시작해 여기서 추가로 30%가 오른 2만 6,000원에 첫날 거래를 마감하게 되면 이를 따상이라고 합니다.

특히 우리나라 시장에서 신규 상장하는 대형주들이 따상, 아니 따상상 혹은 그 이상의 엄청난 초기 주가 폭등을 보여주었습니다. 2020년 7월에 상장한 SK바이오팜의 경우 공모가 기준 시가총액이 3조 8,000억 원이었습니다. 그런데 따상상상(시초가 2배, 그 이후 상한가 3회 기록)을 기록했고, 다음 날에도 크게 오르며 최고가 기준으로 시가총액이 무려 20조 원을 넘어갔습니다. 겨우 5거래일 만에 벌어진 일입니다. 이후 하이브(따상), 카카오게임즈(따상상), SK바이오사이

언스(따상), SK아이이테크놀로지(따상) 등 시가총액이 몇조 원이 되는 기업들이 증시에 화려하게 데뷔했습니다.

그런데 여기서 의문이 생길 것입니다. 저렇게 규모가 큰 대형주가 어떻게 초기에 그토록 화려한 랠리를 펼칠 수 있었을까?

여기에는 제도적 구멍이 결정적 역할을 했습니다. 정부의 선택적 공매도 금지 제도에 따르면 코스피200과 코스닥150에 속한 종목만 공매도가 가능합니다. 그런데 신규 상장 종목은 여기에 속하지 못합니다. 코스피200과 코스닥150에 편입되기 위해서는 일정 기간과 절차가 필요하며 그때까지는 공매도가 불가능한 종목이 됩니다. 여기에 운용업계의 관행이 문제를 증폭시킵니다.

거의 대부분의 펀드는 벤치마크라고 해서 비교 대상이 되는 지수가 존재합니다. 그리고 보통은 코스피나 코스피200 지수를 벤치마크로 두고 추종하게 됩니다. 그런데 누가 보아도 곧 코스피200 지수에 편입될 대형주가 신규 상장을 하게 되면 이를 지수 편입이 확정되기 전부터 미리 매수하게 됩니다. 지수 편입에 대한 기준이 이미 정해져 있기 때문에 공모가가 정해지면 사실상 해당 종목의 편입 여부를 거의 예상할 수 있고, 이는 쉬운 일입니다. 즉 지수 편입에 대응하기 위한 매수세는 대기하고 있는데, 공매도는 금지해놓았으니 얼마나 수급이 좋겠습니까. 그러니 지수 편입이 확실시되는 대형 신규 상장 종목이 그토록 초기에 급하게 올라갔던 것입니다.

특히 따상이 나오는 이유는 여기에 지수 산정법의 맹점이 추가로 더해집니다. 신규 상장 종목의 상장 첫날 주가 등락은 코스피 지수에 포함되지 않습니다. 따라서 코스피 지수를 추종하는 펀드들의 경우에는 해당 종목을 산다면 첫날에 예상 비중만큼 채워 버리는 것이 트래킹 에러를 줄일 수 있는 방법입니다. 그러니 첫날에 비록 더블에 상한가가 나오더라도 소위 지르는 것입니다.

이처럼 크다는 이유만으로 수급에 따라 상장 직후 과도한 주가 상승이 나오게 되면 결국 피해는 고점에서 주식을 매수한 투자자들에게로 돌아가게 됩니다. 물론 주식의 매수와 매도는 오롯이 투자자 본인에게 달려 있지만 개인투자자들이 이 같은 메커니즘을 알 리 만무합니다. 실제로 따상을 기록하며 화려하게 증시에 데뷔한 종목들 중에 그 후 장기 수익률이 좋았던 경우는 거의 없었습니다.

그리고 이 문제는 우리나라 지수에 부담 요인으로 이어집니다. 이미 따상이 된 상태에서 코스피 지수에 들어오기 때문에 이후 주가가 하락하게 되면 지수 하락에 기여하게 됩니다. 첫날은 지수에 산입되지 않기에 무려 따상을 간 상승은 지수에 전혀 영향을 주지 못했는데 말입니다.

가령 증시 전체 시가총액이 2,000조 원이고 이를 기준으로 지수가 2,000포인트라고 가정해보겠습니다. 여기에 A라는 종목이 신규 상장을 하는데 공모가가 50조 원이라고 한다면, A 종목이 첫날에 따상을 기록하면 시가총액은 130조 원에 이르게 됩니다. 공모가 대비 80조 원이나 가치가 올랐지만, 지수에는 아무런 영향을 주지 못합니다. 지수에서는 80조 원의 가치가 신기루처럼 사라져 버리게 된 것입니다. 만약 공모가 대비 첫날 상승률도 지수에 반영되었다면

A 종목의 따상으로 인해 지수는 3.9% 상승했을 것입니다(+80조 원 / (기존 전체 시가총액 2,000조 원 + A 종목 공모가 기준 시가총액 50조 원) = +3.9%).

그런데 만약 이후에 주가가 반토막이 났다고 가정해보겠습니다. 그러면 시가총액이 65조 원이 하락하게 됩니다. 그러면 지수는 3.05% 하락하게 됩니다(-65조 원 / (기존 전체 시가총액 2,000조 원 + A 종목 시가총액 130조 원) = -3.05%).

화려하게 데뷔한 종목들의 주가가 그 후에 어떻게 되었는지를 보면, 우리나라 지수가 '따상'에 얼마나 타격을 입었는지 감이 오실 것입니다. '우리 증시가 왜 더 빠졌냐?'에는 이처럼 무분별한 상장과 제도의 허점, 그리고 운용업계의 관행이 복합적으로 영향을 주었습니다.

투자의 역사는 반드시 되풀이된다

과도한 물가 상승은 발생하지
않을 것이라고 믿었던 백악관

인플레이션이 마침내 발생한 것으로 나타나자 백악관이 분주해졌습니다. 왜냐하면 이제 막 대통령이 된 바이든 정부 입장에서는 담대한 규모의 재정정책을 펼치고 싶은데, 만약 인플레이션이 부담되는 수준까지 올라간다면 이를 자극할 수 있는 과감한 재정정책은 물거품이 될 수 있었기 때문입니다. 실제로 바이든 정부는 물가 상승이 나타나기 한 달 전인 2021년 3월에 미국인 구조 계획법American Rescue Plan이라고 해서 1조 9,000억 달러 구제책을 통과시킨 상황이었습니다. 그리고 추가적으로 3월 말에 바이든 대통령은 인프라 계획이라고 해서 3조 달러의 추가 재정정책을 발표하기에 이릅니다.

당시 과도한 재정정책에 대한 불만의 목소리가 커져가고 있었습니다. 코로나19 이후 트럼프 정부에서 발표한 특별 지원책의 규모는 3조 7,000억 달러였습니다. 여기에 바이든 대통령이 추가로 1조 9,000억 달러 계획을 발표하면서 불과 1년 사이에 일반 세출 외에 무려 5조 6,000억 달러를 더 쏟아부은 것입니다. 2019년 미국의 GDP가 약 21조 달러였음을 감안하면 GDP의 약 26%가 넘는 돈을 1년 만에 추가로 풀어버린 꼴이 되었습니다. 만약 추가로 3조 달러 인프라 계획까지 통과시키게 된다면 무책임할 정도로 큰 금액이 재정정책이란 이름으로 무지막지하게 풀려나가면서 결국엔 걷잡을 수 없는 인플레이션이 발생하는 것 아니냐는 것이 반대론자들의 논리였습니다.

이 같은 비판의 목소리를 의식한 것인지 코로나19 이후 처음으로 2%가 넘는 소비자물가지수가 발표되기 하루 전인 2021년 4월 12일에 백악관은 홈페이지에 자료를 하나 업로드합니다. 향후 몇 개월간은 물가가 약간 높게 나올 수 있는데, 그것은 일시적이니 걱정하지 말라는 내용이었습니다. 바로 여기서 그 유명한 단어 '일시적transitory'이 처음 사용됩니다.

내용은 차치하고 발표 시기가 미묘합니다. 바이든 정부는 인플레이션이 높게 나온 이후로 내내 소비자물가지수 정보를 미리 받아 보는 것 아니냐는 의심을 받습니다. 왜냐하면 소비자물가지수 발표 직전에 수차례에 걸쳐 바이든 대통령이나 백악관 대변인, 혹은 관계자의 말을 빌려 거의 정확한 소비자물가지수 분위기를 미리 전달했기 때문입니다. 일종의 힘 빼기 전략을 사용한 것입니다.

당시 자료로 돌아와 백악관에서는 다음의 세 가지를 이유로 향후 수 개월간 높게 나올 인플레이션이 일시적이라고 이야기합니다.

투자의 역사는 반드시 되풀이된다

첫째, 기저 효과

둘째, 공급망 교란

셋째, 특히 서비스 부문에서의 보복 수요_{Pent-up demand}

이 요인들은 일시적인 현상일 뿐이고, 투자자들은 장래의 기대 인플레이션을 보고 물가를 판단해야 한다며 구체적으로 본인들이 중요하게 여기는 데이터를 공개하는데 바로 5년/5년 기대인플레이션입니다. 5년/5년 기대 인플레이션이란 지금으로부터 5년 후에 그로부터 향후 5년간 평균적으로 기대하는 인플레이션 수준을 말합니다. 그런데 백악관에서는 이 지표가 매우 안정적으로 유지되고 있어서 인플레이션이 일시적일 것이라고 한 것입니다.

즉 기저 효과나 공급망 교란, 그리고 보복 수요는 5년 후의 인플레이션 예상에서는 모두 제거되는 일시적 요인들이니 이 지표를 보아야 현재 인플레이션 요소에서 일시적 요인들이 일으키는 노이즈를 제거하고 진짜 인플레이션을 볼 수 있다는 것이었습니다. 물론 다들 아시겠지만 이 일시적이라는 단어는 인플레이션 대응에서 미국이 실기하게 되는 결정적 요인으로 작용하게 됩니다. 이때부터 백악관은 인플레이션 수렁에 빠지게 됩니다(그림 2-17).

당시 지구 반대편에서도 인플레이션 요소가 싹트기 시작했는데, 바로 수에즈 운하 사고입니다. 2021년 3월 24일, 수에즈 운하에 배가 끼이는 사고가 발생합니다. 처음에는 별일이 아닐 것이라 여겼는

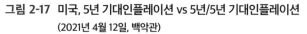

그림 2-17 미국, 5년 기대인플레이션 vs 5년/5년 기대인플레이션
(2021년 4월 12일, 백악관)

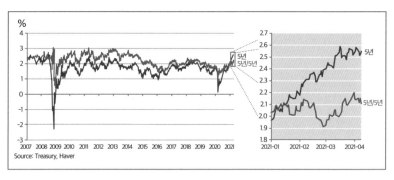

데, 장기화하면서 사태가 심각해집니다. 수에즈를 지나가지 못하니 배들이 멀리 돌아서 운행해야 했고, 이로 인해 해운운임이 급등하기 시작합니다. 멀리 돌아가게 되는 탓에 배의 운행시간이 길어지게 되니 추가로 배를 구하기도 어려워지면서 해운시장은 그야말로 대혼란에 빠지게 됩니다.

당장 급하게 물건을 보내야 하는 입장에서는 배를 구할 수 없자 비행기를 이용하기 시작합니다. 비용이 훨씬 더 나가지만 어쩔 수 없었습니다. 그러자 이번엔 항공운임도 급등하기 시작합니다. 자율주행과 인공지능을 논할 정도로 발전한 세상이 된 줄 알았는데, 배와 비행기가 부족해서 난리가 난 것입니다. 이는 공급망 교란을 심화시켰을 뿐 아니라 운임 부담을 높이면서 이제 막 시작된 인플레이션에 기름을 붓는 역할을 했습니다.

투자의 역사는 반드시 되풀이된다

그림 2-18 수에즈 운하에 배가 낀 사진

그림 2-19 해운운임 추이(SCFI 종합지수, 2018년 1월 ~ 2022년 9월)

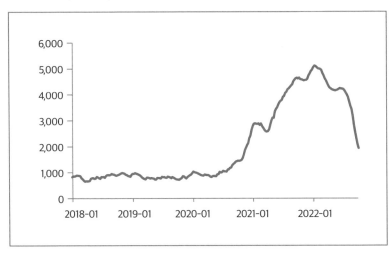

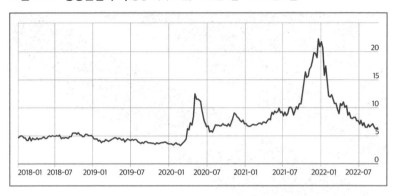

그림 2-20 항공운임 추이(홍콩-미국 노선, 2018년 1월 ~ 2022년 9월)

방심이 부른 화근: 1965년

제2차 세계대전 당시 한때 20%에 달했던 미국의 소비자물가지수는 1950년대 초반 한국전쟁을 끝으로 대안정기에 접어듭니다. 특히 1960년대 초·중반까지는 이례적일 정도로 물가가 낮고 안정적이었습니다. 이처럼 오랜 기간 동안 물가가 안정적인 수준을 유지하자 경제 주체들은 세상에서 인플레이션을 사라진 것처럼 여기기 시작합니다(그림 2-21).

그래서 향후 인플레이션이 크게 상승할 수 있는 이슈가 발생하고 있었음에도 불구하고, 경제 주체들은 방심하고 맙니다. 인플레이션을 상승시킬 만한 당시 이슈는 대표적으로 전쟁이 있습니다. 남북 베트남 사이의 내전 양상을 띠던 베트남 전쟁은 1968년 8월 통킹만 사건을 구실로 미군이 개입하면서 완전히 그림이 달라집니다. 미국

투자의 역사는 반드시 되풀이된다

그림 2-21 미국 소비자물가지수 추이(1952~1965년)

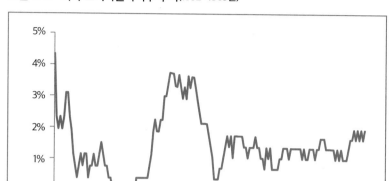

은 대규모 전력을 쏟아부었고, 이것으로 모자라 동맹군의 참여를 독려했습니다.

예상보다 규모가 커지고 기간이 길어지면서 돈이 많이 풀려나가며 수요를 자극하였습니다. 하지만 10년 넘게 대안정기가 이어졌기에 전쟁이 불러올 인플레이션 효과를 과소평가합니다.

정치권이 인플레이션 위험을 과소평가했다는 것은 당시 사용된 정책을 보아도 드러납니다. 케네디 대통령 암살 이후 당시 부통령이었던 린든 존슨이 대통령 자리를 차지합니다. 1965년, 그는 '위대한 사회'라는 정책을 시행합니다. 현대 미국 사회복지 정책의 초석을 마련했다는 평가를 받는 정책이지만, 재정 지출을 늘리는 정책이기

그림 2-22 미국 소비자물가지수 추이(1952~1974년)

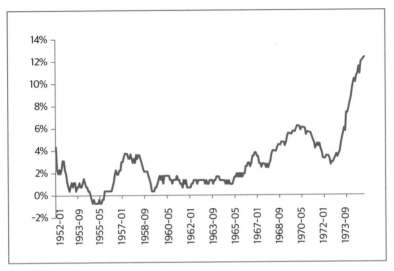

에 인플레이션에는 악영향을 주었습니다.

결국 누적된 인플레이션 압력이 곪아 터지면서 미국은 악성 인플레이션과 함께 1970년대를 맞이하게 됩니다(그림 2-22). 그리고 설상가상으로 당시 대통령이었던 닉슨은 인플레이션에 대해 잘못된 대응 방안을 내놓습니다.

바로 상품 및 서비스 가격, 그리고 임금 통제정책을 사용한 것입니다. 이는 단기적으로 보았을 때에는 효과적으로 보였습니다. 당장의 물가는 내려갔습니다.

하지만 가격 통제정책은 장기적으로 보았을 때 구조적으로 투자유인을 위축하는 정책이었습니다. 그래서 이제는 공급 부족에 따른 더 높은 인플레이션 압력을 받게 됩니다. 게다가 중동에서는 석유를 무기화하며 1차 석유 파동을 일으켰고, 닉슨 대통령은 워터게이트 사건으로 하야하며 정치 불안을 가중시켰습니다.

이제 물가는 손쓸 수 없을 만큼 높게 올라가게 됩니다. 이 모든 일의 시작은 대안정기 이후의 방심에서 나왔습니다.

PART 3

반동(反動):
역행하는 코로나
랠리 약세장

- 투자자들이 과도하게 낙관적이고, 중앙은행이 유동성 공급 정책에 변화를 보일 때 역금융장세가 시작됩니다.
- 이 시기에 차트상으로 이중천장, 헤드앤드숄더가 나타난다면 매우 불길한 신호입니다.
- 한국은 경기민감주의 비중이 높기에 약세장에 먼저 접어드는 특징이 있습니다.
- 연준이 인플레이션 대응에 실패한 이유는 파월의 재선임 이슈, 인플레이션 초기 중고차의 과도한 영향과 이후 델타 변이에 따른 일시적 안정에 따른 착시 효과, 그리고 고용 데이터의 부정확성 때문입니다.
- 그렇지 않아도 역실적장세로 접어들고 있었는데, 우-러 전쟁과 중국 상해 대봉쇄가 이를 가속화시켰습니다.
- 경기 침체는 늘 실업률 증가를 동반했습니다.
- 과거 14번의 금리 인상 사이클에서 침체를 피해간 3번 사례의 공통점은 실업률이 안정적이었다는 점입니다. 빛나는 연준 승리의 역사입니다.
- 금융완화와 함께 약세장이 끝나고 금융장세가 시작됩니다. 이때에는 기준금리보다 장기금리의 하락이 더욱 중요합니다. 이번 사이클에서 금융완화의 신호탄은 월스트리트 저널의 닉 티미라오스 기자가 쏘았습니다.

모두가 '예'라고 할 때 '아니오'라고 말할 수 있는 사람이 몇 명이나 될까요? 남들과 반대로 가기 위해서는 용기가 필요합니다. 특히 증시가 약세장으로 돌입할 때엔 더 큰 용기가 필요합니다. 다만 용기를 낼 준비가 된 자들에겐 여러 가지 약세장의 징후가 보입니다.

가령 연준을 비롯한 글로벌 중앙은행이 정책의 방향을 바꾸어 긴축으로 나아가고 있음이 미리 감지되었습니다. 차트상으로 볼 때에도 하락 징조인 이중천장과 헤드앤드숄더가 나타났습니다.

일단 하락장이 시작되자 경기민감주의 비중이 가장 높은 한국 증시가 제일 먼저, 빠른 속도로 하락했습니다. 뒤이어 끝까지 버티던 미국 증시도 약세로 돌아섰습니다. 한 번 시작된 약세장은 멈출 줄 몰랐습니다. 가뜩이나 역금융장세의 여파로 인해 기업 실적이 불안한 모습을 보이던 참에, 우-러 전쟁과 중국 상해 대봉쇄가 발생하면서 역실적장세로 빠르게 진입했습니다.

지금부터는 약세장에 관한 이야기입니다. 코로나19 랠리는 두 가지 믿음과 함께했습니다. 첫째, 정부와 중앙은행은 돈 풀기를 멈출 수 없다. 둘째, 미국 경제는 강하다. 이 믿음들이 점차 깨져가면서 약세장이 진행되었습니다.

'이번은 다르다!'라는 말이 나올 때
시작되는 약세장

실적장세 후반부 내내 상승세를 보인 증시는 결국 바닥 대비 두 배(S&P500 기준) 이상의 큰 상승을 기록합니다. 제2차 세계대전 이후 나타난 과거 6번의 랠리와 비교했을 때 반등의 속도가 가장 빨랐습

그림 3-1 제2차 세계대전 이후 S&P500 지수가 저점 대비 2배 오르는 데 걸린 영업
일수

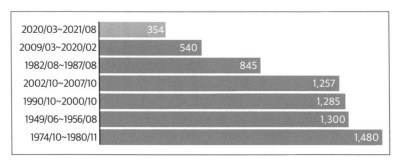

니다. 과거에는 평균 1,118거래일이 걸렸다면, 이번에는 이보다 3배 빠른 354거래일 만에 두 배 랠리를 이뤄냈습니다(그림 3-1).

증시 상승을 이끈 원동력은 뭐니 뭐니 해도 실적이었습니다. 코로나19 이후 2020년 2분기 실적부터 2021년 2분기까지 5개 분기 연속으로 컨센서스 대비 실적 상회 폭이 평균적으로 약 20%에 달했습니다. 코로나가 발생하기 직전 5년 동안 컨센서스 대비 실적 상회 폭이 평균적으로 약 5%였던 점을 감안하면 정말로 놀라운 실적을 보여준 것이었습니다(그림 3-2).

당시 경제 지표나 기업 이익이 워낙 좋았기에 증시의 추가 상승 여력은 충분해 보였지만 경험 있는 투자자들은 역금융장세가 언제

그림 3-2 S&P500 주당순이익이 컨센서스를 상회한 폭 추이
(2018~2022년, 분기별, FactSet)

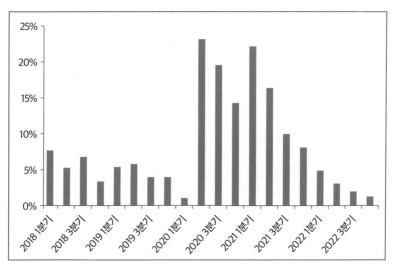

투자의 역사는 반드시 되풀이된다

표 3-1 코로나 직전 과거 5년 평균

	과거 5년
EPS 예상치 상회 종목 비율	73%
EPS 예상치 상회 폭	4.9%
매출액 예상치 상회 종목 비율	59%
매출액 예상치 상회 폭	0.6%
12개월 Forward P/E ratio	16.7

올지에 대한 계획을 미리 세우기 시작합니다. 역금융장세부터는 우리가 약세장이라고 이야기합니다. 약세장이 언제부터 시작되는지는 강세장과는 달리 뚜렷한 이유를 찾기 힘듭니다. 강세장의 종료가 여러 가지 이유에서 발생하기 때문입니다. 대표적으로는 금융긴축을 꼽을 수 있는데 이 외에도 외부의 쇼크나 과도한 매수세로 인해 강세장이 끝나는 경우도 있습니다. 이를 두고 구니오는 톨스토이의 『안나 카레니나』를 인용합니다.

"행복한 가정은 모두 비슷한 이유로 행복하지만, 불행한 가정은 모두 제각각의 불행을 안고 있다."

즉 강세장의 이유는 하나이지만 약세장의 이유는 제각각이라는 것입니다. 다만 약세장에 돌입할 때 언제나 나오는 말이 하나 있긴 합니다.

'이번은 다르다!'

역금융장세로 들어가게 되면 사실상 거의 전 종목이 하락하게 됩니다. 가격 상승이 컸던 고가주의 하락이 심하고, 이미 실적장세 후반부에서 하락하고 있던 소재산업도 추가 하락을 나타냅니다. 그리고 보통의 경우 놀랍게도 급락이 일어난 지 몇 달 후 최초 고점을 재도전하게 되는데 이것이 흔히 말하는 이중천장, 더블톱입니다. 이 과정에서 소수의 종목이 거래는 뒷받침되지 못한 채 두 번째 천장을 이끌게 됩니다. 더블톱은 강력한 강세장 종말 사유라고들 합니다. 실제로 2007년을 보면 미국 증시와 한국 증시가 모두 여름에 한 번, 그리고 10월에 한 번 더, 그렇게 더블톱을 기록합니다.

이번에는 한국의 경우 2021년 1월 첫 천장을 만든 후 6월에 두 번째 천장을 만듭니다(그림 3-5). 그리고 이후 줄곧 하락세를 나타냅니다. 미국의 경우 2021년 11월 첫 천장을 만든 후 2022년 1월에 두 번째 천장을 형성합니다. 그리고 역시 이후에 약세장으로 돌입하게 됩니다(그림 3-6).

약세장에 돌입하면 주식은 아무런 방어수단이 되지 못합니다. 주식은 그 자체로 위험자산이기 때문입니다. 심지어 방어주를 골랐다고 해도, 그건 위험자산인 주식 중에서 상대적으로 방어적일 뿐입니다. 물론 이런 장세 속에서도 이를 역행하는 일부의 주식이 있긴 한데, 바로 소형 우량주입니다. 적은 금액으로도 주가를 올릴 수 있고, 수급 측면에서 부담이 없기 때문입니다.

소형 우량주는 보통 가치투자 펀드에서 좋아하기에 이 시기에는

그림 3-3 2007년 한국 증시 더블톱

그림 3-4 2007년 미국 증시 더블톱

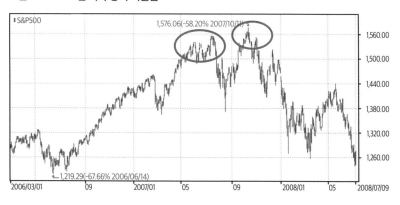

그림 3-5 2021년 한국 증시 더블톱

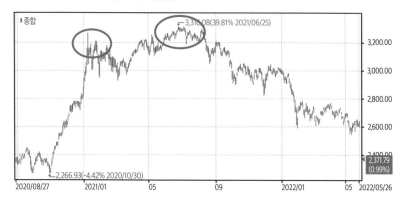

그림 3-6 2021~2022년 미국 증시 더블톱

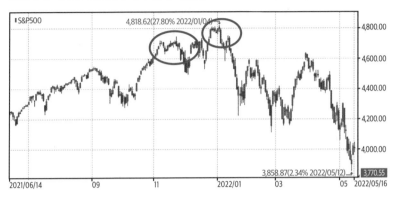

시장과 차별적으로 가치주 펀드의 선전이 나타나곤 합니다. 실제 우리나라에서도 2021년에는 개별주, 특히 중·소형주에 초점을 맞춘 펀드와 운용사가 두각을 드러냈습니다. 금융위기 직전에도 개별 종목에 집중하는 펀드와 운용사가 마지막으로 빛을 발했던 바가 있습니다.

한국 증시는 왜 먼저 꺾였을까

이번 하락장에서 한국 코스피 지수의 고점은 2021년 6월에 나온 반면, 미국 S&P500 지수의 고점은 2022년 1월에 나왔습니다. 우리 증시가 먼저 빠진 겁니다. 이를 두고 한국 증시에 대한 비관적 시선을 가지는데 꼭 그렇게 볼 필요는 없습니다. 왜냐하면 이런 일이 자주 발생하기 때문입니다. 과거에도 증시가 30% 이상 폭락했을 때

투자의 역사는 반드시 되풀이된다

한국 증시의 고점이 대체로 미국보다 먼저 나타났습니다. 가령 닷컴 버블 당시에는 우리 증시 고점이 2000년 1월에 나왔던 반면, 미국의 고점은 3월에 나왔습니다. 금융위기 때에는 미국이 20일가량 빨랐지만, 미국에서 고점이 나온 날의 코스피 지수와 20일 이후 고점이 나온 날의 코스피 지수가 2%밖에 차이가 나지 않았기에 거의 동시에 나왔다고 볼 수 있습니다. 코로나19 당시에도 한국 증시는 2020년 1월에 고점이 나온 반면, 미국은 2월에 나왔습니다.

이처럼 한국 증시가 먼저 매를 맞는 데에는 이유가 있습니다. 바로 수출 비중이 너무 높아서 대외 경기 변화에 크게 영향을 받는다는 점 때문입니다. GDP 대비 수출 비중으로 볼 때 한국은 36%에 달합니다. 흔히 우리 경제의 대외무역 의존도가 70~80%에 달한다고 하는데, 이는 수출과 수입을 합했기 때문입니다. 반면 중국은 18%, 일본은 16%, 미국은 10%입니다. 중국이 수출 위주의 경제라고 생각하겠지만 이와 비교도 되지 않을 만큼 우리의 수출 비중이 더 높습니다. 그러다 보니 글로벌 경제 변화에 가장 빠르게 반응합니다. 즉 경기가 나빠질 것 같으면 가장 먼저 하락하게 됩니다.

다음으로 경기민감주 비중이 높다는 점입니다. 경기민감주는 시클리컬이라고 하는데, 경기가 좋을 땐 이익이 많이 나지만 경기가 나쁠 땐 적자도 날 수 있는 사업군을 말합니다. 대표적으로 철강, 화학, 조선, 그리고 요즘에는 반도체가 해당한다고 볼 수 있습니다. S&P500 산업분류 기준인 GICS 분류에 따르면 11개 업종이 있습니다. 이는 경기민감과 방어로 나눠볼 수 있습니다. 경기민감은 임의

(자유)소비재, 소재, 금융, 에너지가 속합니다. 여기에 필자는 반도체가 속해 있는 IT 하드웨어도 민감한 항목으로 따로 분류하고 있습니다. 반면 방어는 커뮤니케이션, 필수소비재, 헬스케어, IT 소프트웨어, 부동산, 유틸리티입니다. 한국은 이 기준으로 나눠볼 때 약 60% 중반이 경기민감 업종입니다. 반면 미국의 S&P500은 40% 후반, 유럽과 홍콩은 50% 중반, 일본은 60%, 중국은 약 30%입니다. 이처럼 한국이 글로벌 주요 국가 중 가장 경기에 민감한 산업들로 증시가 구성되어 있습니다. 그렇다 보니 경기침체 우려에 가장 먼저 반응하는 것입니다.

경기민감주 비중이 높은 것이 반드시 약점만 있는 것은 아닙니다. 하락이 빨랐듯, 반대로 상승도 빠릅니다. 닷컴 버블 당시 우리 증시의 저점은 2001년 9월이었습니다. 미국은 이보다 크게 늦은 2002년 10월이었습니다. 금융위기의 경우 우리 증시의 저점이 2008년 10월이었던 반면, 미국 증시의 저점은 2009년 3월이었습니다. 코로나19 당시에도 우리 증시의 저점일은 2020년 3월 19일이었던 반면, 미국은 2020년 3월 23일이었습니다. 이번 하락장도 우리 증시는 9월에 저점이 나온 반면, 미국은 10월에 저점이 나왔습니다.

다음으로 경기민감주 비중이 높은 장점은 바로 더 빠르게 상승한다는 점입니다. 닷컴 버블 당시 우리 증시가 저점 대비 두 배 오른 시기는 2002년 4월이었습니다. 반면 미국은 무려 2007년 6월이 되어서야 증시가 두 배 상승하게 됩니다. 금융위기 때에도 보면 한국은 2010년 8월에 두 배 상승이 나온 반면, 미국은 2011년 2월에 두 배 상승이 나오게 됩니다. 코로나19 때에도 한국은 2021년 1월, 미국은 2021년 7월에 두 배를 기록했습니다. 한국의 산업 구조는 과거와 거의 동일합니다. 따라서 만약 앞으로 증시 주변 상황이 계속 개선세를 나타낸다면 이번에도 한국이 미국보다 저점 대비 두 배 상승까지 도달하는 시간이 더 짧을 것이라고 생각합니다.

이번 사례뿐만 아니라 생각의 관점을 좀 더 넓혀보면 어떨까 싶습니다. 가령 민감도가 높은 우리 증시의 특징을 구니오의 증시 순환론에 넣어본다면 어떨까요? 한국은 일종의 거대한 경기민감주라고 할 수 있습니다. 따라서 역실적장세 정점에 매수해서, 실적장세 초반부에서 후반부로 넘어가는 시기에 매도하면 된다는 것을 의미합니다. 이런 특징 때문에 모멘텀 투자자들은 위기 시 저점 부근에서 빠르게 한국 증시를 매수한 후 실적장세가 어느 정도 진행되었을 때 매도하고, 그 이후 랠리가 더 오래 이어지는 미국으로 갈아타는 전략을 쓰게 됩니다. 하지만 현실적으로 보았을 때 한국 위주로 투자해야 하는 투자자들 입장에서는 실적장세 후반으로 넘어갈 때 개별주로 갈아타는 전략으로 초과 수익을 달성하게 됩니다.

경기에 예민하게 반응하는 한국 증시의 특징을 있는 그대로 이용하는 전략도 좋지만, 뭔가 이를 근본적으로 바꾸고 싶다는 생각이 드는 것도 사실입니다. 이를 바꿀 수 있는 방법은 매우 간단한데, 바로 우리 증시의 경기방어주 비중을 높이면 됩니다. 물론 이는 현재 잘하고 있는 경기민감주를 끌어 내려서 이루자는 것이 아닙니다. 그렇게 된다면 루즈-루즈 게임이 될 뿐입니다. 그런 것이 아니라 경기

방어주에 속하는 산업 중에서 글로벌 기업을 키워낸다면 방어주 비중이 올라갈 수 있을 것이라는 의견입니다. 이를 위해선 방어주에 속하는 커뮤니케이션, 필수소비재, 헬스케어, IT 소프트웨어, 부동산, 유틸리티 중에서 성장하는 기업이 나와야 합니다. 필자 개인적인 바람이 있다면 가장 애정도가 높은 엔터, 미디어 분야(커뮤니케이션 하부 산업)가 눈부시게 발전했으면 합니다.

인플레이션과 테이퍼링 논쟁

사전적 의미로 테이퍼링이란 점점 가늘어지는 것을 뜻합니다. 연준에서는 자산 매입 규모를 점점 줄여나가는 것을 뜻하는 용어로 사용합니다. 즉 지난달에 100원을 샀는데, 이번 달에 90원, 다음 달에는 80원만 사는 식으로 여전히 매입은 하고 있지만 그 규모를 줄여나가는 것을 두고 테이퍼링이라고 합니다.

전통적인 환경에서의 통화정책 긴축은 금리 인상으로부터 시작합니다. 하지만 제로 금리에 더해 추가적인 완화 효과를 누리기 위해 비전통적 방법인 양적완화를 사용한 이상 비전통적인 환경에서의 통화정책 긴축은 테이퍼링으로부터 시작합니다. 그렇기에 시장 참여자들이 그토록 연준의 테이퍼링이 언제 시작하는지에 촉각을 곤두세운 것입니다.

제롬 파월 연준 의장이 처음으로 테이퍼링을 공개석상에서 표현

　　　　　　　　투자의 역사는 반드시 되풀이된다

한 것은 2021년 3월 25일입니다. 당시 NPR 인터뷰에서 파월은 사실상 테이퍼링과 같은 단어인 되돌림roll back이란 단어를 사용했습니다. 시장은 즉시 이 말의 숨은 의미를 알아차렸습니다. '연준이라는 거대 항공모함이 이제 슬슬 방향을 돌려 긴축으로 가려 하는구나'라고 말이지요.

이 같은 말을 했다고 해서 즉시 금융환경이 긴축적으로 변하는 것은 아닙니다. 연준이 긴축에 나서는 것을 논의할 수 있게 되었다는 것 자체가 경제 상황이 매우 좋아졌음을 의미합니다. 그래서 파월의 발언 이후에도 증시는 계속 호조세를 보입니다.

연준은 2021년 4월 28일에 열린 FOMC 회의에서 또 한 번 슬슬 통화정책 방향을 돌리려는 모습을 보입니다. 파월 의장은 증시에 대해 '약간의 거품froth이 있다'고 말했습니다. 버블처럼 톡 하고 터지는 거품이 아닌 카푸치노처럼 끈끈해서 잘 날아가진 않지만 어쨌든 거품인 것을 froth라고 하는데, 이 표현을 쓴 것입니다. 연준은 자산시장이 약간 비싸지기 시작했다고 여길 때 froth라는 단어를 종종 사용합니다. 또한 성명서에서는 코로나로 인한 경제 전망 위험에서 '상당한'이란 단어를 삭제하며 경기가 본궤도에 올랐음을 알렸습니다. 그리고 코로나 타격을 가장 많이 받은 부분에 대해서도 이제는 '개선'이 나타난다며 긍정적인 표현을 사용하였습니다. 이후 3월 30일, 로버트 카플란 달라스 연은 총재는 인터뷰에서 테이퍼링 논의를 시작해야 한다고 주장했습니다. 더불어 4월 4일 재닛 옐런 재무장관은 '경제 과열을 막기 위해 금리가 조금somewhat 올라야 할 수 있다'고 발언하며 연준이 통화정책 방향을 돌리려는 데 힘을 보탰습니다.

당시 연준만 방향을 돌리려던 것이 아니었습니다. 그동안 대규모 유동성 공급에 동참했던 글로벌 중앙은행들도 정책 방향을 긴축으로 되돌리기 시작했습니다. 주요국 중에서는 캐나다가 가장 먼저 결정을 내립니다. 캐나다는 2021년 4월 21일에 선진국 중 최초로 테이퍼링을 전격 결정하였습니다. 다음 바통은 영국이 이어받습니다. 5월 6일, 영란은행은 두 번째로 테이퍼링을 실시하기로 결정합니다. 5월 27일 열린 한국은행 금통위에서도 비록 금리는 동결했지만 향후 경제 전망치를 크게 상향하고, 전체적인 톤을 매파적으로 변화시키며 이 같은 흐름에 동참하는 모습을 보였습니다. 또한 6월 10일에 열린 유럽 통화정책회의에서도 총 25명의 위원 중 3명이 테이퍼링을 주장했다는 기사가 로이터를 통해 나왔습니다.

이처럼 비슷한 시기에 비슷한 정책 변화가 나타나는 것을 보면 글로벌 공조가 강력하게 이뤄지고 있음이 느껴집니다. 이 같은 정책 공조는 이 책의 뒷부분에 쓰인 2022년 하반기에도 똑같이 느껴질 것입니다.

이후에도 연준의 테이퍼링 힌트는 계속됩니다. 2021년 5월 19일에 공개된 4월 FOMC 회의 의사록이 대표적이라고 할 수 있습니다. 회의 당일엔 파월 의장이 테이퍼링에 대해 논의할 때가 아니라고 했으나, 의사록을 보니 다수의 위원이 다가오는 회의에서 테이퍼링에 대해 논의해야 한다는 코멘트가 들어 있었던 것입니다. 5월 21일에는 패트릭 하커 연준 위원도 카플란에 이어 조기 테이퍼링론자

투자의 역사는 반드시 되풀이된다

에 합류합니다. 이후에는 연준 위원들이 너도나도 조기 테이퍼링론에 숟가락을 얹습니다. 6월 1일에는 제임스 불라드, 랜들 퀼스, 리처드 클라리다가 매파적 발언을 쏟아냈습니다.

특히 제임스 불라드 세인트루이스 연은 총재는 이 시기에 연준 내 최고 매파라고 불릴 정도로 발언의 강도를 높여나갑니다. 예를 들어 4월 12일에는 백신 접종률이 75%를 넘어가면 테이퍼링에 대해 논의해야 한다고 주장했는데, 당시 백신 접종률 추이를 보면 6월 중순에 도달할 수 있는 수치였습니다. 그리고 6월 FOMC 회의 직후 불라드 총재는 '파월 의장이 공식적으로 이번 회의에서 테이퍼링 논의를 시작했다'는 폭탄 발언도 합니다. 실제로 추후에 공개된 6월 FOMC 회의 의사록에는 연준의 자산 매입 변화 기준으로 '상당한 추가 진전substantial further progress'이란 명확한 기준이 제시되어 있었기에 불라드의 말은 사실인 것으로 밝혀졌습니다. 이때부터 시장은 긴축과 관련하여 불라드의 말에 더욱 집중하게 됩니다.

그리고 드디어 7월 FOMC 회의에서 아주 중요한 단어가 등장하는데, 바로 '다음 몇 번의 회의coming meetings'입니다. 왜냐하면 금융위기 이후 테이퍼링에 나설 때에도 실제 테이퍼링을 결정하기 두 번 전 회의에서 '다음 몇 번의 회의coming meetings'라는 표현을 사용한 바 있기 때문입니다. 그리고 실제로 11월 회의에서 연준은 테이퍼링을 결정했습니다. 마침내 연준이 긴축에 나서기 시작한 것입니다.

연준이 테이퍼링을 향해 나아가고 있던 장장 8개월 동안 인플레이션이 심상치 않은 모습을 보였습니다. 4월 발표에서(3월 데이터) 2%

를 처음 넘어선 미국의 소비자물가지수는 이후 급등세를 연출하였습니다. 3월 치부터 연준이 테이퍼링을 선언한 11월 치까지 순서대로 2.6% ⇨ 4.2% ⇨ 5.0% ⇨ 5.4% ⇨ 5.4% ⇨ 5.3% ⇨ 5.4% ⇨ 6.2% ⇨ 6.8%, 그야말로 대폭등이었습니다.

이처럼 빠르게 상승하는 소비자물가지수보다 생산자물가지수는 더 빠르게 상승했습니다. 2021년 11월에 상승률이 9.8%에 달했습니다. 또한 60달러 아래에 머물던 유가도 어느새 80달러까지 상승하게 됩니다. 해상운임과 항공운임도 급등세를 나타냅니다. 코로나 직전 800달러대에 불과했던 해상운임은 2021년 11월에 4,500달러를 돌파합니다. 항공운임의 경우에도 코로나 직전과 비교해서 3~4배 상승했습니다.

연준은 소위 전방위적인 인플레이션 압박에 직면하게 된 것입니다. 그런데 연준은 이 상황에서 두 가지 함정에 빠지게 됩니다. 첫 번째는 중고차입니다. 4월 인플레이션이 시장 예상치를 크게 상회하는데, 당시 전체 소비자물가지수에서 비중이 2.8%밖에 차지하지 않는 중고차가 상승 폭의 3분의 1을 기여하는 일이 발생합니다. 즉 전월 대비 소비자물가지수 상승 폭이 0.8%인데, 중고차가 홀로 10% 급등하면서 0.28% 상승을 견인한 것입니다.

코로나19 이후 대중교통보다 자차를 이용하려는 경향이 더욱 강해졌고, 이는 중고차 매물 감소로 이어졌습니다. 그런데 신차는 공급망 교란 때문에 생산을 제대로 하지 못하여 대기시간이 길어져 갔고, 그 수요는 가뜩이나 물량이 부족해지는 중고차로 몰려들었습니

투자의 역사는 반드시 되풀이된다

다. 이로 인해 중고차 가격은 그야말로 폭등하였습니다.

이후에도 중고차 가격은 계속 상승했습니다. 2021년 5, 6월에 각각 7.3%, 10.5%의 상승을 보였는데, 이는 전월 대비 소비자물가 지수 상승 폭의 거의 40%를 차지했습니다. 당시 상황으로 돌아가서 본다면 정말로 중고차가 크게 영향을 미쳤습니다.

이외에도 당시 리오프닝 시도와 맞물려 소위 리오프닝과 관련된 6개 항목이 소비자물가 상승을 주도합니다. 중고차를 비롯하여, 차량 렌트, 자동차보험, 외식, 외부숙박, 항공운임이 대표적 항목들인데 4~6월 기간 동안 높은 상승세를 나타냈습니다. 그래서 비록 소비자물가지수에서 차지하는 비중은 약 13%밖에 되지 않지만 당시 전월 대비 물가 상승에 대한 기여도는 50% 중반에서 60%를 차지했습니다. 이들의 영향으로 인해 그사이 미국의 소비자물가지수는 4~6월까지 각각 전월 대비 0.8%, 0.6%, 0.9%로 매우 높았습니다 (전월 대비 0.8%를 연율화하면 무려 10%의 물가 상승률입니다).

이처럼 몇몇 뛰는 항목이 주도하는 물가 상승이다 보니 이를 두고 연준은 '일시적'이라는 표현을 반복할 수밖에 없었습니다. 한 번도 경험해보지 못한 중고차 가격의 급등, 그리고 코로나19 이후 리오프닝이었기 때문입니다.

그리고 여기서 두 번째 함정이 나타나는데 바로 델타 변이의 출현입니다. 2021년 7월부터 미국 내에서 코로나19 주류 종이 된 델타 변이의 출현으로 리오프닝 분위기는 순식간에 식어 버립니다. 그러자 지난 3개월 동안 소비자물가 상승세를 주도한 리오프닝 관련 항목들이 순식간에 마이너스로 돌아서 버립니다. 이 덕분에 당시 전월 대비 소비자물가지수 상승 폭은 7~9월까지 각각 0.4%, 0.5%, 0.4%로 직전 3개월 대비 확연히 꺾여 내려온 모습을 보여줍니다. 7~9월 기간 동안 6대 항목의 기여도는 각각 13%, −62%, −3%로 마이너스 기여를 하고 있었습니다.

연준은 속으로 쾌재를 외쳤을 것입니다. 일시적이었다는 본인들의 판단이 맞았기 때문입니다. 하지만 이는 겉모습만 얼핏 보고 속내를 제대로 파악하지 못한 꼴이 됩니다. 왜냐하면 중고차를 비롯한 리오프닝 관련 항목을 제외한 기저에 깔린 인플레이션 지수는 계속해서 상승세를 보이고 있었기 때문입니다. 우리가 흔히 인플레이션은 심리의 영향을 크게 받는다고 합니다. 그리고 그 인플레이션 심리가 '일시적'이라고 안도하고 있었던 2021년 7~9월 사이에 들끓기 시작한 것입니다. 변동 폭이 컸던 6대 항목을 제외한, 즉 나머지 87%로 소비자물가지수를 재구성해보면 4월부터 9월까지 각각 0.31% ⇨ 0.26% ⇨ 0.41% ⇨ 0.44% ⇨ 0.49% ⇨ 0.41%로 인플레이션이 확실히 올라오고 있음이 느껴졌습니다.

결국 10월 지표에서 소비자물가지수는 전월 대비 무려 0.9%나 상승하는 슈퍼 서프라이즈를 기록하게 됩니다. 당시 예상이 0.6%이었는데 이를 크게 뛰어넘었습니다. 전년동기 대비로는 6.2%의 상승이었습니다. 세부 항목을 들여다보면 어느 항목 하나 빼놓을 것이 없었습니다. 전방위적인 인플레이션 확산 그 자체였습니다. 다음 달에도 전월 대비 0.8%, 전년동기 대비로는 6.8%의 소비자물가 상승이 나타났습니다. 40년 만의 최대치였습니다. 폴 볼커 이후 이제 미국에서는 역사속으로 영원히 사라진 줄 알았던 인플레이션이란 악령이 되살아나게 된 것입니다.

설상가상으로 유가도 오르기 시작했습니다. 사우디 에너지 장관은 '에너지 위기는 당신들의 문제'라며 유가를 잡는 데 관심이 전혀 없음을 보여주었습니다. 이는 마치 1970년대 초에 미국 달러의 변동성으로 인해 다른 나라들이 고통받고 있을 때 존 코넬리 미국 재무장관이 "달러는 우리의 통화이지만, 문제는 당신들의 것이다"라고 말한 것과 비견될 만했습니다.

이쯤 되자 바이든 대통령이 직접 나섭니다. 그는 '인플레이션이 미국인의 형편을 해친다'며 인플레이션 파이팅의 의지를 다집니다. 다만 그 원인을 에너지 가격 상승 탓으로 돌려버리는 우를 범합니다. 물론 당시 전월 대비 물가 상승 폭 중에서 3분의 1은 에너지 가격 상승이 차지했지만, 만약 에너지 가격 상승이 0이었다고 해도 전월 대비 상승률이 0.5% 중반으로 높았을 것인데, 원인 분석부터 잘못되었던 것입니다.

이처럼 원인 분석에 문제가 있으니 해결책도 이상합니다. 바이든은 '인프라 법인이 조속히 통과되어야 한다'며 이를 통해 물가가 잡힐 것이라고 했습니다. 정부가 더 많은 돈(1조 7,500억 달러)을 풀면 물가가 잡힐 것이라는 이상한 논리였습니다. 당시 여기에 반대했던 민주당 조 맨친 상원의원은 "인플레이션이 일시적이지 않다"며 "미국인은 인플레이션 세금 고통을 겪고 있고, 미국인들이 매일 느끼는 경제적 고통을 무시할 수 없다"고 이야기합니다.

연준 내외부에서 불만이 터져나왔습니다. 우선 제임스 불라드 총재는 테이퍼링 속도를 두 배 높이고, 종료 시기를 앞당겨야 한다고 말했습니다. 전 뉴욕 연은 총재 출신인 윌리엄 더들리는 당시 블룸버그 사설을 통해서 "희망은 전략이 아니다"라며 연준이 인플레이션을 대하는 태도를 신랄하게 비난했습니다. 이번 인플레이션을 족집게처럼 맞춘 것으로 다시 유명세를 찾은 래리 서머스도 비난에 동참했습니다. "인플레이션을 못 잡으면 트럼프한테 정권을 빼앗긴다"는 말로, 어찌 보면 정치권이 가장 듣기 싫은 말을 내뱉었습니다. 심지어 영원한 강세론자인 제레미 시겔까지도 연준을 비난하고 나섰습니다.

그동안 일시적이라며 얼버무려 왔던 연준 입장에서는 당황할 수밖에 없었습니다. 무언가 크게 잘못 돌아가기 시작했으니 말입니다. 결국 파월 의장은 2021년 11월 30일 의회에 출석해서 충격적인 발언을 하기에 이릅니다.

"인플레이션이 일시적이라는 단어를 더 이상 쓰지 않을 때가 되었습니다."

그렇습니다. 일시적이란 단어를 폐기 처분한 것입니다. 그리고 이는 미국이 공식적으로 역금융장세로 넘어감을 의미했습니다.

투자의 역사는 반드시 되풀이된다

그림 3-7 전년동기 대비 중고차 가격 추이(CPI 반영 기준, 2019~2021년)

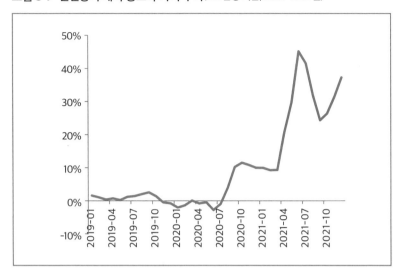

그림 3-8 전년동기 대비 외식 가격 추이(CPI 반영 기준, 2019~2021년)

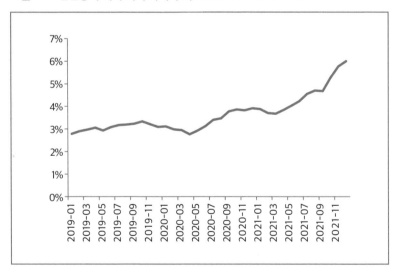

그림 3-9 전년동기 대비 외부숙박 가격 추이(CPI 반영 기준, 2019~2021년)

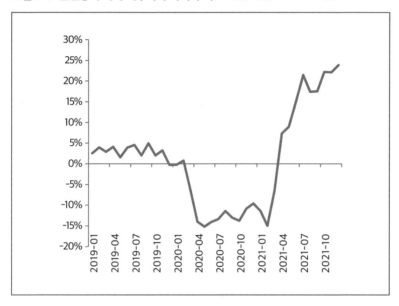

미리 예측 가능했던 인플레이션

만약 이번 인플레이션이 실은 몇 달 전에 예측 가능했다고 하면 어떻게 느껴지시나요? 답안지를 보고 끼워 맞추기를 한다고 할지 모릅니다. 하지만 과거 자료를 보면 높은 확률로 이번 인플레이션이 예상보다 더 높을 것이란 점을 알 수 있었습니다.

ISM 제조업 PMI 지불가격은 과거 소비자물가지수를 약 6개월 선행하는 특징이 있습니다. 실제로 인플레이션이 매우 높았던 1970년대 당시에 6개월 시차를 반영하여 두 지표를 비교해보면 높은 상

그림 3-10 ISM 제조업 PMI 지불가격(6개월 시차 반영) CPI 추이(1970~1982년)

관관계가 나옵니다(그림 3-10).

ISM 제조업 PMI 지불가격은 이미 2021년 1월부터 80을 넘어 고공행진을 펼쳤습니다. 인플레이션이 일시적이라고 했던 2021년 4~6월은 말할 것도 없고, 연준이 잠시 안도감을 느꼈던 7~9월에도 계속해서 높은 수치를 기록하였습니다(그림 3-11).

6개월 뒤의 소비자물가지수를 예상하는 지표가 계속해서 높았다는 데에서 시장은 인플레이션에 대한 대응을 시작했어야 합니다(그림 3-12).

미국 수입물가를 3개월 선행하는 것으로 알려진 중국의 생산자

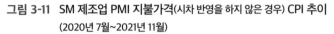

그림 3-11 SM 제조업 PMI 지불가격(시차 반영을 하지 않은 경우) CPI 추이
          (2020년 7월~2021년 11월)

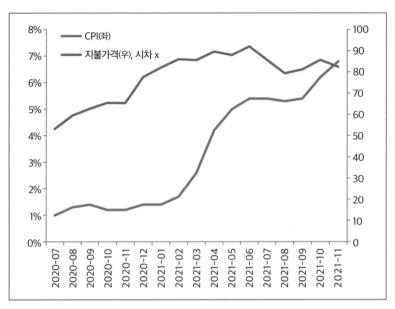

물가도 마찬가지입니다. 2020년 12월까지만 해도 마이너스였던 중
국의 생산자물가는 계속 상승하여 2021년 10월에는 13.5%에 이르
게 됩니다(그림 3-13). 향후 닥치게 될 인플레이션 압력을 미리 경고
했던 것입니다.

　일회성으로 치부되었던 중고차 가격 역시 마찬가지입니다. 맨하
임 중고차 지수는 소비자물가지수의 중고차 항목을 2~3개월 선행
하는 것으로 알려져 있습니다.
　2021년 여름에 잠시 둔화되는 듯했던 맨하임 중고차 지수는 9월

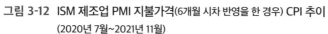

그림 3-12 ISM 제조업 PMI 지불가격(6개월 시차 반영을 한 경우) **CPI 추이**
(2020년 7월~2021년 11월)

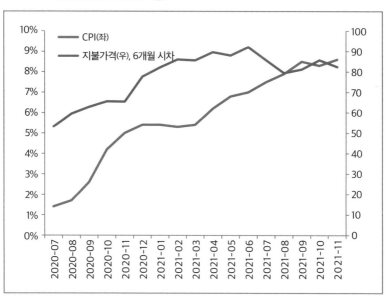

부터 재차 상승을 시작합니다(그림 3-14). 잠시 안정되었던 중고차 가격에 안심해서는 안 되었던 이유입니다.

이처럼 어떤 자료들은 다른 자료를 선행하는 특징을 가지고 있습니다. 이를 잘 파악하고, 체크하는 것이 투자에서는 정말 중요합니다.

그림 3-13 중국 생산자물가 vs. 미국 수입물가(3개월 시차 반영) 추이(2010년~2021년)

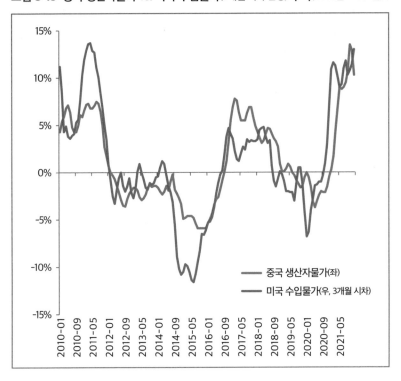

그림 3-14 맨하임인덱스 - 중고차(CPI, 3개월 시차 반영) 추이(2010~2021년)

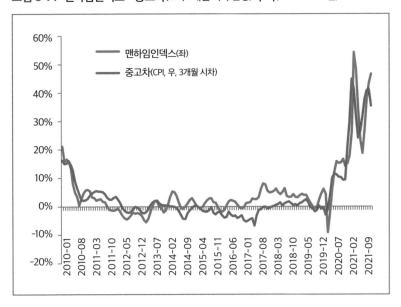

워런 버핏은 매크로 초고수?

2021년 5월 1일, 워런 버핏은 버크셔 해서웨이 연례 주주총회에서 "우리는 매우 상당한 인플레이션을 보고 있다"라는 발언을 합니다. 그러면서 "사람들이 우리에게 가격을 올리고 있으며, 그것이 받아들여지고 있다. 마찬가지로 우리도 그에 따라 가격을 인상하고 있다"라며 인플레이션이 급격하게 진행되고 있음을 밝혔습니다.

하지만 다음 날 재닛 옐런 재무장관은 CNBC와의 인터뷰에서 "인플레이션 우려가 없다"는 발언을 하며 버핏과 정반대의 의견을 내놓습니다. 우리는 이미 결과를 알고 있습니다. 향후 전개될 인플레이션에 관하여 워런 버핏의 예상이 압승을 거두었다는 것을 말입니다.

이처럼 버핏이 매크로에 대해서 의견을 내놓는 경우가 종종 있는데, 가장 유명한 것이 2003년에 있었던 달러 약세 논쟁입니다. 당시 버핏은 달러 가치가 계속 하락하게 될 것이라고 예상했습니다. 이 예상에 반기를 든 인물이 있었는데, 바로 마에스트로이자 최고의 전직 연준 의장 중 한 명으로 칭송받는 앨런 그린스펀입니다. 그는 미국의 무역 적자가 미국 경제가 견뎌낼 수 있는 수준이라고 말하며 달러의 지속적 약세를 예상하지 않는다고 했습니다. 놀랍지 않나요? 매크로에 대해 이야기하는 버핏과 이에 반박하는 연준 의장이라니요.

이 논쟁의 승자도 역시 버핏이었습니다. 달러는 계속해서 약세로 흘러갔습니다(그림 3-15).

그림 3-15 미국 달러 인덱스 추이(2001~2008년)

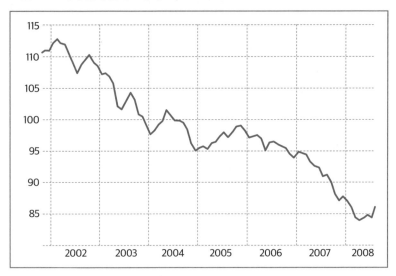

　　당시 버핏이 환율에 대해 말한 부분을 좀 더 살펴보면 흥미로운 점이 많습니다. 〈그림 3-16〉은 2006년 버크셔 해서웨이의 주주 서한에 나온 내용입니다.

　　버핏은 서한에 주요 투자 종목을 나열해 두는데 미국 이외 지역의 기업이 올라온 경우는 거의 없습니다. 그런데 당시에는 페트로차이나와 포스코가 올라가 있습니다. 미국 이외 지역에 버핏이 큰 베팅을 했다는 것이지요. 왜 그랬을까요?

　　다음은 같은 해 쓰인 레터에 나온 환율 관련 손익을 총정리한 내용입니다. 그렇습니다. 버핏은 달러 약세에 대한 우려로 해외 투자를 늘렸고, 여기에서 큰 이익을 보았음을 밝히고 있습니다. 당시 레터에서는 환율에 대해서 이례적으로 길게 기술해두고 있습니다.

　　　　　　　　　　　　　　　　　투자의 역사는 반드시 되풀이된다

그림 3-16 2006년 버크셔해서웨이 주주서한

			12/31/06	
Shares	Company	Percentage of Company Owned	Cost*	Market
			(in millions)	
151,610,700	American Express Company	12.6	$ 1,287	$ 9,198
36,417,400	Anheuser-Busch Cos., Inc.	4.7	1,761	1,792
200,000,000	The Coca-Cola Company	8.6	1,299	9,650
17,938,100	Conoco Phillips	1.1	1,066	1,291
21,334,900	Johnson & Johnson	0.7	1,250	1,409
6,708,760	M&T Bank Corporation	6.1	103	820
48,000,000	Moody's Corporation	17.2	499	3,315
2,338,961,000	PetroChina "H" shares (or equivalents)...	1.3	488	3,313
3,486,006	POSCO	4.0	572	1,158
100,000,000	The Procter & Gamble Company	3.2	940	6,427
229,707,000	Tesco	2.9	1,340	1,820
31,033,800	US Bancorp	1.8	969	1,123
17,072,192	USG Corp	19.0	536	936
19,944,300	Wal-Mart Stores, Inc.	0.5	942	921
1,727,765	The Washington Post Company	18.0	11	1,288
218,169,300	Wells Fargo & Company	6.5	3,697	7,758
1,724,200	White Mountains Insurance	16.0	369	999
	Others		5,866	8,315
	Total Common Stocks		$22,995	$61,533

Total Gain (Loss) in Millions

Australian dollar	$247.1	Mexican peso	$106.1
British pound	287.2	New Zealand dollar	102.6
Canadian dollar	398.3	Singapore dollar	(2.6)
Chinese yuan	(12.7)	South Korean won	261.3
Euro	839.2	Swiss franc	9.6
Hong Kong dollar	(2.5)	Taiwan dollar	(45.3)
Japanese yen	1.9	Miscellaneous options	22.9

2002년에 외화 관련 포지션을 시작한 이래로 22억 달러의 이익을 누적적으로 기록했다고 합니다. 한국 원화에 대해서도 2억 6,000만 달러의 이득을 취한 점이 눈에 띕니다. 다음 문단에서는 유로화 표시 엔론 채권에 투자한 내용도 나옵니다. 2002~2003년 엔론 유로화 표시 채권에 8,200만 달러를 투자했는데 이후 총 2억 7,000만 달러의 수익을 기록했다고 합니다. 그러면서 버핏은 이 수

익에는 유로화 절상이 기인한 바도 있다고 밝힙니다. 굳이 엔론의 유로화 표시 채권을 산 이유가 밝혀지는 순간입니다.

또한 이런 이야기도 적어두었습니다.

"우리가 처음 외화를 사기 시작했을 때, 미국과 대부분 다른 국가들의 금리 격차로 인해 직접 외화 포지션을 가지기를 선호했습니다. 하지만 2005년에 스프레드가 마이너스로 돌아선 후 우리는 외화 노출도를 가져가기 위한 다른 방법을 찾아왔습니다. 가령 해외 주식을 보유하거나 주요 이익처가 해외인 미국 주식을 보유하는 방법 말입니다. 물론 환 요소가 주식 선택 시 지배적 요소는 아니고 많은 고려 요소 중 하나일 뿐이지만 말입니다." 추가로 "미국 무역 문제가 악화함에 따라 미국 달러가 시간이 지남에 따라 약세를 보일 가능성이 계속 높습니다."

추가적인 설명이 필요 없을 것 같습니다. 매크로도 잘하는 버핏입니다.

투자의 역사는 반드시 되풀이된다

연준이 쓰는 단어

연준이 쓰는 단어 중에는 약속된 의미를 가지고 있는 것들이 있습니다. 가령 '다음 몇 번의 회의coming meetings'라는 단어를 쓰면 '가급적 다음 두 번째 회의에서, 여의치 않다면 그다음 회의에서'라는 의미를 담고 있습니다. 앞서 테이퍼링에 들어갈 때 연준이 이 표현을 사용했다고 말씀드린 바 있습니다.

이와 같은 표현이 하나 더 있는데 바로 '곧, soon'입니다. 가령 2021년 9월 FOMC 성명서에 '곧'이란 표현이 나왔고, 바로 다음 회의인 11월 FOMC 회의에서 연준은 테이퍼링을 결정했습니다. 또한 2022년 1월 FOMC 성명서에서도 '곧'이란 표현이 나왔는데, 바로 다음 회의인 3월 FOMC에서 연준은 첫 금리 인상을 결정했습니다.

지난 2022년 11월에도 같은 일이 있었습니다. 라엘 브레이너드 연준 부의장이 '곧 속도 조절'이라는 표현을 썼습니다. 이내 시장은 이 말의 뜻을 알아차렸고, 바로 다음 회의인 12월 FOMC 회의에서 금리 인상 속도 조절이 나올 것이라고 예상하게 되었습니다. 그리고 실제로 연준은 12월 FOMC 회의에서 금리 인상 속도 조절 결정을 내렸습니다.

향후 금리 인상을 멈추거나, 내리려고 할 때에도 coming meetings나 soon과 같은 표현이 나올 수 있습니다. 미리 알고 있다면 연준의 발언이 나오자마자 그 의도를 알아차릴 수 있게 될 것입니다.

숫자를 나타내는 말도 알아두면 도움이 됩니다. 이는 FOMC 회의 의사록을 면밀히 분석할 때 특히 유용합니다. FOMC 회의 당일에는 A4 1~2장 분량의 성명서와 의장의 기자회견만 있습니다. 전체적으로 연준 멤버 19인이 어떤 생각을 가지는지 알기에는 부족함이 있습니다. 특히 의장이 회의 당일에 기자회견에서 이야기한 것과 3주 후에 나오는 의사록에서 전체적으로 연준 멤버들이 가지는 생각 사이에 온도 차이가 있는 경우도 종종 있습니다. 의사록에서는 각각의 의견에 대해서 몇 명의 위원이 동조했는지가 나옵니다. 전체가 찬성하는 의견이라면 별도의 숫자를 적지 않습니다. 두 명의 경우에는 'a couple of', 서너 명일 경우에는 'a few'를 사용합니다.

기간에 대한 표현도 있습니다. 연준이 '당분간, for some time'이라는 표현을 쓰는 것은 6개월 내외를 가리키는 말입니다.

투자의 역사는 반드시 되풀이된다

연준의 대응은
왜 늦었을까?

이번에 높은 인플레이션을 겪으면서 연준의 대응이 많이 늦었다는 비난의 목소리가 높습니다. 그리고 실제로 연준은 많이 늦었습니다. 필자는 그 원인이 전적으로 파월 의장에게 있다고 생각합니다. 그는 너무 정치적이었습니다.

연준 의장의 임기는 4년으로 파월 의장은 2018년 2월부터 의장직을 수행해왔습니다. 차기 의장 선출은 대통령의 권한인데 보통 임기 만료 6개월 전에 결정이 됩니다. 따라서 시장은 2021년 8~9월에 차기 의장이 결정될 것으로 보았습니다. 그리고 시장은 파월 재선임을 압도적으로 예상했습니다. 실제로 재닛 옐런 재무장관이나 조 바이든 대통령은 수시로 파월의 재선임에 대해 긍정적인 이야기를 했습니다. 그런데 변수가 등장합니다. 바로 연준 위원들의 재산

보유 및 거래 내역에서 이상매매가 발각된 것입니다. 2021년 9월 초, 카플란과 로젠그렌 총재의 증권 거래가 우선 문제되었습니다. 이후에는 파월 등 다른 위원들의 매매까지도 언론과 정치권이 전방위적으로 문제 삼았습니다. 엘리자베스 워런 민주당 상원의원의 경우 파월의 면전에서 "당신은 위험한 사람, 실패했다"와 같이 원색적인 비난을 쏟아냈습니다. 이처럼 윤리 문제가 부각되자 연준 의장 선임 건은 뒤로 밀리게 되었습니다.

당시 파월 의장의 매매 내역은 억울한 부분이 많습니다. 파월 의장은 매년 내역을 매년 공개하고 있으며, 매년 일부 거래가 발생했습니다. 즉 당시에만 매매를 했던 게 아닙니다. 또한 과거 매매 내역을 보면 그 금액이 전체 자산 대비 많지도 않습니다. 심지어 추정하건데 그 전해에 비해서 줄어든 매매 수준이었습니다(매매 내역은 범위로 공시되기 때문에 정확한 금액은 알 수 없습니다. 가령 1만~25만 달러와 같이 공시됩니다).

이를 두고 생겨난 음모론이 있었는데, 다음과 같습니다.

'연준 내 공화당원들을 내쫓자.'
'연준 내 매파들을 내쫓자.'

당시 의장을 비롯해서 연준 위원 중 대부분은 공화당 소속 대통령이 임명한 인물이었습니다. 특히 상시 투표권을 가진 위원들 중에서는 브레이너드를 제외하곤 모두 공화당원이었고, 트럼프가 임명한 인물들이었습니다. 이 중 파월과 클라리다, 그리고 퀄스가 민주

투자의 역사는 반드시 되풀이된다

당 강성 위원들로부터 압박을 받고 있었습니다.

- **제롬 파월**(트럼프 임명, 공화당원)
- **미셸 보우만**(트럼프 임명, 공화당원)
- **라엘 브레이너드**(오바마 임명, 민주당원)
- **리처드 클라리다**(트럼프 임명, 공화당원)
- **랜들 퀄스**(트럼프 임명, 공화당원)
- **크리스토퍼 월러**(트럼프 임명, 공화당원)

연준의 경우 7명의 상시 투표권을 가진 위원들과 (이때에는 1명 공석) 12개 지역 연방은행(이하 연은) 중 유일하게 상시 투표권을 가지는 뉴욕 연은 총재, 그리고 나머지 11개 연은 총재들이 해마다 돌아가면서 4명이 투표권을 행사하게 됩니다.

2021년 당시를 보면 비둘기 2명(데일리, 에반스)과 매 2명(바킨, 보스틱)으로 구성되어 있었습니다. 2022년에는 중도 1명(메스터)와 매 3명(불라드, 로젠그렌, 에스터 조지)으로 바뀔 예정이었습니다. 그리고 2023년에는 비둘기 2명(카시카리, 에반스)과 중도 1명(하커), 매 1명(카플란)으로 구성될 예정이었습니다.

그런데 2022년도 매파 중 1명인 로젠그렌을 이번 윤리 문제로 내보냈습니다. 그리고 2023년도에 유일한 매파인 카플란도 같은 문제로 내보냈습니다. 클라리다와 퀄스가 당시 매파스러운 발언을 하고 있었다는 점을 참고한다면 매에 대한 강력한 숙청으로도 여겨질 수 있었던 것입니다.

특히 퀄스 부의장의 경우 일반위원으로서의 임기가 2032년까지 남아 있는 상황이었는데도 나가라는 압박을 받고 있었기에 강력한 반발이 있었습니다. 엘리자베스 워런 민주당 상원의원은 그에게 '당신이 없으면 금융 시스템이 좀 더 안전할 것'이라며 원색적인 비난을 했습니다.

퀄스의 아내는 '에클스 실수'로 유명한 에클스 전 연준 의장의 증손녀인데, 당시 에클스 의장이 의장 자리에서 1948년에 내려온 이후로도 1951년까지 일반 위원으로 계속 연준에 남아 있었던 점을 이야기하며 자리를 지키려는 강인한 의지를 보이기도 했습니다. 참고로 의장 출신이 일반 위원으로 남아 있던 경우는 에클스 이후로 없었습니다.

"우리 가족은 더 이상 의장이나 부의장이 아니더라도 연준 이사회에서 임기를 다 채우는 전통이 있습니다."

하지만 결국 퀄스는 임기를 다 채우지 못하고 스스로 물러났습니다. 당시 연준 위원 구성을 둘러싼 암투가 얼마나 치열했는지 보여줍니다.

파월 의장은 최대한 몸을 사립니다. 문제점이 거론된 위원을 사실상 다 내보냅니다. 그리고 재빠르게 윤리 규정 강화를 발표합니다. 개별 주식 매매를 금지하였고, 펀드만 투자할 수 있게 하였습니다다. 또한 매매 45일 전에 사전 통지하고 사전 승인을 받아야 하며, 최소 1년 이상 보유하는 것으로 바꾸었습니다. 앞의 조건을 모두 만족하더라도 금융시장 스트레스가 고조되었다고 판단될 때에는 (이와 관련한 구체적이고 명확한 양적 기준은 없습니다) 매매가 불허되었습니다. 그냥 투자를 전면 금지하겠다는 것이었습니다. 파월은 정말로 연임을 앞두고 최대한의 성의를 정치권에 보였습니다.

재선임 결정이 차일피일 늦춰지다 보니 그사이 열린 FOMC 회의나 코멘트에서 파월 의장은 시종일관 비둘기적 태도를 보입니다. 사실 기저에서 강하게 올라오는 구조적 인플레이션 압력을 파월 의장이 몰랐을 리 없습니다. 옐런 재무장관도 본인의 자서전 저자가 폭로하길 바이든 정부의 과도한 재정정책이 향후 인플레이션을 불러올 것이라고 우려하여 규모를 3분의 1로 줄이자는 이야기를 했다고 말했을 정도이니 말입니다(물론 이 같은 내용을 자서전 저자가 말하자 바로 다음 날 옐런 장관이 직접 언론에 나와 이 사실을 부정했습니다).

하지만 그렇게 움직일 수가 없었던 것입니다. 재선임되기 위해서는 말이지요. 그리고 이를 본 시장은 여전히 긴축이 멀었다는 잘못된 인식을 가지게 됩니다. 또한 인플레이션을 조기에 진화할 수 있는 골든 타임을 연준은 놓쳐버리게 됩니다.

이번 코로나19 이후 글로벌 중앙은행의 정책 흐름을 보면 비슷한 시기에 비슷한 정책을 씁니다. 테이퍼링의 경우도 마찬가지였습니다. 2021년 10월 27일, 캐나다 중앙은행은 모두의 예상을 깨고 테이퍼링을 조기 종료해 버립니다. 10월 28일, 유럽 중앙은행은 성명서에서 인플레이션이 '일시적'이라는 표현을 삭제해 버립니다. 11월 2일, 호주 중앙은행은 완화책인 YCC(수익률 곡선 관리 정책, Yield Curve Control: 특정 기간의 금리를 중앙은행이 특정 수준으로 인위적으로 관리해버리는 것. 가령 10년물 금리를 제로에서 플러스마이너스(±) 0.25%로 두는 조치)를 폐기합니다. 이처럼 같은 방향으로 움직이고 있는데, 파월 의장만 (일본의 구로다 총재까지 유이하게) 미적거리는 모습을 보였던 것입니다.

대표적으로 미적거리는 모습을 보였던 사례는 2021년 11월 FOMC 회의였습니다. 테이퍼링 발표가 거의 확실했던 회의였습니다. 그래서 테이퍼링의 속도와 향후 금리 인상 시기가 언제인지에 시장의 관심이 맞춰져 있었습니다. 그런데 파월 의장이 뜻밖의 단어를 언급합니다. 바로 '인내심'입니다. 기자회견에서 이 단어를 세 차례나 사용하며 금리 인상과 확실히 선을 긋는 모습을 보였습니다. 회의 직후 언론은 대부분 테이퍼링 결정보다 인내심에 초점을 맞추며 회의가 비둘기적이었다고 평가했습니다. 하지만 3주 후에 나온 이날 의사록을 보면 인내심은 딱 한 번밖에 언급되지 않았습니다. 그리고 전체적인 의사록 내용은 매파적이었습니다. 그렇다는 말은 11월 FOMC 회의 기자회견에서 파월이 전체적인 분위기를 의도적으로 비둘기스럽게 치장했다는 것이 됩니다. 필자는 이 시기를 돌이켜보면 파월 의장의 행동 하나하나는 눈물겨울 정도입니다.

그런 그가 180도 변합니다. 11월 30일 의회에 출석하여 인플레이션 '일시적' 주장을 폐기 처분해버린 것입니다. 이는 너무나 당연합니다. 왜냐하면 약 일주일 전인 11월 22일에 바이든 대통령이 파월 의장을 재선임하기로 결정했기 때문입니다. 파월 입장에서는 이제 새롭게 4년 임기도 보장이 되었겠다, 밀린 숙제인 인플레이션에 대해 대응해야겠다는 생각을 합니다. 그리고 그 시작이 '일시적'의 폐기 처분이었습니다.

앞서 약세장에 진입하기 전 투자자들이 코로나19 랠리를 겪으면서 가졌던 두 가지 믿음에 대해 말씀드린 바 있습니다. 그중 첫 번째인 정부와 중앙은행이 돈 풀기를 멈출 수 없다가 깨져 버린 것입니다.

역금융장세 시작: 약세장 진입을 믿지 못한 투자자들

파월 의장보다 더욱 비둘기였던 무리가 있습니다. 바로 투자자들입니다.

"테이퍼링이 시작되었다고 해도 어쨌든 계속 자산을 매입하고 있는 것 아닌가요? 그럼 완화적인 것 아닌가요? 왜 긴축적이라고 이야기하나요?"

당시에 가장 많이 들었던 질문입니다. 테이퍼링이라는 조치가 비록 계속해서 자산을 매입하고 있는 조치임에도 불구하고 긴축적으로 여겨지는 데에는 두 가지 이유가 있습니다.

첫째, 긴축으로 향해가는 첫걸음이기 때문입니다. 테이퍼링은 비록 돈을 계속 풀고 있는 조치이지만 이것이 끝나면 금리 인상과 자산 감소$_{QT}$ 정책이 나오게 될 것입니다. 즉 테이퍼링이 실제로 실행되기 전까지는 금리 인상과 자산 감소에 대해 걱정하지 않아도 되지만, 일단 테이퍼링이 나오고 나면 이 두 가지 진성 긴축정책에 대해 늘 걱정해야 합니다.

둘째, 돈을 푸는 데에도 증분, 혹은 모멘텀이 중요합니다. 비록 시장에 돈이 들어오고 있지만 100원 ⇨ 200원 ⇨ 300원으로 증가하는 상황과 300원 ⇨ 200원 ⇨ 100원으로 감소하는 상황 중에 후자는 투자하기에 그리 좋은 환경이 되지 못합니다.

다음으로 '실적이 이렇게나 좋은데 증시가 빠지는 것이 말이 되냐'는 질문도 많았습니다. 여전히 실적장세가 이어지고 있다는 논리였습니다. 실제로 미국 실적시즌을 보면 예상치 대비 실적이 잘 나오는 기업의 비중이 70%를 넘던 상황이었습니다.

하지만 여기에는 미국 실적시즌만의 독특함에 대한 이해 부족이 자리 잡고 있습니다. 미국의 경우 원래 실적시즌에 실적이 잘 나옵니다. 이게 무슨 말이냐 하면 실적이 너무 크게 차이가 날 경우 문제가 될 수 있고, 실제로 이런 경우 법적 분쟁으로 이어진 사례도 있습니다. 그래서 기업들의 경우 대체로 실적 예상치를 약간 낮게 가져가려는 경향이 있고, 이후 실제 실적이 발표될 때에는 소폭으로 실적이 잘 나오게 되는 것입니다. 같은 이유로 실적이 예상치 대비 조

투자의 역사는 반드시 되풀이된다

금만 하회해도 주식이 10%씩 크게 하락하는 것입니다. 70% 이상의 기업이 상회하는 환경에서 하회했으니 강하게 벌을 받는 것입니다. 물론 한국의 경우에는 사실상 랜덤워크처럼 실적시즌에 움직이기 때문에 이는 별로 참고가 되지 않습니다.

실적을 상회하는 비율과 함께 보아야 할 중요한 포인트가 하나 더 있는데, 바로 실적 상회 폭입니다. 코로나19 이후 2020년 2분기부터 2021년 2분기까지 5개 분기 연속으로 실적 상회 폭이 약 20%에 이르렀습니다. 주당순이익 예상치가 100원이라면 실제로는 무려 120원이란 실적을 발표한 것입니다. 그것도 5개 분기 연속으로 말입니다. 코로나19 이전 5년 평균 실적 상회 폭이 약 5%였다는 점을 감안하면 정말로 잘 나왔던 것입니다.

당시 실적이 이토록 잘 나올 수 있었던 이유는 간단합니다. 코로나19에도 불구하고 각종 정부 정책으로 인해 돈이 많이 풀려나가고, 그래서 경기가 생각보다 괜찮았기 때문입니다. 반면 애널리스트들의 추정치는 코로나19라는 전대미문의 불확실성 속에서 최대한 보수적 실적 추정으로 기울었습니다. 추정치는 보수적인데, 실제는 잘 나오니 20%의 화끈한 실적시즌이 이어졌던 것입니다.

그런데 백신 접종률이 높아지면서 불확실성이 줄어들고, 실적이 계속 눈부시게 잘 나오다 보니까 이제 애널리스트들의 실적 추정치도 공격적으로 변해갑니다. 이젠 몇 달 전과 정반대의 일이 벌어져서 누가 누가 더 실적 추정치를 높게 낼 것인지에 대한 경쟁이 펼쳐질 정도입니다. 이게 얼마나 극심해졌냐 하면 2022년 초에는 매수

보고서의 비중이 닷컴 버블 이후 최고치를 기록했습니다. 말 그대로 모두가 매수를 외치는 고고go-go 장세가 펼쳐졌던 것입니다.

이는 아주 전형적인 현상입니다. 강세장이 지속되면서 사람은 긍정적 편향이 커지게 됩니다. 그리고 여기서 약세장의 씨앗이 자라나게 됩니다. 기업들은 여전히 매우 잘하고 있지만 예상치가 너무 높아진 것입니다. 그래서 예상치 대비 실제 결과가 예전만 못해집니다. 실제로 2021년 3분기에는 실적 상회 폭이 10%, 4분기에는 8%, 그리고 2022년에 들어서면 과거 평균인 4.9%보다 낮은 5%(2022년 1분기), 3%(2022년 2분기)의 실적 상회 폭을 보여줍니다. 이처럼 과거 대비 부진한 실적이 나오자 이젠 실적시즌이 오히려 주가 부담으로 작용하게 됩니다.

정리해보면 실제 펀더멘털은 여전히 강하지만 유동성 환경이 변화하기 시작하고, 투자자들이 과도하게 긍정 편향 심리를 가지는 시기가 바로 역금융장세입니다.

억울한 연준: 대응이 늦은 연준의 탓이 아니다?

인플레이션이라는 악령이 되살아난 것과 관련해 연준은 온갖 비난에 시달리고 있습니다. 그런데 연준 입장에서는 억울할 수도 있는데, 상황은 이렇습니다.

연준은 시종일관 계속해서 '데이터에 따라data dependent' 정책을 결정하겠다고 했습니다. 그리고 여기에는 연준의 양대 책무인 인플레이션과 고용 데이터가 가장 중요하게 작용합니다. 그런데 만약 연준이 보고 대응하겠다던 이 데이터가 몇 달 후에 크게 수정된다면 어떻게 되겠습니까?

2022년 5월 6일, 연준의 크리스토퍼 월러 이사가 쓴 리포트에 이 같은 내용이 담겨 있습니다. 월러 이사는 2021년 7월 FOMC 회의 의사록을 예로 들어 설명합니다. 당시 연준 내 최대 이슈는 테이퍼링을 언제 개시할 것이냐였습니다. 그리고 테이퍼링의 조건으로 '상당한 추가 진전'이라는 기준을 이미 공식적으로 발표한 바 있습니다. 연준의 두 가지 책무 중 물가는 당시 기준으로도 이미 상당한 추가 진전을 이뤘으나 고용은 그렇지 않았다고 의사록에서 대부분의 연준 위원들이 평가했습니다. 결국 고용 개선이 더디게 나타났기 때문에 인플레이션이 높게 나타나고 있음에도 불구하고 당시 연준이 적극적인 긴축에 나서지 못했다는 이야기입니다.

'상당한 추가 진전'을 이루지 못한 고용 상황이란 어떤 모습이었을까요? 2021년 8월부터 12월까지 기간으로 보면, 시장 예상치 대비 매우 부진한 고용 순증이 나타나고 있었습니다. 당시 시장의 고용 순증 예상치가 이 기간 동안 합산으로 265만 명을 보았는데, 발표된 데이터는 고작 136만 9,000명에 그쳤습니다. 절반밖에 증가하지 못했던 것입니다.

표 3-2 2021년 8~12월까지 고용 상황   (단위 : 명)

시기	첫 발표	당시 시장 예상치	시장 예상치 대비 비교
2021년 8월	23만 5,000	75만	−51만 5,000
2021년 9월	19만 4,000	50만	−30만 6,000
2021년 10월	53만 1,000	45만	+8만 1,000
2021년 11월	21만	55만	−34만
2021년 12월	19만 9,000	40만	−20만 1,000
합산	136만 9,000	265만	−128만 1,000

그런데 이 자료가 수정됩니다. 그것도 크게 말입니다. 수정된 숫
자가 무려 148만 4,000명에 이르렀습니다. 첫 발표 때의 자료는 사
실상 쓸모없는 데이터에 불과했습니다. 지나고 나서 다시 들여다보
니 그때 당시 시장이 추정했던 예상치가 훨씬 정확했던 것입니다.

월러 이사는 이 점을 소개하며, 진한 아쉬움을 토로합니다.

표 3-3 2021년 8~12월까지 고용 상황 수정 데이터   (단위 : 명)

시기	첫 발표	당시 시장 예상치	시장 예상치 대비 비교	발표 이후 수정	수정이 반영된 후 수치
2021년 8월	23만 5,000	75만	−51만 5,000	28만 2,000	51만 7,000
2021년 9월	19만 4,000	50만	−30만 6,000	23만	42만 4,000
2021년 10월	53만 1,000	45만	+8만 1,000	14만 6,000	67만 7,000
2021년 11월	21만	55만	−34만	43만 7,000	64만 7,000
2021년 12월	19만 9,000	40만	−20만 1,000	38만 9,000	58만 8,000
합산	136만 9,000	265만	−128만 1,000	148만 4,000	285만 3,000

"고용 보고서가 수정되고 보니, 노동시장은 당초 생각했던 것보다 훨씬 더 강했습니다. 만약 우리가 지금 알고 있는 것을 그때 알았다면 저는 위원회가 테이퍼링을 가속화하고 금리를 더 빨리 인상했을 것이라고 믿습니다. 하지만 아무도 몰랐고, 이것이 실시간으로 통화정책을 결정할 때 나타나는 특성이라고 할 수 있습니다."

이 같은 한계를 극복하기 위한 반성이 이후에 나타납니다. 필라델피아 연은 총재인 패트릭 하커는 향후에 정책을 결정할 때 하드 데이터에만 의존해선 안 되고 소프트 데이터에도 주의를 기울여야 한다고 주장했습니다.

"(하드 데이터가 많은 것을 알려주지만) 그러나 정책 입안자로서 설문조사 결과와 같은 소프트 데이터도 경제 상황을 완전히 이해하는 데 (하드 데이터와 마찬가지로) 똑같이 중요하다고 믿게 되었습니다. 솔직히 하드 데이터를 지나치게 강조하면 정책 오류가 발생할 수 있습니다. 작년에 하드 데이터는 인플레이션이 일시적일 것이라고 이야기한 반면, 우리가 접한 소프트 데이터는 물가 상승이 예상했던 것보다 더 지속적일 것이라고 이야기하였습니다. 즉 소프트 데이터에 주의를 기울이는 것이 효과적인 정책 결정에 매우 중요합니다."

소비자물가, 월간 고용보고서 등 실물지표를 하드 데이터라고 하고, 설문조사에 기반한 심리지표를 소프트 데이터라고 합니다. 소프트 데이터도 보겠다는 것은 앞으로 실물지표뿐만 아니라 심리지표도 포함하여 데이터의 총체성을 따지겠다는 말입니다. 연준의 정책 변화를 감지하는 데 심리지표도 중요해진 이유입니다.

코인 가격은
연준에 달려 있다?

암호화폐는 2008년에 처음 만들어졌습니다. 이처럼 역사가 짧은 투자 대상의 경우 주식, 채권 등 역사가 긴 투자 대상 대비 적절한 가치 평가 방법이 부족합니다. 그리고 근본적인 가치가 어디서 기인하는지에 대해서도 설왕설래가 있기 때문에 가치를 평가하기 매우 어렵습니다.

다만 비트코인 가격과 비슷하게 움직이는 데이터가 하나 있는데 바로 글로벌 주요 중앙은행의 (미국, 유럽, 일본) 자산 합계 추이입니다. 기존 금융 엘리트들의 무분별한 금융 조치에 대한 반감이 암호화폐 탄생의 이유 중 하나라고 보았을 때 글로벌 주요 중앙은행들의 자산 증감은 암호화폐의 상대적 매력 결정에 영향을 줄 것이라 보았습니다. 자산이 증가하면 무분별하게 돈이 풀려나간다는 것이니 암호화

투자의 역사는 반드시 되풀이된다

폐 가격이 올라가고, 반대로 감소하면 웬일로 중앙은행들이 정신을
차리고 긴축을 해나간다는 것이니 암호화폐 가격이 내려갈 것이란
가정을 해볼 수 있습니다.

이 가정은 꽤 잘 작동하는 것으로 보입니다. 왜냐하면 비트코인
가격과 주요 중앙은행들의 자산 합계 추이가 비슷하게 움직이는 경
향을 보여주었기 때문입니다. 암호화폐의 가치를 측정할 수는 없지
만 향후 가격 흐름에 중앙은행들이 큰 영향을 미친다는 점은 참고가
될 것 같습니다.

구체적으로 연준의 정책 변화 시기별로 살펴보아도 흥미로운 점
이 발견됩니다.

그림 3-17 미국, 유럽, 일본 중앙은행 자산 합계-비트코인 가격 비교
(2013년 10월~2022년 12월)

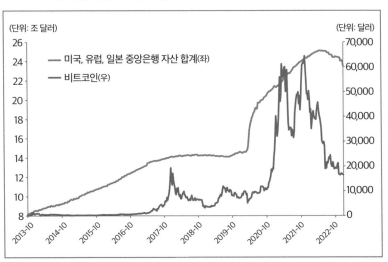

연준의 제로 금리 및 양적완화 정책은 비트코인 시장에 호재로 작용했습니다. 코로나 직후 연준의 돈 풀기가 시작되자 1만 달러 내외에 머무르던 비트코인 가격은 6만 달러까지 상승했습니다.

반면 연준의 테이퍼링 정책은 비트코인 가격에 악재로 작용했습니다. 테이퍼링이란 유동성 공급을 조금씩 줄여나감을 의미합니다. 그래서 긴축정책으로 향하는 첫 관문으로 해석됩니다. 즉 연준이 더 이상 과도한 완화책을 펼치지 않는다는 뜻이고, 이런 점이 기존 화폐 체제의 반대편에 서 있는 비트코인에게는 충격으로 나타났습니다. 실제로 2013년 12월 테이퍼링 선언 이후 비트코인 가격은 1,000달러에서 300달러대로 하락했습니다. 2021년 11월 테이퍼링 선언 이후에도 비트코인 가격은 6만 달러에서 급락했습니다.

테이퍼링을 뛰어넘어 양적긴축에 나서는 점도 비트코인에는 악재였습니다. 미국, 유럽, 일본 중앙은행의 자산 합계가 실제로 감소한 2018년과 2022년에 비트코인 가격은 약세를 면치 못했습니다.

이쯤 되면 상관관계가 명확함을 눈치채셨을 것입니다. 그렇다면 연준이 긴축 사이클에서 금리를 마지막으로 올린 이후에는 어떻게 되었을까요? 긴축의 종료는 비트코인 시장에 호재로 작용했습니다. 2018년 12월 연준의 마지막 금리 인상 이후 비트코인은 4,000달러에서 1만 달러로 급등했습니다.

투자의 역사는 반드시 되풀이된다

본격적인 주가 하락: 하락세에 기름을 부은
러 · 우 전쟁과 중국의 상해 전면 봉쇄

미국의 3대 지수 중 중앙은행의 통화정책에 더 예민하게 반응하는 나스닥은 이미 2021년 11월 22일(파월이 재선임된 날)에 최고점을 찍은 후 하락하고 있었습니다. 하지만 다우와 S&P500은 12월에도 산타랠리를 즐겼습니다. 당시 의아한 면이 좀 있었습니다. 바로 12월 FOMC 회의가 상당히 매파적이었음에도 불구하고, 투자자들이 '진리의 선반영'을 외치며 오히려 매수에 나섰던 점입니다.

12월 FOMC 회의에서 매파적인 부분들은 다음과 같습니다.

- 테이퍼링 속도가 두 배 상향
- 2022년 3월에 첫 금리 인상 가능성 제기
- 점도표 금리가 예상치의 상단
- 대차대조표 축소에 대한 논의 첫 시작
- 노동시장의 구조적인 변화를 연준이 처음으로 인정. 구조적으로 노동시장이 뜨거워지면 인플레이션에는 악영향

2021년 11월 말, 파월이 연임된 이후에는 매파성을 높여가고 있었는데, 시장은 여전히 비둘기 파월을 생각하며 애써 매파적인 부분을 무시하는 모습을 보였습니다. 하지만 이는 오래가지 못했습니다. 2022년 1월 5일에 공개된 12월 FOMC 회의 의사록에서 연준의 강력

한 매파성이 재차 드러났기 때문입니다. 12월 FOMC 회의 의사록에서 어슴푸레 느껴졌던 부분이 세세하게 모두 공개되자 더 이상 투자자들도 긍정 편향을 가지기 어려웠습니다. 이는 주가에서도 나타났습니다. 12월 FOMC 회의 공개된 1월 5일을 기점으로 S&P500 지수(2021년 1월 4일)와 다우 지수(2021년 1월 5일)의 최고점이 나왔습니다.

이 시기를 전후하여 좋지 않은 일들이 연달아 일어났습니다.

가령 한미 통화 스와프가 2021년 12월 말일로 종료되었습니다. 우연인지 몰라도 원화 환율은 2022년이 시작되자마자 1,200원을 돌파했습니다.

미국에서는 금리가 튀어 오르기 시작했습니다. 그리고 기업들이 향후 실적에 대해 이야기할 때 긍정적으로 말하는 것보다 부정적으로 말하는 비중이 더 늘어난 것도 이 시기입니다. 자연스럽게 실적 시즌에 대한 우려가 생겨났습니다. 실제로 코로나19 이후 처음으로 분기 이익 추정치의 하향이 2022년 1분기에 나타납니다. 역실적장세로 전환되는 모습이 관측되기 시작한 것입니다.

기술적 지표도 섬찟했습니다. 뱅크오브아메리카에서는 코로나 랠리가 시작된 이후 처음으로 증시에 헤드앤드숄더 차트가 나타났다는 보고서를 내놓았습니다(3~5월). 헤드앤드숄더는 하락을 예견하는 차트로 유명합니다. 모건 스탠리는 2018년 하락과 같은 차트라며, 역시 향후 큰 하락을 예견했습니다(그림 3-19). 참고로 이 자료를 낸 뱅크오브아메리카의 애널리스트 마이클 하트넷과 모건 스탠리의 마이크 윌슨은 이번 하락장을 기가 막히게 맞추면서 더욱더 유명세

투자의 역사는 반드시 되풀이된다

그림 3-18 뱅크오브아메리카 보고서, 헤드앤드숄더 차트 출현

그림 3-19 모건 스탠리 보고서, 2018년과 2022년 차트 비교
(2018년 4~12월, 2021년 7월~2022년 9월)

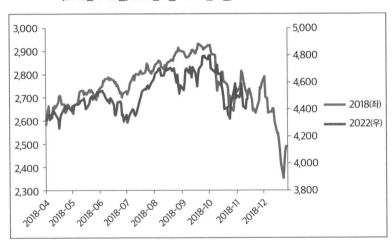

를 크게 떨치게 됩니다.

그리고 이 사이에 나온 미국의 소비자물가지수는 계속 높았습니다. 인플레이션의 고삐가 풀렸다는 말이 나올 정도로 절대적으로도, 그리고 예상치 대비로도 높은 물가가 이어졌습니다.

장·단기 금리 차 역전도 이 시기에 처음 나타납니다. 흔히 미국채 10년물과 미국채 2년물 간의 수익률 차이를 보는데, 둘이 역전될 경우 강력한 경기침체 신호로 여깁니다. 그런데 둘의 역전이 발생한 것입니다.

이처럼 가뜩이나 장세가 역실적장세로 나아갈 기미를 보이고 있었는데, 여기에 기름을 붓는 두 개의 사건이 발생합니다. 2022년 2월에 발생한 러시아의 우크라이나 침공, 그리고 3월에 나타난 중국의 상해 전면 봉쇄입니다.

당초 전쟁이 일찍 끝날 것이라고 보는 시각이 지배적이었습니다. 푸틴이 개입한 지난 세 번의 전쟁이 모두 빨리 종료되었기 때문입니다. 푸틴은 1999년 총리로 지명된 후 2차 체첸 전쟁을 몇 개월 내로 끝마친 바 있습니다. 2008년에는 남오세티야 전쟁은 보름도 걸리지 않고 끝냈습니다. 2014년 크림 침공도 마찬가지로 20일이 걸리지 않았습니다. 이런 역사가 있다 보니 투자자들은 처음에 전쟁을 대수롭지 않게 여겼습니다. 오히려 전쟁에는 주식을 사야 한다는 말까지 나왔습니다. 하지만 뜻밖에 전쟁은 길어졌습니다.

러시아와 우크라이나는 자원 부국입니다. 원유 생산은 세계 2위이고, 유럽에서 소비하는 천연가스의 40%는 러시아산이었습니다.

투자의 역사는 반드시 되풀이된다

밀은 세계 수출 물량의 30%를 차지했습니다. 옥수수와 해바라기씨 오일도 각각 19%, 80%로 비중이 높았습니다. 철강, 비철금속 부문에서도 철강 5%, 알루미늄 6%, 니켈 7%, 코발트 4%, 구리 3.5%, 백금 10%, 팔라듐 40%를 차지해 전방위적인 영향이 예상되었습니다. 더불어 반도체 특수가스인 제논과 아르곤 등도 이 지역의 비중이 50%를 차지했습니다.

이처럼 글로벌에 원자재를 공급하는 역할을 하는 러시아에 대해 서구는 강력한 제재를 가합니다. 가장 강했던 조치는 러시아를 '국제은행간통신협회SWIFT'에서 배제하는 금융 조치였습니다. 이로 인해 러시아는 외환보유고를 비롯하여 각지에서 보유 중인 달러를 사용할 수 없게 되었습니다. 추가적으로 결제도 할 수 없게 되었습니다. 상황이 이렇게 되자 러시아의 원자재가 해외로 제대로 공급될 수 없었고, 이는 인플레이션 위기를 고조시켰습니다. 대표적인 것이 기름이었습니다. 침공이 시작된 이후 서구의 제재가 본격적으로 들어오자 유가는 120달러 이상으로 치솟았습니다.

유가뿐만 아니라 농식품 가격도 치솟았습니다. 이처럼 원자재 가격이 많이 오르자 기업들에게는 마진 압박으로 작용했습니다. 당장이야 싸게 사둔 원자재를 투입할 수 있어서 괜찮았지만, 2~3분기부터는 비싸진 원자재를 투입해야 할 것이었기 때문입니다. 결국 전쟁은 역실적장세의 가속화를 야기했습니다.

이와 더불어 중국에서도 악재가 나왔습니다. 바로 2022년 3월 말, 중국 상해가 전면 봉쇄에 돌입한 것입니다. 다른 모든 국가가 리오프닝에 한창이었지만 중국은 여전히 제로 코로나 정책을 고수하고 있었습니다. 중국의 제로 코로나 정책은 상상 초월이었습니다. 확진자가 나오면 그 순간 올스톱이기에 심지어 화장실에 갇히는 일도 발생했습니다. 격리 기간이 길어지면서 생필품이 없어서 고통을 받았습니다. 당연히 봉쇄가 자주 발생할수록 중국 경제는 뒷걸음질 쳤고, 이는 전염병을 넘어 생활고의 문제로까지 이어졌습니다. 그리고 중국의 문제는 글로벌의 문제로 이어졌습니다. 중국에 진출한 수많은 기업이 봉쇄 기간 동안 제대로 영업을 할 수 없었기 때문입니다.

봉쇄 지역이 늘어나고 기간도 길어지자 중국 봉쇄에 따른 영향을 이유로 향후 이익 추정치를 낮추는 기업이 속속 생겨났습니다. 역시 러시아 전쟁과 마찬가지로 역실적장세의 가속화를 가져왔습니다.

이번 역실적장세 진입의 계기는 이렇듯 복합적입니다. 기본적으로 장세 전환의 시기가 다가온 상황에서 러시아의 우크라이나 침공과 중국의 대규모 봉쇄가 겹쳐서 나타난 결과이기 때문입니다. 따라서 2022년 2~3분기에 역금융장세가 역실적장세로 오버랩되면서 넘어간 것으로 보입니다.

투자의 역사는 반드시 되풀이된다

달러 패권 종료?

미국이 러시아를 글로벌 결제 시스템에서 배제시키자 순식간에 러시아가 가진 외환 보유고의 가치는 추락했습니다. 미국이 달러를 무기화한 것입니다. 이는 의미하는 바가 큽니다. 향후에도 미국에 반기를 드는 국가가 나오게 된다면 이 같은 조치가 내려질 수 있기 때문입니다. 따라서 중국, 산유국 등 미국과의 관계가 껄끄러운 나라들을 중심으로 달러 체제에서 벗어나야 하는 것 아니냐는 의견이 나오고 있습니다. 그러면서 달퍼 패권이 종료되는 것 아니냐는 다소 과격한 주장까지 나오고 있습니다.

결론부터 말씀드리자면 필자는 이 의견에 동의하지 않습니다. 우선 미국 이외의 국가에서도 같은 일이 벌어지지 말란 법이 없습니다. 오히려 그들의 통화를 보유하였을 때 생길 불안이 더 클 수도 있습니다.

다음으로 결국 그 중심에는 중국이 있어야 할 텐데 중국은 아직 준비가 되지 않았다고 생각합니다. 기축 통화국이 되기 위해서는 자신의 통화를 많이 수출해야 합니다. 그리고 가장 좋은 수출 방법은 무역에서 적자를 기록하는 것입니다. 미국이 그렇게 했습니다. 미국은 경상적으로 무역 적자를 기록하고 있고, 그 금액은 천문학적입니다. 이처럼 무역 적자를 기록하게 된다는 말의 뜻은 교역 상대국의 경우 무역 흑자를 기록하였고, 이를 통해 미국 달러를 가지게 되었음을 의미합니다. 이렇게 미국 달러를 다수 보유하게 된 교역 상대국들은 쌓여가는 달러를 운용하려는 유인이 생기고, 이는 다시 미국 국채 매수로 돌아오게 됩니다.

여전히 수출이 경제에서 큰 비중을 차지하는 중국이 과연 경상적으로, 천문학적인 무역 적자를 기록하는 경제로 탈바꿈할 수 있을까요? 반대로 말하면 소비 중심의 국가로 변모해야 하는데, 아직은 멀었다는 생각이 듭니다.

마지막으로 기축 통화국이 되기 위해서는 통화가치 건정성을 유지하기 위한 노력이 필요한데, 미국은 그런 모습을 그럭저럭(!) 보여주고 있습니다. 거의 매년 의회에서 부채 한도 협상으로 으르렁거리는 것이 그런 노력의 하나라고 생각합니다. 비록 매번 한도가 늘어나서 결국엔 정부 부채가 계속 증가하기에 눈 가리고 아웅 하는 것 아니냐는 비판을 할 수도 있습니다. 하지만 눈 가리고 아웅이라 할지라도 노력하는 것처럼 보이는 것과 그렇지 않은 것은 차이가 큽니다. 다른 국가 대부분은 정부 부채가 늘어나는 것에 대한 이 같은 형식적인 절차조차도 없습니다.

　또한 코로나19 이후 긴축정책을 펴나가는 과정도 통화가치 건전성을 지키기 위한 노력이라고 할 수 있습니다. 미국은 과거에도 필요한 경우에는 비록 아픔을 동반하더라도 과도한 긴축을 통해 통화가치 건전성을 지켜나간 몇 차례의 역사가 있습니다. 일각에서는 금융위기와 코로나19 해결책으로 제로 금리와 양적완화 같은 무분별한 완화책을 쓰지 않았냐고 비판할 수 있습니다.

　하지만 다른 나라들을 한번 보십시오. 그들 또한 해결책으로 제시한 것들은 똑같이 무분별한 방법이었습니다. 통화의 가치는 절대 혼자 매겨지지 않습니다. 반드시 상대방이 있습니다. 저는 이렇게 말씀드리고 싶습니다. 모두 더러운 걸레인데, 미국 달러가 가장 덜 더러운 걸레라고 말이지요. 따라서 아직은 신뢰를 상실할 때가 아니라고 봅니다.

역실적장세 진입: 침체와 인플레이션이 동시에 오는 스태그플레이션 걱정

과거에 사건 A가 발생하면 79%의 확률로 경기침체가 왔습니다.

과거에 사건 B가 발생하면 88%의 확률로 경기침체가 왔습니다.

그런데 2022년 여름에 사건 A와 B가 동시에 발생했습니다. 경기침체 시그널이 매우 강하게 나타난 것입니다.

사건 A란 미국 연준이 금리를 인상해나가는 사이클을 말합니다. 1950년 이후로 14번의 금리 인상 사이클이 있었고, 이 중 11번이 침체로 이어졌습니다. 침체에 빠지지 않은 경우는 3회에 불과했습니다. 그런데 연준이 2022년 3월에 첫 금리 인상을 시작으로 금리 인상 사이클에 돌입했습니다.

표 3-4 미국 금리 인상기와 경기침체

첫 번째 인상	마지막 인상	결과
1950년 1월	1953년 5월	침체
1955년 1월	1957년 8월	침체
1958년 9월	1959년 11월	침체
1965년 12월	1966년 11월	소프트 랜딩
1967년 11월	1969년 6월	침체
1972년 4월	1973년 11월	침체
1977년 5월	1980년 3월	침체
1980년 8월	1980년 12월	침체
1983년 3월	1984년 8월	소프트 랜딩
1987년 1월	1989년 5월	침체
1994년 2월	1995년 2월	소프트 랜딩
1999년 6월	2000년 5월	침체
2004년 6월	2006년 6월	침체
2015년 11월	2018년 12월	침체
2022년 3월	?	?

사건 B란 장단기 금리 차 역전을 말합니다. 여기서는 가장 많이 사용하는 미국채 2년물과 미국채 10년물의 차이를 기준으로 삼았습니다. 2년물 금리가 10년물 금리를 역전한 상황이 몇 개월 지속된 경우가 1950년 이후 8번이 있었는데, 그중 7번이 침체로 이어졌습니다. 그런데 2022년 7월부터 2년물 금리가 10년물 금리를 0.2% 이상의 차이로 역전하였고, 이후 이 같은 현상이 몇 개월 지속되었습니다. 그러자 침체에 대한 우려가 쏟아져 나왔습니다.

그림 3-20 미국채 2년물 vs 10년물 금리 차이

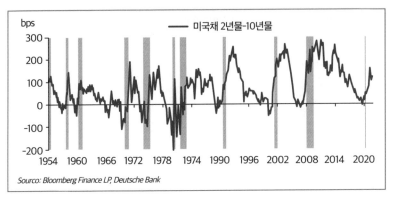

Sourco: Bloomberg Finance LP, Deutsche Bank

이에 더해 2022년 6월 중순부터 미국의 기업 이익 추정치가 하락하기 시작합니다. 이미 4월 초에 한 번 기업 이익 추정치가 고점을 찍고 잠시 하락하다가, 6월 중순까지 직전 고점 수준으로 상향이 일어났는데, 이후부터는 본격적으로 추정치가 내려갔습니다.

여기서 코로나19 랠리 동안 투자자들 사이에 생긴 두 번째 믿음, '미국 경제는 강하다'가 무너지기 시작합니다. 이후부터 역실적장세가 가속도를 내게 됩니다.

설상가상으로 인플레이션이 그야말로 폭주합니다. 계속해서 상승하더니 마침내 2022년 6월에는 소비자물가지수가 9.1%를 기록합니다. 높은 인플레이션으로 고통받았던 1981년 이후 41년 만의 일이었습니다. 이처럼 물가가 계속해서 높게 나오자 연준은 뒤늦게 밀린 숙제를 하듯이 금리 인상에 가속도를 냅니다. 3월 첫 인상

투자의 역사는 반드시 되풀이된다

은 0.25%로 가볍게 시작했다면 이후 4월 FOMC 회의에서는 0.5%를 인상합니다. 그리고 이어진 네 차례 회의에서 모두 0.75% 인상이라는 강공책을 사용합니다. 0.75% 인상 자체가 1994년 이후 28년 만의 일인데, 이를 네 번이나 연속으로 사용한 것입니다. 그 결과 1980년대 초반에 폴 볼커 당시 연준 의장이 인플레이션을 뿌리 뽑기 위해 금리를 폭력적으로 인상해나간 이후 40여 년 만에 가장 빠른 금리 인상 사이클을 맞이하게 되었습니다.

금리 인상의 여파는 실물 경제에도 영향을 주었습니다. 더없이 뜨거웠던 미국의 소비도 점차 감소하는 모습을 보였습니다. 명목 소매판매에서 물가 상승률을 뺀 실질 소매판매가 2022년에 들어서면서 계속해서 마이너스를 기록했습니다(그림 3-21).

그림 3-21 미국 실질 소매판매 증가율(전년동기 대비, 2020년 7월~2022년 12월)

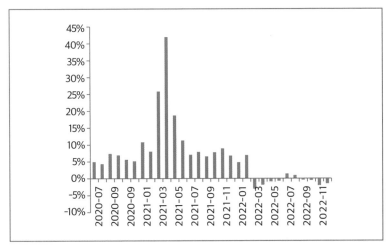

그림 3-22 미국 집값 상승률(케이스 쉴러-S&P 20대 도시 가격, 전년동기 대비)

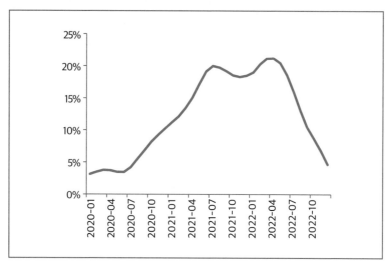

물가 상승 속에서 실질적으로는 예전과 비교해서 소비를 못하게 되는 상황 찾아온 것입니다. 집값 상승 속도도 빠르게 꺾여 내려갔습니다. 케이스쉴러-S&P 20대 도시 가격 기준으로 한 때 20%가 넘던 집값 상승률은 여름부터 급하게 내려가기 시작했습니다(그림 3-22). 금리 인상에 따라 모기지 금리가 연일 치솟고 있는 상황에서 새롭게 집을 구하려는 사람이 줄어드는 것은 너무나 당연했습니다.

금융 불안도 나타났습니다. 금리가 빠르게 올라가자 저금리 환경에서 무리하게 투자해오던 것들 중에서 문제가 발생했습니다. 대표적으로 영국의 부채연계투자LDI, Liability Driven Investment 입니다. 금융위기 이후 영국의 연기금들은 파생상품을 활용하여 보유하고 있는 자산과 지급해야 할 부채 차이의 문제를 해결하려 했습니다. 그러면서 탄생한 것이 부채연계투자인데, 금리가 급등할 경우에는 문제가 발생하는 구조였습니다. 그런데 정말로 금리가 급등해 버렸고, 이로 인해 추가증거금을 납입해야 하는 문제가 발생했습니다. 뿐만 아니라 실제로 몇몇 연기금 펀드는 순자산이 0으로까지 내려갔다고 합니다. 한국에서는 강원도 레고랜드 ABCP와 흥국생명의 외화 신종자본증권 콜옵션 미행사로 인한 자금 경색 문제가 발생했습니다.

영국 부채연계투자 위기

문제의 시작은 리즈 트러스 총리의 취임입니다. 마거릿 대처 총리처럼 되고 싶었던 나머지 취임 초부터 무리한 정책을 들고 나옵니다. 바로 50년 만의 최대 감세안으로 세부 내용은 다음과 같습니다.

- 기본소득세율 1%p 인하(20% ⇨ 19%)
- 소득세 최고세율 5%p 인하(45% ⇨ 40%)
- 법인세 인상 계획 철회(당초 19% ⇨ 25%로 인상 계획)
- 그 외: 은행원 상여금 상한제 폐지, 영국 노동자 국민보험료 추가 부담금 폐지, 주택 구매 시 인지세 지불 기준 상향

시장의 반응은 격렬했습니다. 감세는 필연적으로 적자 재정을

야기할 것이며, 이는 국채 발행 증가를 의미합니다. 가뜩이나 금리가 올라가서 곤란을 겪고 있던 와중에 금리의 추가 상승을 자극하는 감세안이 나오니 시장은 대혼란에 빠집니다. 파운드화가 폭락했고, 국채 금리가 폭등했습니다. 그러자 영국이 제2의 IMF를 겪을 것이라거나, 제2의 검은 수요일이 겪을 것이라는 말이 나왔습니다.

문제가 터진 초기에 트러스 총리는 중앙은행이 이 문제를 해결해주길 원했습니다. 그리고 실제로 중앙은행은 긴급 국채 매입을 발표하여 이에 화답합니다. 긴축을 해나가던 와중에 갑자기 긴축을 일시 중단하고 오히려 자산 매입으로 정책을 선회한 것입니다. 이 소식에 시장은 안정을 찾아가는 듯했습니다. 하지만 연기금들이 부채연계 투자에서 큰 손실을 기록했다는 소식이 들려오면서 영국 자산시장은 다시 혼돈 속으로 빠져듭니다. 특히 트러스 총리가 대규모 감세정책을 강행하겠다는 의사를 표명하면서 혼란은 더욱 커져갔습니다.

문제가 너무 커져가자 결국 트러스 총리가 양보하기 시작합니다. 우선 부자감세를 철회합니다. 이후엔 법인세 인상 철회안을 철회하였고, 결국엔 감세안 전체를 철회함과 동시에 총리 자리에서 물러나게 됩니다. 이후에 리시 수낙이 총리 자리에 오르고, 트러스와는 반대로 증세를 주장합니다. 비로소 시장은 완전히 안정을 되찾게 되었습니다.

영국에서 나타난 당시의 사태는 중앙은행에게 매우 의미 있는 일이었습니다. 왜냐하면 중앙은행이 정치에 승리를 거둔 사건이기 때문입니다. 과감한 감세에 대해 영란은행은 수시로 맞서는 모습을

투자의 역사는 반드시 되풀이된다

보였습니다. 트러스 총리가 몇 차례나 감세정책이 옳다며 영란은행에 압박을 가했지만 베일리 영란은행 총재는 흔들림 없는 모습을 보였습니다. 결국엔 총리가 물러나면서 사태가 일단락되었으니 중앙은행의 눈부신 승리라고 할 수 있습니다.

영란은행의 해법은 다른 중앙은행에게도 시사하는 바가 컸습니다. 영란은행은 긴축 과정에서 부채연계투자 문제라는 금융 불안을 해결하기 위해 일시적으로 완화책을 사용했고, 성공적이었습니다. 이제 다른 나라에서도 긴축 과정에서 만약 금융 불안이 발생하게 된다면 영란은행처럼 일시적으로 완화책을 사용할 수 있는 여지가 생긴 것입니다. 이는 중앙은행들의 정책 카드를 넓혀주는 데 큰 도움을 주었습니다.

만약 연준이 긴축을 해나가는 과정에서 채권시장에 혼란이 생긴다면 그 즉시 영국처럼 긴축을 중단하고, 일시적으로 자산 매입에 나설 수도 있다는 말입니다. 실제로 미국은 2022년 10월, 채권시장에서 유동성이 메말라가는 정황이 보이자 재무부에서 프라이머리 딜러들에게 '재무부가 미국채를 사준다(바이백)라고 하면 팔 의향이 있습니까?'라는 설문 조사를 하기도 했습니다. 물론 그 이후 금리가 떨어지면서 채권시장에 숨통이 트였고, 주식시장과 외환시장도 안정을 찾아갔습니다. 그래서 실제로 실행에 옮기지는 않았습니다. 하지만 그 이후에도 3개월 단위로 발표되는 재무부의 분기 자금조달 계획에서 바이백은 '검토 중'에 있고, 완전히 없어진 카드가 아닙니다. 미국은 언제든 위기 시 채권을 다시 살 준비가 되어 있습니다.

채권 긴급 매입에 나서면서 베일리 영란은행 총재는 '힘든 시기에서의 통화정책과 금융 안정 개입Monetary policy and financial stability interventions in difficult times'을 주제로 리포트를 발표하였습니다. 내용은 전반적으로 영란은행의 행동을 정당화하는 데 있었는데, 주요 내용은 다음과 같습니다.

"영국 금융시장은 특히 국채 장기물에서 큰 혼란을 경험했습니다. 이는 많은 연금 펀드의 중요한 전략, 구조적 결함에 주목하도록 했습니다. 영란은행은 또 다른 핵심 목표인 금융 시스템의 안정성에 대한 위협에 대처하기 위해 개입해야만 했습니다."

"소위 양적긴축을 포함한 통화 긴축정책과 금융 안정성에 대한 중대한 위협을 완화하기 위한 국채 매입 사이에 충돌이 있는 것처럼 보일 수 있습니다. 우리의 개입이 엄격하고 일시적으로, 필요한 최소한으로 수행하도록 설계된 이유입니다."

"중앙은행으로서 우리는 두 가지 모두를 언제든지 할 수 있어야 합니다. 우리는 하나가 다른 하나와 모순되는 것처럼 보이기 때문에 하나를 거부할 수는 없습니다."

영란은행은 이 당시 긴급 매입한 채권을 시장이 안정화되자 매각에 나서게 됩니다. 과연 이익을 봤을까요, 손해를 봤을까요?

투자의 역사는 반드시 되풀이된다

영란은행이 매입한 금액은 총 193억 파운드였습니다. 그리고 매각한 금액은 총 228억 파운드였습니다. 매매를 통해 약 35억 파운드의 수익(5조 3,000억 원)을 기록한 것입니다. 불과 3개월 만에 18%의 높은 수익률을 기록한 것입니다. 이럴 줄 알았으면 '긴급 매입을 더 많이 했다면'이라는 생각이 혹시 들진 않았을까요(물론 농담입니다!).

적자 위기에 놓인 중앙은행

영란은행 사례처럼 중앙은행이 수익을 내면 그 돈은 어떻게 되는 걸까요? 극히 일부를 중앙은행의 운영자금으로 사용하고 나머지는 모두 정부로 보내게 됩니다. 미국의 경우 연준이 흑자를 기록하면 이를 대부분 재무부로 송금합니다. 지난 금융위기 이후로 연준은 적극적인 자산 매입에 나섰습니다. 이렇게 매입한 자산에서는 이자 수익이 발생하기에 연준은 기록적인 흑자 행진을 이어갔습니다. 그리고 이를 재무부로 보냈고, 재무부 입장에서는 예상치 못한 수입 덕분에 재정 여력이 늘어났습니다(그림 3-23).

그런데 기준 금리를 빠르게 올려나가면 연준은 이제 흑자가 아니라 적자를 걱정해야 합니다. 연준이 적자라니! 의아할 수도 있을 텐데 속사정은 이렇습니다.

연준이 지금까지 양적완화를 통해 매입한 미국채, 주택담보부증권에서 이자 수익이 발생합니다. 하지만 들어오는 게 있으면 나가는

그림 3-23 연준이 재무부로 송금한 금액 추이(2006~2022년)

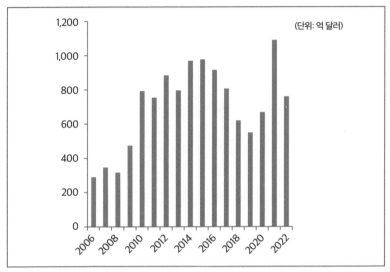

(단위: 억 달러)

것도 있는 법입니다. 은행들의 경우 연준에 지급준비금을 예치합니다. 그리고 연준은 여기에 이자를 지급합니다. 또한 역환매조건부채권에 대해서도 연준은 이자를 지급합니다. 시장에서 역레포라고 하는 것이 바로 이것입니다. 그리고 이들은 기준 금리에 연동되어 있습니다. 기준 금리가 올라가면 지급해야 하는 금액이 늘어나고, 기준 금리가 낮으면 지급해야 하는 금액이 줄어듭니다.

실제로 금융위기 이후 연준이 대차대조표를 빠르게 늘려나가면서도 기준 금리는 제로에 머물러 있었던 시기에는 재무부 송금액이 급격히 늘어났습니다. 반면 이후 양적긴축에 돌입하고, 기준 금리를 인상해나가던 시기에는 재무부 송금액이 줄어들었습니다.

투자의 역사는 반드시 되풀이된다

그나마 지난 금융위기 이후 긴축 사이클에서는 연준이 기준 금리를 매우 천천히 인상해나갔습니다. 그래서 연준이 지급해야 하는 금액이 그리 증가하지 않았습니다. 하지만 이번 코로나19 금리 인상 사이클은 폴 볼커 이후 가장 속도가 빠릅니다. 그러다 보니 연준이 지급해야 하는 금액도 눈덩이처럼 불어났고, 적자를 보게 된 것입니다. 실제로 2022년 말부터 연준은 적자로 돌아섭니다.

중앙은행이 적자를 기록한다고 해서 부도가 나지는 않습니다. 발권력을 보유하고 있기 때문입니다. 하지만 위험이 전혀 없는 것은 아닙니다. 먼저 재무부의 자금 사정이 나빠집니다. 양적완화 이후 재무부는 연준으로부터 쏠쏠찮게 자금을 받아왔습니다. 이는 연준이 흑자를 기록했기 때문에 가능한 일이었습니다. 하지만 이제 적자로 돌아서게 되면 재무부는 스스로 이만큼의 자금을 마련해야 하므로 재정적인 부담이 증가하게 됩니다.

다음으로 정치적 비판에 직면할 위험이 있습니다. 연준이 수익을 올리는 경로는 보유하고 있는 국채와 주택담보부증권에서 발생하는 이자 수익입니다. 즉 미국 정부와 미국 국민들이 내는 이자 비용이 연준 입장에서는 수익입니다. 반면에 연준은 지급준비금과 역환매조건부채권에 비용을 지불합니다. 지급준비금 관련 비용은 은행으로 흘러 들어갑니다. 역환매조건부채권의 경우 외국인 투자자도 참여를 많이 합니다. 즉 미국 정부와 미국 국민들에게서 수익을 올려서 이를 거대 은행과 외국인 투자자에게 지급하는데, 이젠 이마

저도 흑자가 아니라 적자가 된다는 말입니다. 연준이 사용하는 통화정책이 과연 누구를 위한 것이냐는 정치적인 비판이 나올 수 있는 것입니다. 은행과 외국인을 위한 연준이냐, 아니면 미국과 국민을 위한 연준이냐는 것이지요.

사실 이 점은 연준이 비전통적 통화정책을 사용할 때부터 제기된 문제입니다. 당시 연준 의장이었던 벤 버냉키는 정확히 이 문제를 알고 있었고, 이는 그의 회고록 『행동하는 용기』에 자세히 나옵니다.

"하지만 이런 주장들에도 불구하고 재무부에 대한 우리의 송금이 한동안 중단되었는데, 우리는 그 대다수가 외국인 소유 은행들에 대해서 여전히 이자를 지불하고 있을 경우 정치 문제, 홍보 문제에 직면하게 될 것이라는 것을 우리는 알고 있었다. 그것이 잘못된 정책을 선택하는 이유가 될 수는 없겠지만, 또 하나의 걱정거리인 것만은 분명했다."

연준은 양적긴축을 통해 보유 자산액을 줄여나가고 있습니다. 수익이 줄어들 것입니다. 반면 금리는 계속해서 올려 나가고 있습니다. 비용이 증가할 것입니다. 아직까지는 이 문제를 본격적으로 지적하는 목소리가 작습니다. 이 같은 문제에도 불구하고 인플레이션을 잡아야 한다는 공감대가 더욱 광범위하게 퍼져 있기 때문입니다. 하지만 충분히 긴축적인 수준으로 기준 금리가 올라간 이후에는 분위기가 변할 수도 있습니다. 이미 인플레이션 문제도 줄어들기 시작

투자의 역사는 반드시 되풀이된다

하는데 굳이 과잉긴축으로 적자까지 심화시킬 필요가 있느냐고 말입니다.

연준 승리의 역사

연준이 만약 실수만 거듭해왔다면, 아무도 연준의 말에 귀 기울이지 않았을 것입니다. '연준에 맞서지 말라'는 말까지 나온 것을 보면 연준은 사실 승리를 거두었던 경우가 더 많았습니다. 연준은 물가와 고용 안정을 통해 경제가 침체와 과열을 피하면서 꾸준히 성장해나갈 수 있도록 정책을 펼쳐나갑니다. 따라서 침체나 과열 구간을 제외한 시기는 연준이 제 역할을 톡톡히 해나갔다고 평가할 수 있습니다.

다만 위기 상황에서 진짜 실력이 드러난다는 말을 합니다. 연준 입장에서 위기 상황이란 바로 금리 인상 사이클입니다. 1950년 이후 연준은 총 14회의 금리 인상 사이클을 겪었는데 그중 11번이나 경기 침체가 나타났습니다. 타율이 엉망입니다. 하지만 긍정적으로 보자면 위기 상황에서도 3번이나 침체를 피해가는 성공을 거두었다는 말이 됩니다.

여기서 잠시 침체란 무엇인가에 대해서 공부해보려고 합니다. 일반적으로 경기침체라고 하면 경제성장률이 2개 분기 연속 마이너스를 기록하는 경우를 말합니다. 하지만 현실에서는 그리 간단하게 결정되지 않습니다. 미국의 경우 다른 나라와 다르게 독특하게도 민간기관(전미경제연구소, NBER)에서 침체 판정을 내립니다. 전미경제연구소가 삼는 침체의 기준은 '경제 활동의 현저한 감소significant decline in economic activity'입니다. 매우 모호한 기준입니다. 어떤 특정 경제 지표를 기준으로 하겠다는 말이 없기 때문입니다.

그래도 침체라고 하면 뭐니 뭐니 해도 경제성장률과 관련이 깊을 것이란 생각이 들기 마련입니다. 그런데 전미경제연구소가 정의 내린 침체 구간과 경제성장률이 마이너스였던 시기 중 서로 겹치는 시기는 75%에 그칩니다. 즉 경제성장률이 마이너스였음에도 불구하고 침체로 판명 나지 않았던 시기가 25%나 된다는 말입니다. 실제로 2022년 1분기와 2분기에 미국의 경제성장률은 마이너스를 기록했습니다. 하지만 침체로 선언되지 않았습니다.

다음으로 침체와 기업 이익이 연관성이 있을 것이란 생각을 해볼 수 있습니다. 그런데 실제 침체 구간과 기업 이익이 역성장했던

그림 3-24 미국 실업률과 침체(회색 음영 부분이 침체 시기, 1950~2022년)

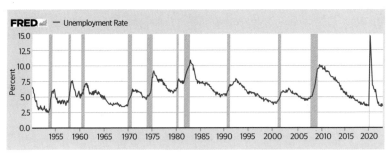

투자의 역사는 반드시 되풀이된다

시기 중 서로 겹치는 시기는 겨우 40%에 불과합니다(그림 3-24).

그렇다면 대체 어떤 경제 지표와 침체 시기가 상관관계가 높은 것일까요? 정답은 실업률입니다. 실업률이 상승하면, 어김없이 침체로 판명 났습니다.

실업률이 이토록 강력한 영향을 미치는 이유는 간단합니다. 기업 입장에서 해고가 증가한다는 것은 그만큼 기업 상황이 좋지 않다는 것이고, 이는 실적이 부진하다는 것을 의미합니다. 실적이 곤두박질치는 상황에서 전방위적인 비용 절감의 방법 중 하나가 인건비 절감입니다. 가계 입장에서는 일자리를 잃게 되면 당장 생활비가 걱정입니다. 소비가 위축될 수밖에 없습니다. 기업의 실적과 가계의 소비가 부진하니 침체라고 볼 수밖에 없는 것입니다.

그림 3-25 실업률: 1965년 사례(첫 금리 인상~마지막 금리 인상 후 3년 뒤)

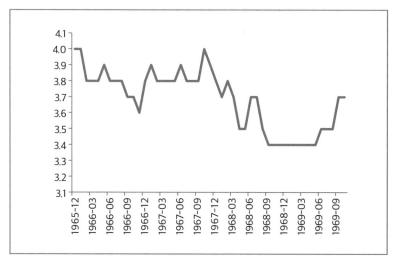

그림 3-26 실업률: 1983년 사례(첫 금리 인상~마지막 금리 인상 후 3년 뒤)

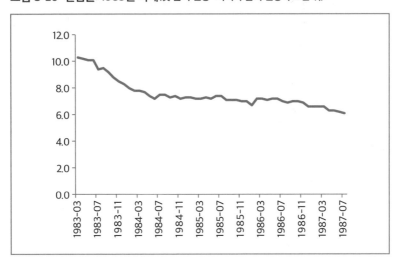

그림 3-27 실업률: 1994년 사례(첫 금리 인상~마지막 금리 인상 후 3년 뒤)

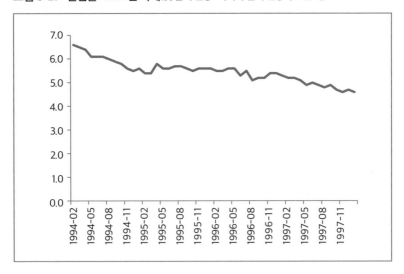

투자의 역사는 반드시 되풀이된다

그리고 연준이 금리 인상기에 돌입했던 경우 중 다수는 실업률 상승을 야기했고, 결국 침체로 이어졌습니다. 그런데 침체를 피해갔던 시기가 세 번 있다고 말씀드렸습니다. 바로 1965년, 1983년, 그리고 1994년인데 이 사례들의 공통점은 바로 실업률이 안정적이었다는 점입니다(그림 3-25~27).

경제가 침체에 빠지지 않으면 주식시장이 나쁠 이유가 없습니다. 세 번의 사례 모두 긴축에 돌입하기 전보다 주가가 올랐습니다. 직전 고점 대비 최대 하락 폭은 1965년 22.1%, 1983년 14.4%, 그리고 1994년 8.5%로 침체 시 평균적 하락 폭인 32%를 한참 밑돌았습니다(그림 3-28~30).

1965년은 침체를 피해가기 매우 어려운 시기였습니다. 왜냐하면

그림 3-28 주가(S&P 500): 1965년 사례(첫 금리 인상~마지막 금리 인상 후 3년 뒤)

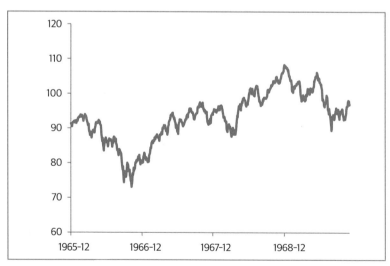

그림 3-29 주가(S&P 500): 1983년 사례(첫 금리 인상~마지막 금리 인상 후 3년 뒤)

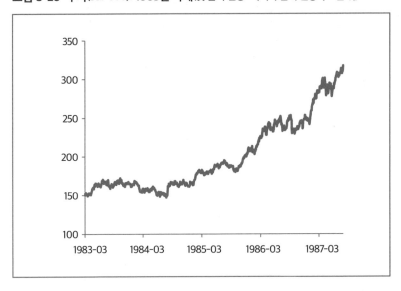

그림 3-30 주가(S&P 500): 1994년 사례(첫 금리 인상~마지막 금리 인상 후 3년 뒤)

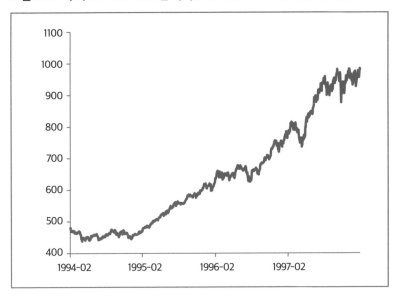

투자의 역사는 반드시 되풀이된다

인플레이션 압력이 높아져 갔던 시기이기 때문입니다. 1964년부터 미국이 베트남 전쟁에 직접 참전하기 시작하였고, 1965년부터 린든 존슨 대통령이 적극적인 재정정책을 시행하였습니다. 이는 모두 인플레이션에 압력을 가하는 요소들이었습니다. 하지만 그럼에도 불구하고 미국의 장기 금리는 그리 많이 올라가지 않았습니다. 이유는 미국의 적극적인 장기 금리 안정화 정책을 사용하였기 때문입니다.

1960년에 침체를 겪으면서 이에 대한 해결책으로 케네디 정부는 '오퍼레이션 트위스트'라는 정책을 내놓습니다. 단기 채권의 비중을 줄이고, 장기 채권의 비중을 높이는 정책인데, 이를 통해 장기 금리의 안정화를 꾀할 수 있습니다(오퍼레이션 트위스트라는 이름은 춤에서 나왔습니다. 단기 금리와 장기 금리를 뒤섞는 이 정책을 당시에 유행하던 춤 트위스트에 빗댄 것입니다).

이처럼 괴이한 정책을 펼친 이유는 금본위제와 고정금리 체제하에서 마음껏 돈을 찍어낼 수 없었기 때문입니다. 그래서 총액은 유지하면서 그 구성만 바꾸는 방식을 고안해낸 것입니다. 실제로 정책을 시행하기 전과 후로 나누어 보았을 때 전체 채권에서 1년물 이상의 비중이 55%에서 82%로 높아졌습니다.

정책이 한 번 성공을 거두자 다음번 위기에도 비슷한 방식을 또 써먹게 됩니다. 1964년부터 시작된 금리 인상 사이클에서 미국은 장기 국채를 1964년까지만 발행합니다. 그리고 무려 1971년까지 장기 채권을 발행하지 않습니다. 장기 국채의 공급이 없으니 수요-공급의 법칙에 따라 금리가 긴축 강도에 비해 그리 올라가지 못했던 것입니다. 당시 긴축 사이클에서 기준 금리는 1.8% 올라간 반면, 10년물 장기 금리는 약 0.5%밖에 올라가질 않았습니다.

1983년에는 유가가 도와주었습니다. 당시 미국은 1980년대 초반에 일어난 2차 석유 파동으로 인해 천정부지로 치솟았던 물가가 폴 볼커의 적극적인 인플레이션 파이팅 정책으로 서서히 내려오고 있던 시기입니다. 그런데 유가도 계속해서 내려갑니다. 40달러에 육박했던 유가는 마지막으로 금리를 인상한 시기에는 30달러 아래로 떨어집니다. 그리고 약 1년 뒤에는 산유국 사이에 서로 더 가격을 인하하려고 노력하는 치킨 게임이 펼쳐지면서 유가가 10달러까지 떨어져 버립니다. OPEC 이외의 산유국들이 생산량을 계속해서 늘려나가자 그동안 적극적인 감산으로 유가를 겨우겨우 떠받치던 OPEC 회원국들이 견디다 못해 시장점유율 늘리기 게임에 돌입한 결과였습니다.

1994년은 연준 정책의 승리라고 말할 수 있습니다. 인플레이션이 싹트기 전에 적극적으로 금리를 인상해나가면서 선제적으로 인플레이션의 싹을 잘라 버렸기 때문입니다. 당시 연준이 금리를 올려나가던 속도는 놀라웠습니다. 3%였던 금리를 불과 1년 만에 6%로 올렸습니다. 총 7번 금리를 올렸는데, 이 중에는 0.75% 인상이 1회, 0.50% 인상이 3회 포함되어 있었습니다. 소위 빅스텝, 자이언트스텝을 화끈하게 밟았던 것입니다.

그런데 당시 소비자물가지수는 안정적이었습니다. 첫 금리 인상에 나설 때 물가 상승률은 2.5%에 불과했습니다. 이후 6%까지 금리

투자의 역사는 반드시 되풀이된다

를 올려가는 과정에서도 물가는 3%를 넘지 못했습니다(그림 3-31).

이처럼 물가가 그리 높지 않았음에도 불구하고 금리를 크게 올려간 데에는 이유가 있었습니다. 경제가 과열되어가는 기미가 보였기 때문입니다. 미국 경제는 호황이 이어지면서 경제성장률이 4%를 넘어섰습니다. 그러면서 인플레이션 기대 심리가 꿈틀대기 시작했습니다. 2%대에 잘 고정되어 있던 기대인플레이션이 갑자기 상승하여 1994년에는 3%를 돌파합니다. 이후 1994년 말에는 거의 4%에 육박합니다. 하지만 연준의 선제적인 대응에 힘입어 다행히 기대인플레이션은 내려가기 시작합니다(그림 3-32). 적절한 선제적 정책 대응으로 경제는 침체에 빠지지 않으면서도 인플레이션은 잡았습니다. 덕분에 경기 확장기를 더욱 길게 늘릴 수 있었습니다.

그림 3-31 미국 소비자물가 상승률(전년 대비, 1993~1997년)

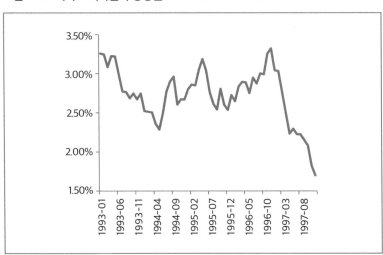

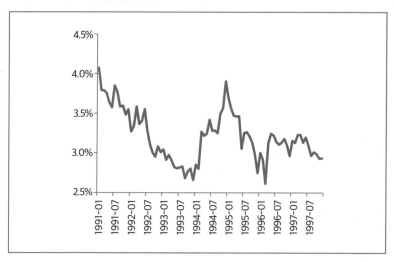

그림 3-32 미국 기대인플레이션(1991~1997년)

이번 금리 인상 사이클에서 연준 위원들은 모두 이 세 번의 사례를 본받고 싶다고 말했습니다. 그중에서도 특히 연준의 선제적 대응이 빛을 발한 1994년 사례를 자주 언급했습니다. 당시 또 하나의 특이점이라면 채권과 주식시장의 반응이 달랐다는 점입니다. 채권시장은 갑작스런 금리 상승에 피바다가 연출되었습니다. 빅스텝, 자이언트스텝까지 쓰면서 금리를 크게 인상해나가자 '채권시장 대학살'이 발생했습니다. 반면 주식시장은 평온했습니다. 직전 고점 대비 최대 하락 폭이 10%도 되지 않았으니 말입니다.

투자의 역사는 반드시 되풀이된다

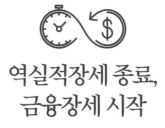

역실적장세 종료,
금융장세 시작

2022년 여름부터 기업 이익 추정치 하향이 가파르게 나타났습니다. 2023년도 S&P500 주당순이익 추정치가 6월 중순까지만 해도 250을 넘었는데, 1월에는 226까지 하락했습니다. 10%나 하락한 것입니다. 그렇지 않아도 경기 하향이 나타나는 가운데 연준이 금리를 빠르게 인상해나가면서 경기는 급속도로 냉각해갔습니다. 특히 3분기 실적 발표에서 그동안 투자자들에게 최후의 보루처럼 여겨졌던 대형 테크 주식들의 실적이 부진한 점이 크게 작용했습니다. 새로운 세상을 선도한다고 여겼는데, 알고 보니 경기에 영향을 받는 기업일 뿐이었던 것입니다.

이제 투자자들의 심리는 온통 부정적으로 변했습니다. 향후 상황이 개선될 여지가 보인다는 희망적인 지표가 발표되어도 무시하기 시작합니다. 이토록 결정적으로 심리가 꺾여버린 데에는 2022년 8월 27일에 열린 잭슨홀 심포지움이 가장 큰 역할을 했습니다. 시장이 연초 이후 많이 하락하긴 했지만 6월 중순부터 2개월 동안은 10% 이상의 제법 큰 베어마켓 랠리가 나왔습니다. 여전히 투자자들의 심리가 살아 있었다는 뜻입니다. 하지만 잭슨홀 심포지움 연설에서 파월은 작정한 듯이 매파 본색을 드러냅니다. 마치 헤어짐과 만남을 반복하던 연인이 영원히 이별하게 되는 상황 같았습니다.

파월 연설에서 매파성이 가장 강조된 부분은 바로 인플레이션 파이터로 널리 이름을 날린 전직 연준 의장 폴 볼커에 파월 자신이 빙의된 모습을 보이려 한 점입니다. 연설 중간중간에 'keep at it'이라는 표현을 썼는데, 이 keep at it은 폴 볼커가 2018년에 쓴 책의 제목입니다(원제는 『keeping at it』). 이날 이후에도 파월은 기회가 될 때마다 keep at it이라는 표현을 씁니다. 어떤 정책을 사용하겠다는 백마디 말보다 한마디의 결정적인 비유가 시장의 심리를 완전히 바꿨던 것입니다.

연준의 긴축정책으로 인해 유동성 환경이 부정적으로 변해감에 따라 투자자들의 심리도 비관론이 우세해졌습니다. 그리고 실제 경제 펀더멘털도 부정적이었기에 기업 이익에 대한 우려도 커져만 갔습니다. 30%나 하락했지만 주식시장은 비싸 보이기만 했습니다. 그렇습니다. 역실적장세의 전형적인 특징을 모두 갖추고 있었습니다.

여기서 다시 한번 기본을 떠올릴 필요가 있는데, 장세의 구분이

투자의 역사는 반드시 되풀이된다

바로 재고 조정 주기를 기반으로 만들어졌다는 점입니다.

역실적장세의 막바지에 재고 조정이 발생합니다(우라가미 구니오, 순환주기 차트 참고, 38쪽). 기업들이 실적시즌에 발표하는 재고 자료에서 우리는 역실적장세가 언제쯤 종료될지에 대한 힌트를 얻을 수 있습니다. 가장 먼저 소매업체의 재고 조정이 일어나야 합니다. 그러면 이후 도매업체 – 제조업체 – 중간재/원자재 생산업체까지도 재고가 건전화될 수 있습니다.

표 3-5 미국 주요 소매업체 재고 증가율 추이(전년동기 대비, 2022년)

	2022년 1월	2022년 4월	2022년 7월	2022년 10월	2023년 1월
타겟	31%	43%	36%	14%	−3%
홈디포	33%	32%	38%	25%	13%
월마트	26%	32%	25%	13%	0%
메이시스	16%	17%	7%	4%	−3%
베스트바이	6%	9%	−6%	−15%	−14%

미국 소매업체들 중 발 빠르게 움직인 곳들은 2022년 상반기부터 과잉 재고 문제 해결에 적극적으로 나섰습니다. 늦은 업체들은 3분기부터 재고 조정에 나섰습니다. 이에 따라 연말, 연초에는 재고 증가율이 마이너스까지 떨어진 기업이 속출했습니다. 적극적인 재고 감축으로 이제 적정 재고, 혹은 그보다 낮은 재고 수준에 도달한 것입니다. 이후 경기가 좋아지면 재고를 쌓아나가는 순환이 다시 나

타나게 될 것입니다. 그러면 실적시즌이 개화하는 것입니다.

　미국 전체적으로도 재고 감축이 적극적으로 나타나고 있었습니다.

　이처럼 부정적인 상황일 때 투자자들은 다음 국면에 대비해야 합니다. 바로 강세장의 시작인 금융장세입니다. 40년 만에 되살아난 인플레이션을 잡는 데 연준이 혈안이 되어 있는데, 금리를 내리는 금융장세가 웬말이냐라는 생각이 들 수 있습니다. 보통의 경우 금리를 내리고 완화책을 펼칠 때 금융장세가 펼쳐진다고 보기 때문입니다.

　하지만 완화책이라는 것은 상황에 따라 다릅니다. 어떤 때에는 금리를 더 내려야 하는 완화적인 상황이 있는가 하면, 어떤 때에는 금리를 더 적게 올리는 것만으로도 완화적 환경이 만들어집니다. 상

그림 3-33 미국 총재고 증가율 추이(전년동기 대비, 2021~2022년)

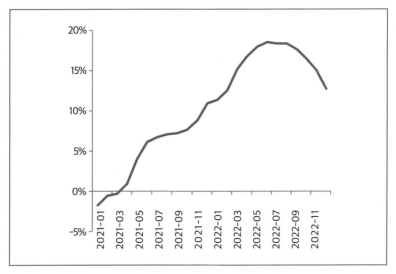

대적이라는 것이지요.

예를 하나 들어보겠습니다. 기준 금리가 2%인 상황입니다. 시장에서는 연준이 금리를 최종적으로 4%까지 올릴 것이라 예상하고 실제 그렇게 가격에 반영해두었습니다. 그런데 연준이 회의를 열어서 금리를 더 올려나가긴 할 텐데 높아 봐야 향후 3%까지만 올릴 것 같다라고 하면, 어떤 일이 벌어질까요? 시장은 곧바로 이것이 비둘기적이라고 해석할 것입니다. 그래서 이후에 비록 기준 금리는 올려가고, 이에 따라 단기 금리는 상승해나가겠지만 장기 금리는 떨어져 내려올 것입니다.

많은 분이 장세 변화를 볼 때 지나치리만치 기준 금리에 집착하는 모습을 보입니다. 그러면서 기준 금리를 팍팍 내려야 금융장세가 시작된다고 믿는 것 같습니다. 하지만 장세의 변화에 대해 이야기한 대표적 두 인물인 구니오와 코스톨라니의 책을 보면, 기준 금리보다 더 중요한 것이 있습니다.

구니오는 그의 책에서 금융장세의 시작을 '금융 완화'로 표현했습니다. 앙드레 코스톨라니는 '장기 금리'가 주식시장에 영향을 미친다고 말하였습니다.

실제로 과거에 연준이 금리 인상기를 성공적으로 끝마친 세 번의 사례를 살펴보면, 긴축의 막바지 단계에서 기준 금리는 추가적으로 몇 번 더 올라가지만 장기 금리(미국채 10년물 기준)는 그전에 고점을 찍고 내려오는 모습을 보였습니다.

이는 실제 경제 활동을 상상해보면 이해하기 쉬운 부분입니다.

가계나 기업이 기준 금리가 영향을 크게 미치는 단기 금리를 기준으로 대출을 받는 경우도 있지만, 장기 고정금리로 대출을 받는 경우도 많습니다. 물론 우리나라는 극단적으로 변동 및 단기 금리에 연동되어 있지만 미국의 경우에는 오히려 고정 및 장기 금리 연동의 비중이 더 큽니다. 따라서 장기 금리의 하락은 그 자체로 금융시장 환경을 완화시켜주는 역할을 합니다.

이번에도 그랬습니다. 연준은 계속해서 기준 금리를 올려 나갔습니다. 하지만 미국채 10년물 금리는 2022년 10월 하순을 고점으로 내려왔습니다.

시카고 연은이 발표하는 금융환경 지수를 보아도 이 같은 점이 감지됩니다. 금융환경 지수는 미국의 단기 자금시장, 채권시장, 주식시장, 그리고 은행의 전통 및 비전통 시스템을 종합적으로 판단하여 발표되는데, 마이너스로 내려갈수록 환경이 완화적이고 플러스로 갈수록 긴축적임을 나타냅니다. 연준이 테이퍼링을 발표할 즈음

그림 3-34 시카고 연은 금융환경 지수(2020년 1월~2023년 2월)

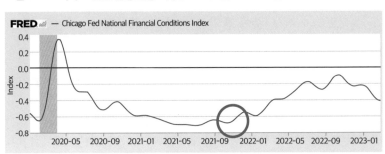

투자의 역사는 반드시 되풀이된다

부터 계속해서 긴축적으로 변해가던 금융환경 지수는 2022년 10월
부터 완화적으로 변해갑니다(그림 3-34). 역시나 장기 금리의 흐름과
같은 말을 하고 있는 것입니다.

　기왕 말이 나온 김에 앙드레 코스톨라니의 달걀에 대한 오해를
풀어보려 합니다. 정말로 많은 투자자가 앙드레 코스톨라니의 달걀
이라고 하면 아래의 그림을 떠올립니다.

　하지만 코스톨라니의 책에서 이렇게 그려진 달걀은 찾을 수 없
습니다. 다음 그림(244쪽)이 진짜입니다.

　그러면서 각 국면에 대한 상세 설명이 다음과 같이 적혀 있습니다.

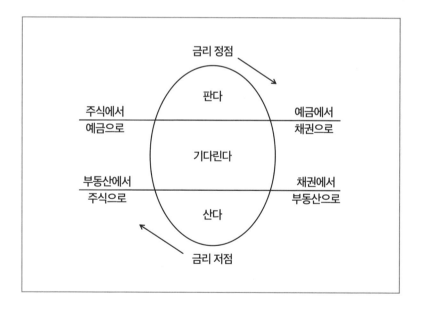

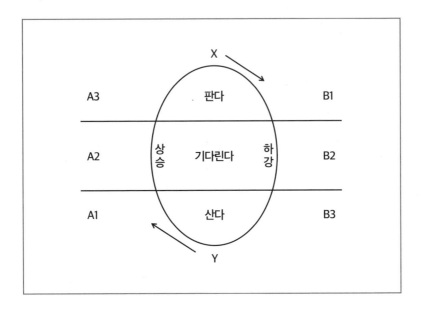

- A1=조정국면(거래량도 적고 주식 소유자의 수도 적다.)

- A2=동행국면(거래량과 주식 소유자의 수가 증가한다.)

- A3=과장국면(거래량은 폭증하고 주식 소유자의 수도 많아져 X에서 최고점을 이룬다.)

- B1=조정국면(거래량이 감소하고 주식 소유자의 수가 서서히 줄어든다.)

- B2=동행국면 (거래량은 증가하나 주식 소유자의 수는 계속 줄어든다.)

- B3=과장국면 (거래량은 폭증하나 주식 소유자의 수는 적어져 Y에서 최저점을 이룬다.)

- A1 국면과 B3 국면에서 매수한다.

- A2 국면에서는 기다리거나 가지고 있는 주식을 계속 보유한다.

- A3 국면과 B1 국면에서 매도한다.

투자의 역사는 반드시 되풀이된다

• B2 국면에서는 기다리거나 현금을 보유한다.

코스톨라니는 거래량과 주식 소유자 수로 설명했을 뿐입니다. 그리고 X와 Y를 두고 금리의 정점이나 저점이라고 하지도 않았습니다. X와 Y는 그저 증시의 최고점과 최저점일 뿐입니다.

이처럼 종종 세상에는 잘못 알려진 사실이 있는데, 필자의 스승님이신 이채원 라이프자산운용 의장님에 대해서도 마찬가지인 것이 하나 있습니다. 바로 증시가 좋지 않을 때에 무협지를 읽는다는 것입니다. 사람들은 마치 하락장에 아무것도 하지 않고, 취미 생활에 몰두하는 것으로 무협지 읽기를 받아들입니다. 실제로 필자에게 '정말로 의장님께서는 장이 안 좋을 때 무협지를 읽으시냐?'는 질문을 진지하게 하는 지인들이 많습니다. 하지만 그렇지 않습니다. 주가가 하락할 때에는 이전보다 몇 배 더 열심히 분석을 하는 것이 첫 번째입니다. 그런 다음 포트폴리오를 재점검하면서 덜 싼 종목은 팔고, 더 싼 종목을 사서 최대한 포트폴리오를 건전하게 만드는 과정을 거쳐야 합니다. 이후 투자 대가들의 책을 읽으면서 놓치고 있는 점은 없는지를 체크합니다. 그래서 본인이 적절한 투자 결정을 내렸는지 판단하고, 만약 그러했다면 이제는 결실을 맺을 때까지 기다리라는 것입니다. 이 과정에서 취미 생활을 조금 해도 좋다는 의미입니다.

시장 흐름을 바꾼 결정적 순간: 월스트리트 저널 닉 티미라오스 기자의 글

흔히 2022년 11월 FOMC 회의를 매파적이었다고 해석합니다. 파월이 최종 금리 수준을 올려야 한다는 이야기를 여러 차례 했기 때문에 실제로 매파적이긴 합니다. 하지만 이미 시장에서 가격 반영이 그 이상으로 되어 있었기 때문에 역설적으로 파월의 발언이 오히려 비둘기로 변모해 버립니다.

그리고 이날 전혀 주목을 받진 못했지만 어쨌든 FOMC의 얼굴이라고 할 수 있는 성명서에 향후 금리 인상 감속을 강하게 유추할 수 있는 표현이 삽입됩니다. 네 번 연속으로 이어진 0.75%의 매우 높은 수준의 긴축은 이제 더 이상 없을 가능성이 크다는 것이었습니다. 필자는 이때 역실적장세가 종료되고, 금융장세가 시작되었다고 생각합니다.

좀 더 디테일하게 들어가면 2022년 11월 FOMC 회의보다 12일 빠른 10월 21일부터 사실상 역실적장세가 종료되었다고 봅니다. 당시 시장은 혼란 그 자체였습니다. 10월 13일 발표된 미국의 소비자물가지수가 예상치를 소폭 상회했는데, 그 이후 금리가 불과 일주일 사이에 전 구간에서 0.5% 이상 상승했습니다. 이처럼 미국 금리가 뛰자 달러가 강해졌고, 나머지 자산군은 모두 힘들어졌습니다.

특히 여기서 문제가 된 곳은 일본 엔화였습니다. 역사적으로 보면 일본 엔화의 경우 일본과 미국의 금리 차에 따라 움직였습니다.

투자의 역사는 반드시 되풀이된다

그랬기에 당시처럼 미국이 금리를 올려가는데 일본은 제로 금리로 묶어두게 되면 엔화가 추가적으로 약세를 보일 수밖에 없는 상황이 었습니다.

그런데 엔화 약세를 견디지 못하고 일본은행이 환시장 개입에 나서게 됩니다. 외환시장 개입 메커니즘은 다음과 같습니다. 외환보유고에 쌓아둔 미국채를 팔면 미국 달러가 생깁니다. 이제 이 달러를 팔아서 엔화로 바꿉니다. 그러면 달러 매도, 엔 매수가 나타났기에 환시장에서 잠시지만 엔화 강세가 나타날 수 있는 것입니다.

여기서 포인트는 미국채 매도에 있습니다. 미국이 금리를 올려나가면 나갈수록 엔화는 약세로 갈 텐데 이를 막기 위해서 미국채를 팔게 되면 그 자체로 수급적인 요인에 의해 미국 시중 금리가 상승할 수밖에 없다는 것입니다. 즉 미국과 일본의 정책이 진퇴양난에 빠졌다는 것입니다. 일본의 외환보유고가 아무리 많다고 하더라도 무한은 아니기에 어느 순간에는 포기 선언이 나올 것이라고 몇몇 분석가는 보았습니다. 그리고 만약 엔화가 추가로 약세 전환하는 모습을 보이게 된다면 이는 미국 금리가 더 올라가고, 달러가 강세로 간다는 뜻이기에 글로벌 증시가 붕괴될 수도 있는 것 아니냐는 우려가 커졌습니다.

그런데 2022년 10월 21일에 어떤 사건이 하나 발생했고, 엔화는 이날을 최고점으로 강세 전환에 성공합니다. 글로벌 투자자들이 가장 우려했던 부분이 해소된 순간입니다. 과연 무슨 일이 있었던 것일까요?

그림 3-35 엔화(달러 대비, 2022년 2월~2023년 2월)

보통의 경우 연준은 FOMC 회의를 통해서 정책 방향성을 설명합니다. 하지만 종종 다급할 때에는 기자를 통해 시장의 기대를 변화시킵니다. 그리고 연준이 주로 사용하는 언론은 월스트리트 저널입니다.

월스트리트 저널에서 연준을 담당하는 기자는 닉 티미라오스입니다. 그는 연준의 비공식 대변인이라고 불릴 정도로 연준과 긴밀한 관계를 가지고 있습니다. 대표적인 예가 2022년 6월 FOMC 회의 직전에 나온 기사입니다. 당시 연준은 회의를 앞두고 0.5% 금리 인상 가능성을 강하게 내비쳤습니다. 비록 6월 초에 나온 고용 보고서가 인플레이션을 더욱 자극할 수준으로 높게 나왔지만 연준의 모든 위원은 침묵 기간을 앞두고 0.5% 인상 노래를 불렀습니다. 여기엔

투자의 역사는 반드시 되풀이된다

매파인 불라드도 동참했습니다.

그런데 침묵 기간 동안(연준 위원들은 FOMC 회의 전후 13일 동안은 통화정책에 대해서 코멘트할 수 없습니다) 소비자물가지수가 발표되었고, 이게 높게 나왔습니다. 보통의 경우라면 금리 인상 폭을 시장 참여자들이 더 높게 잡았을 텐데 워낙 연준이 0.5%를 말했기에 국채 선물시장은 95%의 확률로 0.5% 인상을 예상했습니다. 그런데 회의를 불과 이틀 앞둔 월요일에 티미라오스 기자의 기사가 하나 올라옵니다. 제목은 '연준이 이번 회의에서 0.75% 금리 인상을 고려할 수 있다'였습니다. 시장은 즉시 이것이 무엇을 의미하는지를 알아차렸습니다. 연준이 본인들이 말해온 것과 다른 결정을 내리고 싶은데, 침묵 기간 동안에는 통화정책에 대해서 이야기할 수 없으니 가까운 기자에게 정보를 흘린 것이라고 본 것입니다. 이 기사가 나오자마자 곧바로 국채 선물시장은 5%도 되지 않던 0.75% 인상 가능성을 90%로 가격에 반영하였습니다. 그리고 실제로 FOMC 회의에서 연준은 0.75% 금리 인상을 결정합니다. 기사가 사실이었던 것입니다.

이처럼 월스트리트 저널의 기자가 연준 정책에 대해 흘리는 경우는 이미 역사가 깊습니다. 벤 버냉키가 의장으로 있던 당시 스티븐 로치 예일대학 경제학 교수는 이렇게 말한 바 있습니다.

"존 힐센라스가 실질적으로 연준의 의장입니다."

존 힐센라스는 월스트리트 저널의 기자로 닉 티미라오스의 선임입니다.

기자를 통해서 연준 정책의 힌트를 얻는다는 것이 옳은지 그른지를 떠나서 연준은 종종 그렇게 해오고 있습니다. 따라서 월스트리트 저널의 닉 티미라오스가 쓰는 기사는 관심 있게 볼 필요가 있습니다. 그런데 그가 2022년 10월 21일에 기사를 하나 씁니다.

"연준이 이번 11월 회의에서 금리를 0.75% 인상한 다음 향후 인상 폭에 대해 논의할 것입니다."

이 기사는 한국 시간으로 밤 9시 52분에 나왔습니다. 미국 증시가 개장하기 38분 전입니다. 당시 1% 하락하고 있던 미국 증시 선물은 이때를 저점으로 올라가서 결국 2% 중반 상승으로 마감합니다. 당시 기사의 핵심 내용은 다음과 같습니다.

"연준 위원들은 11월 1~2일 회의에서 또 다른 0.75% 금리 인상을 향해가고 있습니다. 그리고 12월에 더 작은 인상을 결정할 것인지 여부 및 이와 관련한 신호를 어떻게 보낼 것인지에 대해 논의할 것입니다."
"몇몇 위원은 금리 인상 속도를 곧 늦추고 내년 초 금리 인상을 중단하여 올해 연준이 행한 정책들이 경제를 어떻게 둔화시키고 있는지 확인하고 싶다는 의사를 표명하기 시작했습니다. 그들은 불필요한 경제의 급격한 감속 위험을 줄이길 원합니다. 다른 위원들은 높은 인플레이션이 더 지속적이고 광범위하게 나타나고 있기 때문에 이를 논의하기 너무 이르다고 말했습니다."

이 기사는 연준이 채권시장에 가이드라인을 제시한 것으로 필자는 생각합니다. 바꾸어 말하면 당시 소비자물가지수 발표 이후 급상승한 시장의 금리 예상에 대한 불편한 심기를 드러낸 것이라고도 할 수 있습니다. 특히 최종 금리 수준에 대해서 함부로 과도한 수준으로 예단하지 말라는 강한 경고가 들어간 것이라고 봅니다. 왜냐하면 12월 회의 때까지는 아직 발표될 데이터들이 많은데, 벌써부터 그렇게 높은 숫자를 반영하는 것은 너무 이르다고 본 것입니다.

연준 풋이라는 단어가 있습니다. 이는 약세장일 때 그 이하로 증시가 하락하지 않도록 하겠다는 연준의 강한 의지가 나타날 때 쓰는 단어입니다. 증시가 하락세로 접어든 이후 투자자들은 끊임없이 연준 풋이 언제쯤 나올지를 기다렸습니다. 하지만 이번에는 좀 이상했습니다. 왜냐하면 이번 하락장은 결국 강력한 금리 인상과 그에 따른 자산 가격 폭락이라는 과정으로 진행된 것이기 때문입니다. 즉 만약 연준 풋이 나온다면 그것은 주식시장이 특정 레벨에 도착했을 때가 아니라 채권시장이 특정 레벨에 도착했을 때일 것이란 말입니다. 그리고 그토록 기다린 연준의 가이드라인이 드디어 이날 기사를 통해 나타난 것입니다.

닉 티미라오스의 기사가 결정적이라고 했지만 사실 그 전후로 다른 곳에서도 연준 피봇의 징조가 나타나고 있었습니다. 코로나19 이후 글로벌 중앙은행 간의 공조가 매우 끈끈하다고 강조해왔는데, 바로 글로벌 중앙은행들이 긴축에서 방향을 돌리기 시작한 것입니다. 첫 스타트는 호주 중앙은행이 끊었습니다. 2022년 10월 4일 열린 통화정책 회의에서 금리를 0.5% 인상할 것이란 모두의 예상을 깨고 0.25%만 인상하였습니다. 다음 바통은 한국이 이어받았습니다. 10월 12일 한국은행은 예상대로 0.5% 금리 인상을 단행하였지만 그중에 무려 2명이나 소수의견(0.25% 인상)을 냈습니다. 다음은 캐나다였습니다. 글로벌 중앙은행들이 긴축 사이클에 돌입한 이후로 캐나다가 주요 선진국들 중에서 가장 긴축적으로 행동해왔는데, 이번엔 달랐습니다. 10월 26일 열린 통화정책 회의에서 시장은 0.75% 금리 인상을 예상했으나 막상 뚜껑을 열고 보니 결과는 0.5% 인상에 그쳤습니다.

미국 재무부에서도 태도 변화가 나타났습니다. 갑자기 10월 12일에 재닛 옐런 재무장관이 '미국채 시장의 유동성이 충분하지 않은 점'에 대해 우려를 표명했습니다. 그리고 그 주 주말에 프라이머리 딜러들에게 설문지를 돌립니다. 만약 재무부가 국채를 사주겠다고 하면 과연 팔 의향이 있는지 말이지요. 이는 당시 영란은행이 한 행동과 정확히 일치합니다. 긴축을 해나가는 과정에서 금융 불안이 발생하면 긴축을 잠시 멈추고 일시적으로 사실상 무제한으로 완화책을 다시 쓸 수 있는지 여부를 타진한 것입니다. 11월 2일에 결론이 나왔는데, 실제 행동으로 옮기진 않았습니다. 하지만 시장에 주는 신호는 명확했습니다. 만약 긴축으로 인한 금융 불안이 발생한다면 정부가 나서겠다로 말이지요.

선행지표가 알려준 물가 피크 아웃

지표에도 여러 종류가 있습니다. 그중에서도 미래 상황을 먼저 알려주는 선행지표에 투자자들은 관심이 많습니다. 물가지표에서도 각종 선행지표가 있습니다. 이들은 이미 2022년 중반에 미국의 물가 상승률이 피크 아웃할 것임을 보여주고 있었습니다.

대표적으로 ISM 제조업 PMI의 지불가격 지표입니다. 앞서도 말씀드렸듯 이는 소비자물가지수를 6개월 정도 선행하는 것으로 알려져 있습니다. 당시 물가가 피크를 기록하고 이제 막 내려오려는 모습이었는데, 향후 속도를 내어 내려갈 것임을 알려주고 있었습니다.

그림 3-36 ISM 제조업 PMI지불가격(6개월 조정) vs.CPI(2016년 1월~2022년 8월)

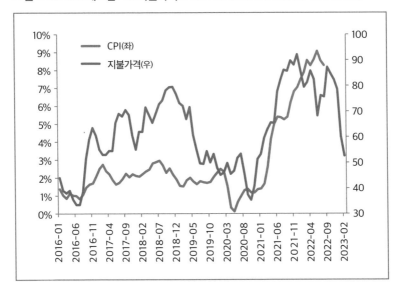

그림 3-37 미국 수입물가 vs. 중국생산자물가(3개월 시차 반영, 2016년 1월~2022년 10월)

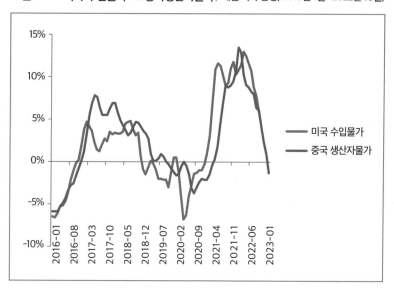

그림 3-38 케이스쉴러 미국 20대 도시 집값 상승률 vs. 렌트비 추이

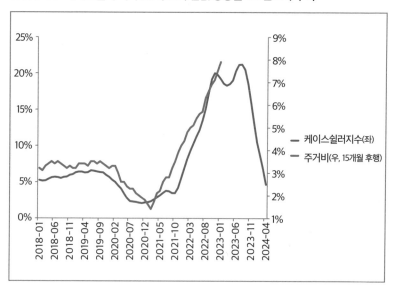

투자의 역사는 반드시 되풀이된다

다음으로 미국의 수입물가에 영향을 주는 중국생산자물가는 심지어 마이너스로 내려가 있었습니다.

공급망 교란으로 인해 크게 상승했던 해상, 항공운임도 모두 크게 내렸습니다. 한때 5,000달러가 넘어가던 SCFI 종합 운임은 1,000달러대로 떨어졌습니다. 코로나19 이전 대비 네 배 이상 급등했던 항공운임도 제자리로 돌아왔습니다. 운임 하락은 결국 기업들의 비용 감소로 이어질 것이며, 이는 가격 인하 압력이 높아져감을 의미했습니다. 실제로 기업들은 실적 발표에서 향후 운송 관련 비용 감소가 나타날 것이란 이야기를 하였습니다.

한때 공급망 차질로 인해 물건을 내리지 못하고 대기하는 선박이 미국 서부항에 100척이 넘었습니다. 하지만 이 당시에는 더 이상 기다리는 배가 없어졌습니다. 모든 게 풀려나간 것입니다.

인플레이션에 큰 공을 세운 중고차 가격도 계속해서 하락하였습니다. 맨하임 중고차 지수는 소비자물가지수의 중고차 가격을 2~3개월가량 선행하는데, 맨하임 중고차 지수부터 크게 하락하기 시작했습니다.

케이스 쉴러 미국 20대 도시 집값 상승률의 추이를 보면 렌트비의 상승도 고점을 찍고 내려올 것으로 예상되었습니다(그림 3-38). 둘 사이엔 약 15개월의 시차가 있는 것으로 알려져 있습니다.

ISM 제조업, 서비스업 PMI 발표 시에는 각 산업별 코멘트도 리포트에 실리게 되는데, 여기에서도 공급망 교란 완화와 물가 피크아웃 힌트를 발견할 수 있었습니다.

'공급업체들은 반도체 부품 수급에서 터널 끝의 빛을 보고 있습니다.'
- 컴퓨터 업종, 2022년 5월

'공급망이 개선되고, 공급자 배송 신뢰가 높아지고 있습니다.'
- 숙박 및 음식 서비스, 2022년 5월

'비용 압박이 완화되기 시작했습니다.'
- 숙박 및 음식 서비스, 2022년 8월

'원자재 구하기가 더 쉬워졌으며, 몇몇 원자재 가격은 하락하고 있습니다.'
- 플라스틱, 고무, 2022년 9월

'가격이 소폭 하락하고 있습니다. 공급 업체들은 가격 인하를 막으려 노력하고 있지만 경쟁이 증가하고 있습니다.'
- 기타 제조, 2022년 10월

'인플레이션이 전달에 비해 낮아졌습니다. 공급망 문제가 안정화되고 있습니다.'
- 소매업, 2022년 11월

'전반적으로 공급망은 2021년 4분기 이후 크게 안정화되었습니다.'
- 기타 제조, 2022년 12월

'부품 공급이 매주 훨씬 더 좋아지고 있습니다.'
- IT, 2022년 12월

이처럼 물가가 내려오기만 한다면 증시 반등은 예약된 일이었습니다. 실제로 높은 인플레이션으로 고생한 1970년대 사례를 보면 물가가 피크를 기록하고 내려올 때 몇 달의 간격을 두고 증시도 저점을 찍고 반등에 성공한 바 있습니다. 심지어 반등 폭도 컸습니다. 여전히 인플레이션은 높았지만 내려오고 있다는 것만으로도 증시는 말 그대로 선반영을 해버린 것입니다.

소비자물가가 고점을 기록한 이후 언제 증시의 저점이 나오는지

그림 3-39 인플레이션 시기 소비자물가 상승률 추이와 S&P500 지수 추이 비교
(1976~1982년)

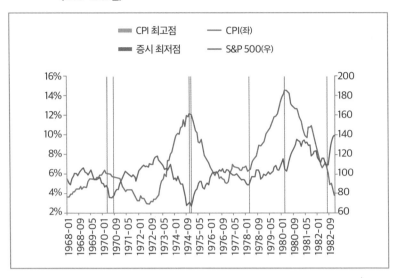

그림 3-40 변화하는 임금 인플레이션 구성 요소의 추이

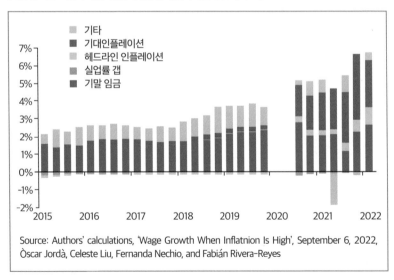

Source: Authors' calculations, 'Wage Growth When Inflatnion Is High', September 6, 2022,
Òscar Jordà, Celeste Liu, Fernanda Nechio, and Fabián Rivera-Reyes

시차를 살펴보았습니다. 1970년대 초반에는 4개월, 1970년대 중반에는 1개월의 차이가 났습니다. 소비자물가 고점이 2022년 6월이었고, 이미 이번 약세장의 최바닥이 나왔다고 본다면 증시의 저점은 2022년 10월이 됩니다. 역시나 4개월의 시차가 발생한 것입니다.

이처럼 물가가 내려올 것이라는 증거가 많았지만 투자자들은 확신이 없었습니다. 왜냐하면 인건비 상승에 따른 임금-물가 악순환 현상이 발생할 것이라고 우려했기 때문입니다. 실제로 당시 고용시장은 매우 탄탄한 모습을 보였습니다. 월간 고용 순증은 계속해서 시장 예상치를 상회하였습니다. 실업률의 경우 50년 만의 최소치인 3.5%를 기록했습니다. 평균 시간당 임금은 비록 하락세를 보이고

그림 3-41 기대인플레이션이 임금 상승에 미치는 영향 추정

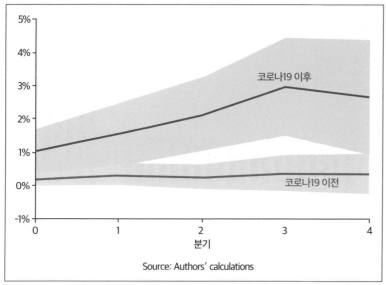

Source: Authors' calculations

투자의 역사는 반드시 되풀이된다

있었지만 절대적으로 숫자가 매우 높았습니다.

하지만 임금 상승률에서도 향후 하락을 기대해볼 수 있는 연구 결과가 나왔습니다. 2022년 9월 6일, 샌프란시스코 연은에서 발표한 자료인데, 임금 상승률이 어떤 점에서 기인한 것인지를 분해한 내용이 담겨 있었습니다(그림 3-40). 코로나 이전과 이후를 비교해보면 기대인플레이션의 상승이 임금 상승률에 지대한 영향을 미쳤다는 것입니다.

〈그림 3-40〉을 보면 빨간색 막대 부분이 기대인플레이션입니다. 사실상 코로나 이후 나타난 높은 임금 상승률의 100%를 설명해줄 수 있을 정도입니다. 〈그림 3-41〉은 기대인플레이션이 임금 상승에 미치는 영향을 코로나 전과 후로 나누어 추정한 것입니다.

파란색이 코로나 전이고, 빨간색이 코로나 후인데 코로나 이후로 영향력이 매우 커졌습니다. 결국 이 자료에서 이야기하고자 하는 바는 기대인플레이션이 낮아지면 향후 임금 상승률도 둔화될 것이란 점입니다.

그런데 당시 기대인플레이션은 빠르게 내려오고 있었습니다. 미시간 1년 기대인플레이션은 예상치를 깨고 계속해서 내려왔습니다(그림 3-42). 뿐만 아니라 전반적으로 기대인플레이션은 이 시기에 2021년 초 수준으로 내려왔습니다. 이를 바탕으로 이번에 매파로 분류된 제임스 불라드 총재는 '디스인플레이션' 가능성을 제기했습니다.

그림 3-42 미시간 1년 기대인플레이션 추이

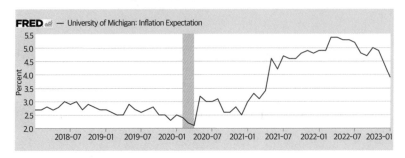

그림 3-43 불라드: 기대인플레이션 추이

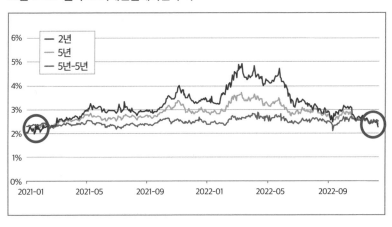

투자의 역사는 반드시 되풀이된다

연준은 왜 화끈하게 금리를 올리지 않았을까?: 정책의 양방향 위험

1년 넘게 연준과 씨름하다 보니 투자자 입장에서는 지칠 수밖에 없습니다. 그래서 자연스럽게 다음과 같은 생각도 들 만했습니다.

'연준은 왜 화끈하게 금리를 올리지 않는 것일까? 1%, 2% 그냥 올려버리면 안 될까?'

만약 물가 안정만이 연준의 목표라면 금리를 폭력적으로 높여나 갈 수 있었을 것입니다. 하지만 연준이 물가 안정과 동시에 달성해야 하는 목표는 고용 안정입니다. 그리고 이 고용 안정은 경기와 깊은 관계를 맺고 있습니다. 앞서 침체 시기에는 반드시 실업률 증가가 동반되었다고 말씀드렸습니다. 경기에 고용이 핵심적인 요소인 것입니다.

연준 입장에서는 너무 많이 금리를 올렸다가 의도치 않게 침체가 오는 상황도 경계해야 합니다. 즉 과도하게 인플레이션이 발생하지 않도록 긴축을 해야함과 동시에, 필요 이상으로 긴축을 진행해서 오지 않아도 될 침체를 발생시키는 것도 피해야 합니다. 이를 두고 연준 정책에 '양방향 위험'이 있다고 말합니다.

연준의 대표적 비둘기 인사인 라엘 브레이너드 부의장(2023년 2월에 백악관 국가경제위원회 위원장으로 지명되었습니다)은 긴축에 돌입한 이후

늘 이 부분을 강조했습니다. 인플레이션을 안정화시키기 위해 긴축을 해야 하지만, 필요 이상으로 오버할 필요는 없다는 것입니다.

그래서 연준은 이번 긴축 과정을 세 단계로 나누어 진행하겠다고 이야기했습니다.

첫째, 높은 인플레이션에 대응하기 위해 큰 보폭으로 금리 인상

둘째, 최종 금리를 찾아가는 과정에서는 작은 보폭으로 금리 인상

셋째, 마지막 금리 인상 이후 얼마나 오랫동안 높은 금리를 유지할지 여부

첫째 단계는 이미 지났습니다. 0.50%, 0.75%이라는 큰 보폭의 금리 인상을 통해 어느 정도 제약적인 금리 수준에 도달했기 때문입니다. 여기까지는 침체보다도 오로지 금리를 너무 적게 올려서 발생할 수 있는 부작용에 대응하는 쪽에 집중하였습니다.

참고로 연준이 종종 인플레이션을 잡기 위해서 침체를 용인할수도 있다는 말을 하는데, 이는 고용시장이 장기적으로 안정화되려면 높은 인플레이션을 피해야 한다는 말입니다. 즉 인플레이션이 너무 높으면 결국 경기에 영향을 줄 수밖에 없고, 이를 연준이 적절한 정책으로 대응하지 않으면 향후 고용시장에는 더 큰 충격으로 다가올 수 있으니 이를 방지하고 싶다는 말입니다. 연준의 정책이 인플레이션에 현저히 뒤처져 있을 때에는 앞뒤 가릴 게 없습니다. 침체가 오더라도 일단 과도한 인플레이션에 대한 대응을 정책 1순위로

두어야 했습니다.

하지만 어느 정도 밀린 숙제를 하고 나면, 정책의 방향은 달라집니다. 피할 수만 있다면 침체를 피하고 싶어집니다. 이 과정이 둘째, 셋째 단계입니다. 연준이 지난 2022년 12월 FOMC 회의에서는 금리 인상 폭을 0.50%로 줄이고, 2023년 2월 FOMC 회의에서도 재차 금리 인상 폭을 줄여 0.25%만 올린 사실이 바로 둘째, 셋째 단계에 돌입했음을 알려줍니다.

하지만 이런 의문이 추가로 들 수 있습니다. 벌써 둘째, 셋째 단계로 진입하는 것이 과연 적절한 '선택이었을까'라고 말입니다. 혹시 1970년대처럼 인플레이션이 고착화되어서 2차, 3차 인플레이션 폭등을 야기하지는 않을까라는 걱정이 들 수 있습니다. 연준이 과연 이번 인플레이션과의 싸움에서 승리할 수 있을지에 대해서는 책의 뒷부분에서 좀 더 말씀드리겠습니다.

인플레이션 하락 경로는 울퉁불퉁: 인플레이션, 디플레이션 그리고 디스인플레이션

2021년 12월 초까지 껑충 뛰어오르던 증시는 12월 FOMC 회의를 기점으로 재차 하락합니다. 예상보다 더 매파적이었기 때문입니다. 매파성을 줄여나가던 연준이 갑자기 매파성을 강화한 이유는 무엇이었을까요?

바로 12월 초에 나온 월간 고용 보고서(11월)에서 평균 시간당 임금이 재차 상승세를 보였기 때문입니다. 당시 연준은 서비스 물가를 하락시키기 위해 노력하고 있었습니다. 그리고 서비스 물가는 임금 증가율과 관계가 높기 때문에 임금 증가세의 하락이 필수적이었습니다. 이 고용 보고서가 나오기 전까지만 해도 분위기가 괜찮았습니다. 왜냐하면 평균 시간당 임금이 2022년 3월에 전년동기 대비 5.6%로 피크를 기록한 후 점차 내려오고 있었기 때문입니다.

그런데 발표가 나고 보니 정반대의 결과가 나왔습니다. 11월 숫자는 예상치를 상회했고, 그전에 나온 숫자마저 상향 수정되었습니다. 점차 내려오고 있을 것이라고 보았던 임금 증가율이 알고 보니 재차 상승세를 보이는 것으로 나타난 것입니다.

연준은 즉시 매파성을 올렸습니다. 그러면서 이제는 최종 금리를 5% 이상으로 이야기하였습니다. 시장은 이에 깜짝 놀랐습니다. 그래서 금리는 오르고 주가는 하락했습니다.

그런데 한 달 뒤인 2023년 1월 6일에 발표된 12월 월간 고용 보고서는 반대의 결과를 보여주었습니다. 이번에는 예상치 대비 낮은 숫자가 나왔고, 이전 수치가 모두 하향 수정되었습니다. 그래서 당초 상승하고 있는 것으로 보였던 임금 상승률이 꾸준히 잘 내려오는 그림으로 완전히 변화했습니다.

이후 연준 위원들은 대부분 비둘기스러운 코멘트를 합니다. 원래는 다음 FOMC 회의에서 금리 인상 폭이 0.50%가 될지 0.25%가 될지 오리무중이었는데, 0.25%로 완전히 기울어 버렸습니다. 매파

투자의 역사는 반드시 되풀이된다

로 알려진 월러 이사마저 0.25% 공개지지 발언을 할 정도였습니다.

그런데 한 달 후에는 분위기가 또 변합니다. 월간 고용 순증이 50만 이상으로 폭증하고, 평균 시간당 임금도 예상보다 높게 나왔습니다. 이전 수치도 상향 수정되었습니다. 매월 휙휙 변하니 이제는 멀미가 날 지경입니다.

이뿐만이 아닙니다. 미국 소비자물가지수의 계절조정치 및 항목별 가중치가 업데이트되었는데, 수정되기 전과 비교하여 인플레이션이 더 높은 것으로 나타났습니다. 그러자 시장은 다시 또 반대로 움직입니다. 잘 내려오던 금리가 다시 올라간 것입니다.

이처럼 데이터가 들쭉날쭉 나오고, 시장의 반응이 갈지자 행보를 보이는 이유는 간단합니다. 높았던 인플레이션이 내려올 때에는 자로 잰 듯 매끈하게 내려오질 못하고, 때로는 올랐다 내렸다 하는 울퉁불퉁한 모습을 나타내는 특징이 있기 때문입니다. 실제로 높은 인플레이션으로 고생했던 1970년대를 보면, 인플레이션이 내려오는 과정이 삐쭉빼쭉한다는 것을 확인할 수 있습니다. 이 점을 잘 알고 있는 파월 의장도 디스인플레이션 과정이 울퉁불퉁_{bumpy} 할 것이라고 이야기하고 있습니다(그림 3-44).

또한 당시 시장 반응이 오르락내리락한 데에는 단어에 대한 오해도 있었습니다. 물가가 내려온다고 하면 이는 물가 상승률이 내려오는 것을 의미합니다. 즉 여전히 물가는 플러스로 상승하지만 과거 대비 상승률이 내려오는 것으로, 예를 들어 +8%였던 물가 상승률이

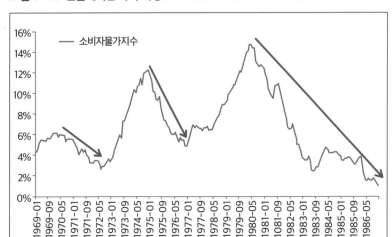

그림 3-44 인플레이션 하락 과정(CPI, 전년동기 대비, 1969~1986년)

+4%가 되면 물가가 내려왔다고 합니다. 이를 우리는 디스인플레이션이라고 합니다.

그런데 물가가 내려가는 것을 마이너스로 전환하는 것으로 받아들이는 시장 참여자도 꽤 많습니다. 이는 디스인플레이션이 아니라 디플레이션입니다. 완전히 다른 것입니다. 여기서 분명히 해야 할 것이 하나 있습니다. 중앙은행이 긴축정책을 펴나갈 때 목표하는 바는 디플레이션이 아니라 디스인플레이션이라는 것을 말입니다. 연준의 책무는 적절한 수준으로 물가 상승이 나타나는 물가 안정에 있습니다. 뒷걸음질 치는 디플레이션이 아닙니다.

지금이야 전혀 언급되지 않지만 디플레이션은 중앙은행에게 가장 큰 공포입니다. 왜냐하면 사태 해결을 위해서 사용할 수 있는 카

투자의 역사는 반드시 되풀이된다

드가 제한적이기 때문입니다.

인플레이션이 발생할 때에는 금리를 올려서 대응할 수 있습니다. 물가 상승률이 너무 높다면 금리를 10%, 20%로 계속 올리면서 대응해나갈 수 있습니다. 비록 큰 희생이 따르더라도 말입니다.

그런데 디플레이션이 나타났을 때 금리를 제로보다 더 내릴 수는 없습니다. 그래서 양적완화와 같은 비전통적 방법을 추가해야지만 추가적인 정책 효과를 누릴 수 있습니다. 물론 유럽, 일본 등 일부 지역에서 마이너스 금리를 시행했지만, 여러 가지 보조적인 추가 제도를 통해서 마이너스 금리의 부작용을 최소화한 것이기에 아직 제대로 이들이 마이너스 금리를 시행했다고 보기 어렵습니다. 그리고 무엇보다도 가장 영향력이 큰 미국이 제로에서 금리를 더 내린 적이 없습니다. 부작용을 의식했기 때문입니다.

가장 큰 부작용이라면 현금 축장의 가능성입니다. 가령 미국이 기준 금리를 마이너스 5%까지 내렸다고 가정해보겠습니다. 이제 여러분이 은행에 1억 원을 예금하면 만기 시에 9,500만 원밖에 받질 못합니다. 그러면 금고를 사서 집에 보관해 두는 것이 낫습니다. 이렇게 시중에서 유동성이 빠져나가 현금으로 잠겨 버리면 정부나 중앙은행이 사용하는 정책 효과가 약해질 수밖에 없습니다.

또 다른 부작용은 투자나 소비를 최대한 늦출 가능성입니다. 조금만 더 참고 기다리면 필요한 물건을 더 싸게 살 수 있으니 소비 자체가 위축될 수 있습니다. 기업 입장에서도 마찬가지입니다. 소비가 불안한 상황에서 향후 투자를 적극적으로 할 수는 없습니다. 또한 똑같은 규모의 투자 비용도 시간이 지날수록 더 저렴해진다고 하면 최대한 투자를 늦추고 싶을 것입니다.

이처럼 유동성이 빠져나가 버리고, 소비와 투자가 위축된다면 경기가 어떻게 되겠습니까? 극심한 침체에 빠지게 됩니다. 대표적인 예가 미국 역사상 최악의 침체로 기록된 대공황입니다. 이때 극심한 침체와 디플레이션이 동시에 나타났습니다. 주가는 고점 대비 거의 90% 가까이 폭락했습니다. 1930년대의 연준은 너무 빨리 긴축에 나서서 비난을 받던 시기였습니다. 성급한 긴축을 뜻하는 '에클스의 실수'도 이때 탄생한 말입니다. 연준은 너무 적게 해도 비난받고, 너무 많이 해도 비난받습니다. 딱 중간으로 해야 합니다.

이처럼 어려운 양다리를 걸쳐야 하다 보니 연준은 정책을 꽤 자주 수정합니다. 일부에서는 연준이 확고한 의지를 가지고 정책을 뚝심 있게 펴나간다고 생각하는데 이는 잘못된 시각입니다. 오히려 연준은 상황에 따라 카멜레온처럼 정책을 바꾸는 곳이라고 보아야 합니다.

근래의 대표적인 사례로 2018년 말~2019년의 연준 정책 변화를 들 수 있습니다. 미중 무역 분쟁에 따른 영향으로 미국 경제는 2018년 하반기에 완연히 둔화되는 모습을 보입니다. 2% 후반을 기록하던 경제성장률은 2018년 4분기에 0.7%로 뚝 떨어집니다. 3.7%까지 내려갔던 실업률은 4%로 상승의 기미가 보였습니다. 또한 침체의 신호로 알려져 있는 장단기 금리 차(2년-10년물 채권 금리 차이)가 계속해서 줄어들더니 0.2% 아래로까지 떨어집니다. 자칫 잘못하면 침체의 신호가 발생할 수 있는 상황이었습니다. 그래서 일각에서는 연준이 금리를 더 올리면 안 된다는 말이 있었는데, 결국 2018년 12월에도 연준은 추가 금리 인상을 단행합니다. 그 결과 증시는 9월 중순부터 빠지기 시작하여 12월 하순까지 20% 급락합니다.

당시 2018년 12월 FOMC 회의를 앞두고 트럼프 전 대통령이 금리를 그만 올릴 것을 촉구하며 '시장을 느껴봐라. 행운을 빈다(Feel the market. Good luck!).'라는 트윗을 올렸던 것으로도 유명합니다.

증시가 급락하자 파월 의장이 다급했던 모양입니다. 그는 2019년 1월 4일 전미경제학회AEA에 참석하여 완전히 톤을 바꿉니다. 다음은 당시 파월이 발언한 내용입니다.

"이제 드문 경우가 아니지만 상충하는 신호가 있을 때 정책은 위험 관리에 관한 것이어야 하는데, 이에 대한 몇 가지 생각을 제안하겠습니다. 첫째, 늘 그렇듯 사전 설정된 정책 경로는 없습니다. 특히 인플레이션 수치가 낮을 때에는 경제가 어떻게 발전하는지 지켜보면서 인내심을 가질 것입니다. 우리는 언제나 정책 스탠스를 바꿀 준비가 되어 있습니다. 만약 필요하다면 크게 바꿀 준비도 되어 있습니다. 우리의 법적 목표인 완전 고용과 안정적인 물가를 달성하기 위해서 말이지요. 그리고 저는 실제로 위원회가 2016년 초에 그렇게 한 최근의 예를 지적하고 싶습니다. 저는 이를 지난 12월 기자 회견에서 언급한 바 있습니다. 많은 분이 기억하시겠지만, 2015년 12월 우리가 금리를 처음으로 제로에서 올렸을 때 연준 위원들의 점도표 중간값은 2016년에 4회 금리 인상을 예상했습니다. 그러나 2016년 초에 금융 환경이 매우 급격하게 타이트해졌고, 재닛 옐런 의장의 지휘하에 위원회는 민첩하게, 그리고 유연하게 예상 금리를 조정했습니다. 우리는 결국 1년 후인 2016년 12월에야 금리를 인상했습니다. 한편 경제는 2016년 상반기에 소프트 패치를 이겨낸 후 정상 궤도로 돌아섰고, 점진적인 정책 정상화가 재개되었습니다. 올해가 2016년과 같을지 아무도 모릅니다. 그러나 제가 아는 것은 우리가 정책을 신속하고 유연하게 조정할 준비가 되어 있고, 경제를 지원하기 위한 모든 도구를 사용할 준비가 되어 있다는 것입니다. 경제 확장세를 유지하고, 고용시장을 강하게 유지하고, 인플레이션이 2%에 가깝게 유지되도록 말입니다."

더 이상 매파 파월은 찾아볼 수 없었습니다. 그는 완전히 비둘기로 바뀌어 있었습니다. 참고로 이 자리에는 전직 연준 의장인 벤 버냉키와 재닛 옐런까지 참석하여 손을 바들바들 떨고 있던 파월 의장을 적극 지원해주었습니다. 파월의 발언 이후 진행자가 옐런에게 '파월의 오늘 이야기에 대해 어떻게 생각하느냐'고 물었고 옐런은 '동의합니다'라고 답변했습니다. 그러자 이날만 미국 증시가 3% 이상 올랐습니다.

이후에도 경제 상황은 여전히 불안했습니다. 그러자 연준은 2019년 상반기에 양적긴축 금액을 줄여버립니다. 7월부터는 기준금리 인하에도 나섭니다. 그럼에도 불구하고 8월에 장단기 금리 차

투자의 역사는 반드시 되풀이된다

가 마침내 역전되고, 컨퍼런스보드의 경기선행지표도 마이너스로 돌아서며 침체 우려가 커져갔습니다. 게다가 하루짜리 단기 금리가 10%를 넘는 소동까지 발생합니다. 그러자 연준은 그 즉시 양적긴축을 중단하고, 대신에 1년 미만 국채를 대상으로 재차 대규모 자산 매입에 나섭니다. 그리고 추가로 2회 더 금리를 인하합니다.

이처럼 완전히 비둘기로 변한 모습을 보였고, 그 덕분에 각종 지표가 돌아서기 시작했습니다. 금리 인상 사이클을 종료할 때에는 침체에 빠질 위험이 큰데, 연준이 기민하게 움직인 덕분에 다행히 침체를 피해가는 듯했습니다. 성공이 눈앞에 있었습니다. 하지만 연준이 승리를 선언하지는 못했습니다. 왜냐하면 안타깝게도 2020년 초에 코로나19가 발생하면서 연준의 희망은 물거품이 되어 버렸기 때문입니다.

금리 인상 사이클 종료 후 침체가 왔는지 여부를 구분할 때 다들 2018년 인상기를 침체로 분류합니다. 연준 실패의 역사가 하나 추가된 것입니다. 하지만 이는 생각해볼 여지가 많습니다. 과연 코로나19가 발생하지 않아도 침체에 빠졌을까요?

2018년의 예처럼 연준은 좌충우돌하는 모습을 보이며 때로는 성공하고, 때로는 실패하는 곳입니다. 그런데 연준 만능론이 자리 잡으면서 연준에 대한 음모론도 커져나간 것으로 보입니다. 음모론의 대표 주자는 양털깎기 이론입니다. 연준이 고의로 금리를 크게 올려 다른 나라 경제를 파탄내고 여기서 미국이 이윤을 취한다는 이론입니다. 이는 듣기에는 그럴싸해 보이나 완전히 틀린 이론입니다. 연준은 기본적으로 미국의 중앙은행입니다. 그래서 다른 나라를 생각하고 정책을 짜지 않습니다. 미국의 정책이 고립주의를 기반으로 하는 것과 궤를 같이 합니다.

다만 때때로 해외의 문제가 미국에도 영향을 미칠 것 같으면 정책을 일부 조절하는 정도입니다. 그래서 연준의 과거 행보를 보면 실수를 꽤 많이 저지릅니다. 정책을 잘못 펼쳤다고 사과하는 경우도 다반사입니다. 심지어는 연준 의장이 정책 실패로 인해 경질되기도 합니다. 연준이 음모론을 자유자재로 펼칠 정도의 레벨이 되었다면 일어나지 않았을 일들입니다.

양털깎기 이론처럼 음모론의 관점에서 연준을 바라보다 보니 향후 연준이 어떻게 움직일지를 제대로 예상하지 못하게 됩니다. 그래서 필자는 맑은 눈으로 연준을 바라볼 필요가 있다고 생각합니다. 그들도 인간일 뿐입니다. 경제는 때때로 예상하지 못한 방향으로 움직일 때가 있고, 그럴 때 실수를 저지르기도 합니다.

따라서 연준이 경제 현실을 제대로 파악하고 있는지를 먼저 보아야 하고, 만약 각종 발언이나 정책 결정에서 현실을 제대로 파악하고 있다면 연준에 맞서서는 안 됩니다. 연준이 설정한 방향에 맞는 투자를 해야 합니다. 특히 연준이 사용할 수 있는 정책적 카드를 많이 갖추고 있을 때에는 더더욱 그러합니다. 투자를 하다 보면 80~90%는 이런 상황에 속합니다. 그래서 대체로 '연준에 맞서지

투자의 역사는 반드시 되풀이된다

마라'는 격언이 맞다고 생각합니다. 그런데 종종 연준의 현실 인식이 완전히 잘못되었을 때가 있습니다. 이번 인플레이션 초기 대응처럼 말입니다. 그럴 때에는 용기를 가지고 연준에 맞서야 합니다.

연준에 대한 피로도가 높아진 이유

금리와 중앙은행이 중요한 것은 사실입니다. 오죽하면 연준 의장을 경제 대통령이라고까지 부르겠습니까. 그렇지만 이건 좀 해도 해도 너무한다는 생각이 들 수 있습니다. 연준 위원 아무개가 어떤 이야기를 했다고 하면 증시가 출렁입니다. 파월 의장이 등장하는 날에는 아주 난리가 납니다. FOMC 회의 날에는 증시가 위아래로 춤을 춥니다. 일 중 변동성이 4~5%에 이르는 일이 예사입니다.

이처럼 연준에 대한 피로도가 높아진 데에는 이유가 있습니다. 바로 연준이 소통을 강조하는 방향으로 나아갔기 때문입니다. 가령 1970년대에는 연준이 금리 결정 회의를 한 후 이를 시장에 당일에 알리지도 않았습니다. 이후 뉴욕 연은의 시장 개입 동향을 보고, 시장 참여자들은 기준 금리가 어떻게 변동했을 것이라고 유추했습니다.

연준은 2000년대 초부터 포워드 가이던스를 사용하기 시작했습니다. 포워드 가이던스란 연준이 대중을 대상으로 적극적인 커뮤니케이션에 나서서 향후 연준의 통화정책 방향을 미리 어느 정도 알려주는 방법을 말합니다. 이를 통해 불필요한 오해를 없애고, 비교적적은 비용으로 정책 목표를 달성할 수 있게 됩니다. 가령 실제로 금리를 올리거나 내리지 않아도, 연준이 말로써 시장 참여자들의 기대를 바꾸어 시중 금리가 움직일 수 있게 한다면, 이는 실제 정책 수단의 사용을 최소화할 수 있는 좋은 방법이 될 수 있다는 것입니다.

포워드 가이던스는 계속 진화합니다. 향후 연준의 기준 금리가어떤 경로로 나올지에 대한 힌트를 점도표에서 찾을 수 있습니다.이 점도표 제도는 2012년에 도입되었습니다. 지금은 대중에게도 익숙한 제도이지만 사실 도입된 지 10년밖에 되지 않은 새로운 제도인 셈입니다.

파월 의장이 취임하면서 커뮤니케이션은 더욱 강화되었습니다.FOMC 회의는 1년에 총 8회 개최됩니다. 당초 이 중에 4회에만 연준 의장이 회의 이후 기자회견에 나섰습니다. 따라서 중요한 정책변화는 기자회견이 있는 회의에서만 거의 나왔습니다. 왜냐하면 중요한 정책의 변화가 발생했는데, 회의 이후 기자회견이 없다면 정책에 대한 불필요한 시장의 오해가 발생할 수 있었기 때문입니다.

그런데 파월 의장은 모든 회의 이후에 기자회견을 하겠다고 결정하였습니다. 그러면서 모든 회의가 소위 '살아 있는' 회의가 되었습니다. 이처럼 커뮤니케이션이 강화되는 것은 분명히 장점이 있습니다. 시장이 연준에 대해 가지는 오해를 줄일 수 있기 때문입니다.

또한 정책 효과를 극대화할 수 있습니다. 반면 단점이라면 너무 많은 커뮤니케이션이 연준에 대한 과도한 의존과 피로도 증가로 이어진다는 점입니다.

또한 파월 의장의 색깔이 불분명하다는 점도 연준에 대한 피로도를 높이게 만드는 요인입니다. 전직 의장인 벤 버냉키와 재닛 옐런의 경우 색채가 분명했습니다. 그래서 시장 참여자들이 예상하기에 쉬웠습니다. 벤 버냉키의 경우 대학 시절부터 '일본식 디플레이션이 발생할 경우 이를 어떻게 해결할 것인가'에 대한 연구에 집중해왔습니다. 그래서 위기 발생 시 적극적인 돈 풀기 정책을 화끈하게 펼칠 것이란 점에 대해 이미 알고 있었습니다.

재닛 옐런의 경우도 비둘기 면모를 분명히 가진 인물이었습니다. 1990년대 중반에 연준의 두 가지 책무 중 무엇을 우선시 해야 하느냐에 대한 논쟁이 있었습니다. 가격 안정이 우선이냐, 완전 고용이 우선이냐였습니다. 이 논쟁에서 옐런은 유명한 말을 남깁니다. '고용 안정을 위해서 가격 안정을 일부 희생하는 것은 인본주의적'이라는 말입니다. 즉 인플레이션이 꽤 발생하더라도 완전고용이 아직 이뤄지지 않았다면 연준은 계속해서 완화적인 정책을 펼쳐나가야 한다는 말입니다.

이처럼 색채가 분명한 인물이었기에 그녀가 취임한 이후 시장은 연준이 경제 성장을 해치지 않는 수준에서 정책을 완화적으로 이어나갈 것이란 신뢰를 미리 가질 수 있었습니다. 이를 두고 'behind the curve'라는 표현을 씁니다. 가령 현재의 경제 상황으로 비추어

볼 때 기준 금리를 2%로 가져가는 것이 적절하다면 그보다 약간 낮게 기준 금리를 가져가는 것입니다. 그래서 계속해서 경제 상황 대비 상대적으로 부양적인 정책을 써나갔습니다. 이 덕분에 옐런 임기 4년간 미국 증시의 직전 고점 대비 최대 하락 폭은 10%에 불과했습니다. 이 당시 주식이 채권처럼 변했다는 말을 했을 정도로 주식시장이 안정적이었습니다. 안정적으로 우상향했습니다.

반면 제롬 파월은 색채가 없습니다. 버냉키가 테이퍼링을 시작해나갈 때 파월은 매파적이었습니다. 테이퍼링을 더 신속하게 해나가야 한다고 주장했습니다. 2018년에도 마찬가지입니다. 미중 무역분쟁이 한창인데 금리를 계속 인상해나가다가 2018년 4분기에 20% 넘는 증시 하락을 야기했습니다. 그런데 그 이후에는 완전히 비둘기로 바뀌어 버립니다. 좋게 보면 유연하고, 나쁘게 보면 줏대가 없습니다. 그러니 '오늘의 파월은 어떤 생각을 가지고 있을까?'에 시장이 집중할 수밖에 없는 것입니다.

침체 걱정에 빠진 사람들

인플레이션 걱정이 줄어들자 이번엔 침체 걱정이 늘었습니다. 향후 침체가 닥칠 것이란 점을 거의 기정사실화했습니다.

일반적으로 애널리스트의 전망에는 긍정 편향이 있습니다. 미래 숫자에 희망을 좀 담아보는 것입니다. 그런데 S&P500에 대한 2023년 기본 증시 전망이 하락으로 나왔습니다. 이는 2000년대에 들어서 처음 있는 일입니다. 증시의 하락을 당연시했고, 적게 빠질 것이냐, 많이 빠질 것이냐 여부를 놓고 논쟁을 벌일 뿐이었습니다.

펀드매니저들도 상황은 마찬가지였습니다. BofA에서 매달 글로벌 펀드매니저들을 대상으로 설문조사를 합니다. 응답자들이 운용하는 금액을 합치면 거의 1조 달러에 이르기에 이 조사는 나름 의미가 있습니다. 그런데 여기에서도 증시를 부정적으로 보는 시각이

투자의 역사는 반드시 되풀이된다

만연해 있음을 느낄 수 있었습니다. 먼저 펀드 내 현금 비중입니다. 자산시장을 부정적으로 보면 현금 비중을 늘리기 마련입니다. 그런데 2022년 하반기에는 이 현금 비중이 코로나19, 금융위기 때보다도 높았습니다. 또한 '향후 경제가 강해질 것으로 보느냐', '향후 기업 이익이 증가할 것으로 보느냐'에 대해서도 부정적으로 답변한 비율이 코로나19, 금융위기 때보다 높았습니다. '향후에 경제가 침체에 빠질 것 같으냐'에 대해서도 '그렇다'의 비율이 거의 과거 침체 위기 시 수준에 근접하게 나왔습니다. 그러다 보니 가장 붐비는 포지션으로 대표적인 안전자산인 미국 달러가 압도적인 1등을 차지했습니다. 미국 달러에 이어 상위권에 중국 주식 쇼트, 그리고 유럽 주식 쇼트가 자리 잡고 있었습니다.

이처럼 침체에 대한 공포가 커져가는 데에는 합리적인 이유가 있었습니다. 바로 장단기 금리 역전입니다. 과거에 장단기 금리 역전이 심대하게 발생했을 때에는 대부분의 경우 이후에 침체가 발생했습니다. 그러다 보니 실제로 침체를 판단하는 모델을 만들 때 장단기 금리 역전을 선행지표에 넣는 경우가 많습니다.

장단기 금리의 역전은 왜 침체의 신호가 되는 것일까요? 단기 금리는 중앙은행의 기준 금리 정책에 영향을 크게 받습니다. 반면 장기 금리는 향후 경기가 어떻게 될 것인지 여부에 영향을 많이 받습니다. 즉 단기 금리와 장기 금리는 각각의 가격에 영향을 주는 요소가 좀 다릅니다.

그리고 일반적으로 장기 채권의 금리가 단기 채권의 금리보다 더 높습니다. 더 장기로 자금을 빌릴수록 만기까지 발생할 수 있는 리스크가 증가하기에 더 높은 금리로 보상해줄 필요가 있기 때문입니다.

향후 경기 전망은 어두워져 가는데, 만약 당장 중앙은행의 정책은 경제가 버티기에 긴축적이라면 어떤 상황이 벌어질까요? 향후 경기 전망이 어두워질수록 안전자산인 채권에 대한 수요는 증가할 것입니다. 그러면 금리가 내려가게 될 것입니다. 장기 채권일수록 경기 전망의 영향을 많이 받으므로 특히 더 내려갈 것입니다. 반면 현재 중앙은행의 정책은 긴축적이므로 중앙은행 정책의 영향을 많이 받는 단기 금리는 거의 내려가지 못하거나 올라가게 될 것입니다. 이 과정이 극단적으로 진행되면 둘 사이에 역전이 발생하게 됩니다. 이것이 장단기 금리 역전이 일반적으로 시장에 침체 신호를 보내는 메커니즘입니다.

또 다른 침체 신호로 연준의 긴축 사이클에 대한 우려도 있었습니다. 과거에 연준이 완화책을 종료하고 금리를 올렸다 내리는 과정에서 높은 확률로 침체를 맞이했다는 것입니다. 1950년대 이후로 총 14번의 긴축 사이클이 있었는데, 그중 11번이 침체로 이어졌습니다. 이는 그만큼 '경제는 침체로 내몰지 않으면서, 인플레이션 안정은 이끌어낼 적정 수준'을 찾기가 어렵다는 말입니다.

여기서 더 나아가 인플레이션도 못 잡고, 경제는 침체에 빠지는 '스태그플레이션(침체+고물가)' 시나리오까지 대두되었습니다. 1970년대가 재현될 것이라는 정말로 암울한 전망이었습니다.

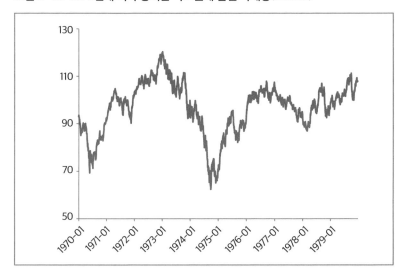

그림 3-45 1970년대 미국 증시는 박스권에 갇힌 약세장(S&P500)

침체, 냉정하게 들여다보기

우리는 종종 단어 그 자체에 생각이 종속되는 경향이 있는데, 침체가 좋은 예입니다. 일반적으로 침체라고 하면 IMF 외환위기, 금융위기를 떠올립니다. 미국에서는 대공황을 떠올리는 경우가 많다고 합니다. 따라서 침체라는 단어가 많이 언급되면 당장이라도 주식시장을 떠나고 싶어집니다. IMF 외환위기 당시 우리 증시는 약 80% 폭락했습니다. 미국도 대공황 당시에는 거의 90% 가까이 폭락했습니다. 금융위기 때에는 양국 모두 50% 이상의 주가 폭락을 경험했습니다.

필자는 금융위기 직전에 주식을 처음 시작했습니다. 당시에는 어떤 걸 사더라도 모두 올랐습니다. 마치 워런 버핏이 된 느낌이었습니다. 아니, 워런 버핏의 장기 수익률이 우스워 보이기까지 했습니다. 연평균 20~30%라니 웬말입니까. 당시 기준으로 상한가 두 방이면 이틀 만에도 가능한데 말이지요.

그런데 증시가 갑자기 하락하게 됩니다. 사상 최초로 2,000포인트를 넘었다고 한 게 얼마 전 같은데, 무려 1,000포인트를 깨고 내려갔습니다. 당시 수많은 종목이 장전 동시호가부터 곧바로 하한가로 직행했습니다. 그래서 하한가에 주문을 넣어두어도 체결이 되지 않던 악몽과도 같은 날들이었습니다. 그러자 시장은 공포심이 극에 달했습니다. 이미 증시가 50% 이상 하락했지만 더 하락할 것이라고들 말했습니다. 제2의 IMF가 닥칠 것이고, 그러면 증시가 300포인트 아래로 떨어질 것이라 겁을 주었습니다. 2,000포인트가 넘던 증시가 900포인트 아래로 이미 충분히 많이 떨어졌지만, 추가로 300포인트 아래로 더 떨어진다니, 이 얼마나 대단한 공포심입니까!

이후에 반등이 나올 때마다 이를 두고 일시적 상승을 뜻하는 베어마켓 랠리나 데드캣바운스라고 말하는 이들이 많았습니다. 심지어 이후 이어진 10년 상승장 내내 '이번엔 고양이가 좀 높게 뛰네'라는 냉소적인 반응을 보인 이도 있었습니다. 이 같은 과격한 주장이 나오는 이유는 '침체=IMF 외환위기 또는 대공황'이라는 프레임에 갇혀 있기 때문이었다고 생각합니다.

그래서 침체를 있는 그대로 바라볼 필요가 있습니다. 침체란 전

투자의 역사는 반드시 되풀이된다

미경제연구소가 결정하는 것이고, 이를 기준으로 우리는 침체를 예견할 수 있는 여러 경제지표를 분석하게 됩니다. 그리고 그 결과로 나온 것이 바로 연준의 긴축 사이클, 장·단기 금리 차 역전 같은 것들입니다.

미국 기준으로 1950년 이후로 총 11회의 침체가 있었는데, 이 시기에 주가는 평균 32% 하락했습니다. 중간값은 28%입니다(S&P 500 기준). 30% 이상의 큰 하락이 발생한 경우는 총 5회입니다. 코로나, 금융위기, 닷컴 버블, 1973년의 스테그플레이션, 1968년의 1차 인플레이션 쇼크입니다. 그렇다는 말은 침체에 빠졌음에도 불구하고 주식시장의 하락이 별로 나타나지 않은 경우도 많았다는 말이 됩니다. 우리는 이를 두고 얕은 침체라고 말합니다.

하지만 이 또한 침체는 침체입니다. 분석가들이 '향후 침체가 올 가능성이 매우 크다'라고 할 때에는 이런 얕은 침체도 모두 포함한 침체 가능성을 말합니다.

이제 다시 한번 확률을 계산해보겠습니다. 연준의 긴축 사이클 14회 중에 11번 침체를 겪었습니다. 침체를 겪지 않을 확률은 21%입니다. 11번의 침체 중 6번은 얕은 침체, 5번은 깊은 침체였습니다. 얕은 침체에 빠질 확률은 43%, 깊은 침체에 빠질 확률은 36%가 됩니다. 좀 더 나아가 50% 이상의 정말 깊은 침체는 금융위기와 닷컴 버블, 2번이었습니다. 정말 깊은 침체의 확률은 14%인 것입니다. 그리고 2018년 긴축 사이클을 과연 침체로 이끈 것으로 봐야 하나도 의문이긴 합니다. 코로나19가 연준 때문은 아니니 말입니다.

이번 하락장에서 증시는 28% 하락하였습니다. 이미 얕은 침체와 깊은 침체의 경계선 즈음의 가격 반영이 일어난 것입니다.

표 3-6 미국, 침체 시기 구분(NBER, 1950년 이후)

경기 정점	경기 저점
2020년 2월	2020년 4월
2007년 12월	2009년 6월
2001년 3월	2001년 11월
1990년 7월	1991년 3월
1981년 7월	1982년 11월
1980년 1월	1980년 7월
1973년 11월	1975년 3월
1969년 12월	1970년 11월
1960년 4월	1961년 2월
1957년 8월	1958년 4월
1953년 7월	1954년 5월

처음 겪어보는 고용시장

과도한 돈 풀기에 따른 부작용, 그리고 긴축에 나서는 과정에서 나타나는 파열음을 보면 과거 역사가 이번 증시에서도 그대로 반복되고 있음을 알 수 있습니다. 하지만 고용시장의 독특함을 보면 역사가 똑같이 재현되지는 않는다는 점도 느낄 수 있습니다.

투자의 역사는 반드시 되풀이된다

미국의 노동시장은 그야말로 노동자가 갑인 상황입니다. 보통의 경우 기업이 낸 구인 공고 숫자보다 실업자가 더 많습니다. 그래서 일자리를 차지하기 위해 실업자끼리 경쟁을 펼치게 됩니다. 과거를 보면 평균적으로 실업자 2인당 구인 공고가 1개나 있었습니다. 그런데 지금은 정반대입니다. 실업자 1인당 구인 공고가 2개입니다. 즉 일자리를 골라서 갈 수 있습니다. 그러니 더 나은 조건을 요구할 수 있고, 이는 높은 임금 상승률로 이어집니다. 과거 2~3%에서 움직이던 평균 시간당 임금 상승률이 5% 이상으로 올라갔습니다.

파월 의장에 따르면 코로나가 발생한 이후로 일자리 시장에 참여하는 사람이 당초 인구 추계를 바탕으로 예상했던 것보다 적게 잡아도 350만 명이나 적었다고 합니다. 크게 세 가지 요인이 있는데

그림 3-46 구인/실업자 비율(2000~2022년)

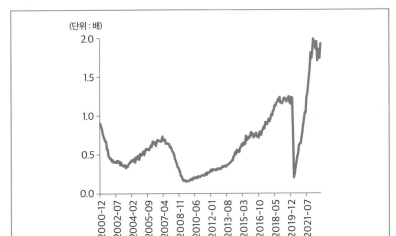

먼저 조기 은퇴의 증가입니다. 코로나 이후로 조기 은퇴를 결정하는 사람들이 증가했고, 이 요인이 200만 명에 달합니다. 다음으로 코로나로 인해 사망자가 급증했는데, 이 요인이 50만 명 정도입니다. 마지막으로 긴급 보건 조치에 따라 국경을 폐쇄하면서 이민자가 크게 감소했는데 이 부분이 나머지를 차지합니다.

이처럼 독특한 고용 상황 때문에 경기가 침체로 가지 않을 수도 있다는 기대감도 생겨납니다. 침체라는 것은 늘 실업률의 상승과 함께했는데, 이번에는 실업률의 상승이 별로 나타나지 않을 수도 있다는 주장입니다. 이 주장의 핵심은 일자리 공고에 있습니다.

예를 들어 경기가 둔화할 경우 기업은 직원을 해고함과 동시에 일자리 공고를 줄이거나 취소합니다. 실제로 닷컴 버블 때에는 실업자가 300만 명 증가하고, 구인이 200만 개 감소했습니다. 금융위기 때에는 실업자가 800만 명 증가하고, 구인이 200만 개 감소했습니다. 당시에는 실업자 대비 구인 공고 자체가 적게 열려있던 상황이었습니다. 그런데 지금은 실업자 대비 구인 공고가 500만~600만 개가량 더 열려 있는 상황입니다. 그러다 보니 이런 가설을 세워볼 수 있습니다. '이번 경기 둔화 시기에는 구인이 300만~500만 개 감소하고, 실업자는 100만~200만 명만 증가하는 것은 아닐까?'라고 말이지요. 그렇다면 실업률의 증가는 매우 제한됩니다. 나아가 실업률의 상승 없이는 침체가 발생하지 않습니다. 워낙 독특한 고용 상황이 발생하다 보니 이 같은 가설도 나올 수 있는 것입니다.

만약 실업자가 100만 명 증가에 그친다면 실업률은 4% 초반에

투자의 역사는 반드시 되풀이된다

불과할 것입니다. 실업률 최저점 대비 0.7%p가량의 상승에 불과한 것입니다. 과거에 침체가 왔었을 때에는 평균적으로 실업률이 3.7%p 상승했습니다. 가장 적게 상승한 경우엔 1.7%가 올랐습니다. 그러므로 저 정도의 실업 증가로는 침체가 오지 않을 수도 있습니다. 오더라도 얕은 침체에 불과할 수 있습니다.

남들과 무조건 반대로 가야 하나요?

"투자, 그거 쉽던데? 남들이 막 몰려가서 살 땐 팔고, 아무도 주식 이야기 안 할 때엔 사고. 그러면 돈 버는 거 아냐?"

남들과 반대로 해야 투자에서 돈을 번다는 이야기를 많이 합니다. 가령 IMF나 금융위기, 코로나19 위기와 같이 주식시장이 급락할 때가 있습니다. 이런 때 주식을 샀다면 크게 수익이 났을 것입니다. 다만 이처럼 경기침체가 찾아왔을 때 주식투자를 한다는 것은 어려운 일입니다. 왜냐하면 온 세상에 부정적인 뉴스만 도배되어 있을 것이기 때문입니다.

그런데 여기서 조심해야 할 게 있습니다. 바로 무조건 남들과 반대로 할 때 수익이 난다는 태도를 가지는 것입니다. 이 경우 좋은 수익의 기회를 놓치게 되는데, 대표적인 예가 대세 상승장입니다. 대세 상승장이란 남들도 주식을 좋아하고, 실제로 주식시장도 좋은 시기를 말합니다. 그래서 남들처럼 주식을 해야 좋은 수익을 얻을 수 있는 시기입니다. 그런데 만약 남들과 달리 비관적인 생각만 가지고 있다면 어떻게 되겠습니까?

이처럼 투자란 남들과 반대로 해야 할 때도 있고, 남들과 같은 방향으로 가야 할 때도 있습니다. 그런데 이게 말은 쉽지만 실제론 어렵다는 것을 투자자들 모두는 알고 있습니다. 과연 어떻게 하면 전혀 다른 두 생각을 투자에 잘 접목할 수 있을까요?

앙드레 코스톨라니가 이에 대해 좋은 답안을 제시했습니다. 바로 코스톨라니의 달걀을 가지고 말이지요. 그는 거래량과 주식 소유

그림 3-47 코스톨라니의 달걀

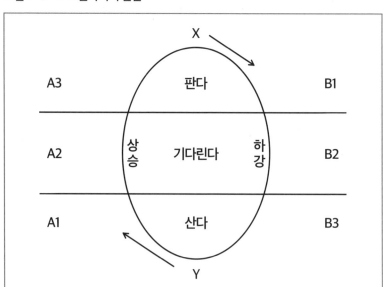

　투자의 역사는 반드시 되풀이된다

자 수를 기준으로 삼았습니다(코스톨라니의 달걀의 구체적인 내용은 p.234쪽
에 있습니다. 참고 부탁드립니다).

이 중에서 A3~B1과 B3~A1 국면은 남들과 반대로 가야 하는
시기입니다. 반면 A2와 B2 국면에서는 남들과 함께 움직여야 합니
다. 실제 사례를 살펴보겠습니다.

2006년 하반기부터 2007년 여름까지 코스피는 꾸준히 상승합
니다. 1,200에서 2,000까지 랠리를 펼칩니다. 이 과정에서 거래대
금이 완만한 기울기로 증가합니다. 그러다가 2007년 여름부터 가을
사이에 거래대금이 폭증합니다. 이 과정에서 증시 최고점이 만들어
졌고, 이후 하락세가 연출됩니다. 완만하게 하락하던 증시는 2008

그림 3-48 코스피 지수와 시가총액 대비 거래대금 비율(코스피-코스닥 합산) **추이**
(2006~2010년)

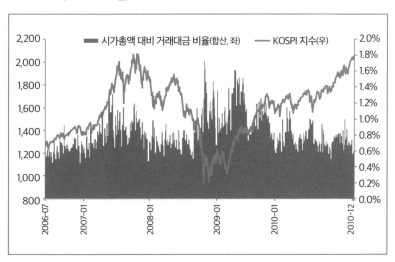

년 가을부터 급락합니다. 이 과정에서 거래대금이 폭증합니다. 그리고 마침내 최저점이 만들어졌습니다.

코로나 당시에도 마찬가지입니다. 2020년 3월에 최저점이 만들어질 때에는 거래대금의 증가가 동반되었습니다. 마찬가지로 2021년 상반기에 최고점이 만들어질 때에도 거래대금의 증가가 나타났습니다.

그림 3-49 코스피 지수와 시가총액대비 거래대금 비율(코스피-코스닥 합산) **추이** (2020~2022년)

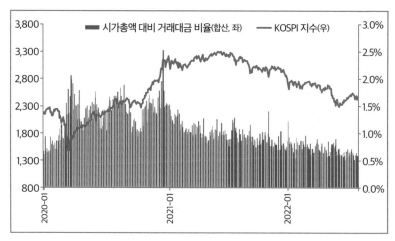

이를 우라가미 구니오의 순환론에 적용해볼 수도 있습니다. 현실이 매우 부정적인데 주가만 올라가는 금융장세, 현실은 매우 긍정적인데 주가만 내려가는 역금융장세에는 다른 사람과 반대로 움직

투자의 역사는 반드시 되풀이된다

여야 합니다. 반대로 현실도 긍정적이고 주가도 올라가는 실적장세, 현실도 부정적이고 주가도 내려가는 역실적장세에는 다른 사람과 같은 방향으로 움직여야 합니다.

주변인들의 반응도 좋은 참고가 됩니다. 필자의 경우 주식 관련 분야에서 계속 일을 하다 보니 지인과의 모임에서 주식 이야기를 많이 나누게 됩니다. 이때 보통은 지인들이 필자에게 질문하고, 필자는 답을 하는 경우가 많습니다. 게다가 말하기를 좋아하는 성격 탓에 대화에서 필자의 지분율이 높습니다. 그런데 증시가 과열국면으로 향하게 되면 오히려 필자에게 종목을 추천해주거나 가르쳐주려는 이들이 늘어나게 됩니다. 이제 필자는 듣는 입장이 됩니다. 심지어 모름지기 주식투자란 이런 방식으로 해야 하는 법이라고 진지하게 조언해주는 분들마저 생겨나게 됩니다. 이런 경우를 겪을 때면 망설일 필요가 없습니다. 증시가 꼭지란 뜻입니다.

반대로 증시가 바닥을 기고 있을 때에는 보통 연락 자체가 줄어듭니다. 혹은 만나더라도 "야, 우리 주식 이야기 같은 건 하지 말자"라는 이야기가 나오곤 합니다. 혹시라도 필자가 이런 상황에서 긍정적인 부분을 조금이라도 이야기하면 "그건 네가 아직 어려서 잘 몰라서 그래. 너 IMF 안 겪어 봤지?"라는 말을 듣곤 합니다. 그런 경우는 바닥이란 뜻입니다.

주식 동아리 지원자 숫자로도 이를 알아낼 수 있습니다. 코스피지수가 최초로 2,000포인트를 돌파했을 때, 필자는 주식 동아리에 들어갔습니다. 동아리에 들어가가 위해서는 개인 및 단체 면접을 보아야 하는데, 운 좋게도 합격하였습니다. 합격 후 신입생 환영회에 나가보니 선배님들이 모두 우리 기수를 치켜세워 주었습니다. 동아리 역사상 가장 높은 경쟁률을 뚫고 들어온 인재라고 말이지요. 선배님들은 우리 기수에게 너네는 모두 자부심을 가져도 된다는 이야기도 자주 했습니다. 그때 알아차렸어야 했습니다. 주식이 꼭지라는 것을요. 다만 당시엔 우쭐해진 마음에 앞으로 다가올 '심판의 날'을 전혀 알아차리지 못했습니다.

코스피 지수가 900포인트를 깨고 내려갔을 때, 필자는 주식 동아리 회장을 맡았습니다. 회원 모집이 정말로 어려웠습니다. 그래서 역대 가장 낮은 경쟁률을 기록했습니다. 심지어는 합격 후에 곧바로 탈퇴하는 회원마저 있었습니다. 그때도 알아차렸어야 했습니다. 주식이 바닥이라는 것을 말이지요.

입사한 이후에는 해외 포럼에서 같은 현상을 경험할 수 있었습니다. 해외 포럼이란 외국계 증권사가 개최하는 대규모 행사를 말합니다. 예를 들어 CLSA 증권의 경우 일본, 홍콩, 베이징 등에서 매년 정기적으로 포럼을 개최합니다. 보통 일주일의 일정으로 이뤄지는데, 늘 하얏트 호텔을 대관하는 것으로 유명합니다. 일주일 내내 시간대별로, 그리고 다양한 행사장에서 유명 인사들이 최근 자산시장에서 주목해야 하는 이슈들에 대해 단체 세미나를 합니다.

또한 수백 개의 기업이 행사에 참여하여 단체 세미나, 혹은 각 호실별로 따로 공간을 마련하여 소규모나 일대일 미팅을 진행합니다. 각 포럼마다 소위 셀럽도 초청합니다. 수영 황제 마이클 펠프스,

토니 블레어 전 영국 총리, 영화배우 조지 클루니 배우 그리고 아베 신조 전 일본 총리 등이 참석한 것을 본 적이 있습니다. 특히 아베의 경우 아베노믹스와 세 개의 화살, 그리고 도요타가 얼마나 좋은 기업인지에 대해 이야기하며 적극적으로 바이 재팬을 외쳤던 기억이 납니다.

펀드매니저를 그만두고 아쉬운 점이 없냐는 질문을 받을 때마다 해외 포럼은 기회가 된다면 꼭 또 가고 싶다는 이야기를 할 정도로 행사의 퀄리티가 매우 높습니다. 그런데 이들 행사는 철저하게 자본주의 성향을 보입니다. 가령 행사에 참여하기 위해서는 해당 증권사에 얼마 이상의 주문을 주어야 합니다. 즉 증권사 입장에서는 큰 행사를 여는 만큼 아무나 다 받지 않고, 본인들에게 수익을 안겨다줄 수 있는 고객 위주로 가려 받습니다. 그리고 주문 금액에 따라 참가할 수 있는 인원수도 달라집니다. 나아가 개별 기업과 일대일 혹은 소규모 미팅을 할 수 있는 기회도 달랐습니다. 아무래도 주문을 많이 주는 운용사에게 더 많은 기회가 부여되었습니다.

포럼에 참석하면 인맥 쌓기도 하게 되는데, 상대를 만났을 때 그날 어떤 스케줄을 보냈는지와 몇 명이나 참석했는지를 들으면 대충 어느 정도 규모인지를 가늠해볼 수 있었습니다.

서론이 길었는데, 때는 2014년이었습니다. 당시 중국 상해종합지수는 2,000포인트 내외를 왔다 갔다 했습니다. 금융위기 전만 해도 6,000포인트였는데, 엄청나게 하락한 것입니다. 그리고 반등을 전혀 못 하고 있었습니다. 반면 글로벌 증시는 이미 바닥에서 크게 반등하여 금융위기 이전 고점을 돌파한 곳도 나왔습니다. 당연히 중국에 대한 관심도는 매우 떨어져 있었습니다. 이때 베이징 포럼이 열렸는데, 여기에 필자가 참석을 했습니다.

그런데 얼마나 참가자가 없었던 건지 당시 행사에 참여한 글로벌 기업들 일대일 미팅이 요청하는 족족 잡혔습니다. 심지어 필자의 회사는 오직 한국 주식에만 투자하는 운용사였기에 투자가 불가능한 상황이었는데도 말입니다. 기업 미팅을 하면 이 기업들 중에는 소위 호구조사를 하는 곳들이 있습니다. 글로벌 투자를 하는지 여부, 그리고 펀드 규모가 어느 정도 되는지 같은 것들 말입니다. 여기서 우리 회사는 해외 투자가 가능한 펀드 자체가 없다는 이야기를 하면, 몇몇 기업은 어이없는 표정을 짓곤 했습니다. 당시 관계자에게 물어보니 노쇼도 많았다고 합니다. 정말로 다들 중국 시장에 관심이 없었던 것입니다. 이제는 눈치가 생겨서 알아차렸습니다. 당시 중국이 기회라고 말이지요. 2,000포인트였던 중국 상해종합지수는 불과 1년 뒤엔 5,000포인트를 넘어갔습니다.

1년 뒤에 열린 베이징 포럼은 그야말로 인산인해를 이뤘습니다. 개별 기업 미팅은 당연히 잡히지 않았습니다. 중이 절에서 내려와 주식 계좌를 개설하고, 길거리 음식을 만들어 파는 상인이 핸드폰으로 주식을 한다는 기사가 나왔습니다. 이 또한 명백한 과열의 신호였습니다. 이후 중국 증시는 3,000포인트 아래로 폭락했습니다.

주식 경제 유튜브와 경제 방송 출연을 시작한 이후에는 이와 관련해서도 시장 분위기 변화 힌트를 느껴볼 수 있었습니다. 비록 필

투자의 역사는 반드시 되풀이된다

자의 채널이 매우 작기는 하지만 구독자 증가나 조회수, 그리고 좋아요/싫어요 비율은 좋은 참고가 됩니다. 예를 들어 시장 약세론을 주장하기 시작한 2021년 4분기에는 구독자와 조회수가 감소했습니다. 그리고 영상에 대한 싫어요 비율이 증가했습니다. 이때 무언가 시장의 쏠림이 대단히 강함을 느꼈습니다.

방송 출연을 할 때도 마찬가지입니다. 모두가 부정론을 이야기할 때 긍정론을 내세우면 조회수가 낮고, 댓글 반응이 처참합니다. 오죽하면 섭외하는 작가로부터 "사실 요즘은 부정론이 긍정론보다 조회 수가 10배는 더 잘 나오는데, 그나마 86번가가 긍정론자들 중에서는 조회 수가 잘 나오는 편이에요. 그리고 혹시나 해서 당부 말씀을 드리는데 악플이 좀 달릴 수 있으니 댓글은 너무 신경 쓰지 말아주세요"라는 말까지 했을까요.

저는 우리나라의 대형 주식경제 유튜브 채널들이 한국판 '공포-탐욕 지수Fear and greed'를 만들어보면 어떨까라는 생각을 합니다. 긍정론, 부정론에 대한 조회수 추이나 좋아요/싫어요 비율, 그리고 댓글 반응을 종합해보면 무언가 의미 있는 결과가 나올 것 같기 때문입니다.

연준은 이번에 승리할 수 있을까?

이번 인플레이션 초기 대응에서 연준은 분명히 실수를 저질렀습니다. 만약 1990년대 중반 채권 대학살처럼 조기에 적절한 대응을 했다면, 지금과 같은 어려움은 겪지 않았을 것입니다. 이는 분명 두고두고 아쉬운 대목입니다. 하지만 지나간 일을 계속 들여다보는 것은 투자에 별로 도움이 되지는 않습니다. 그래서 현재 연준의 정책이 과연 승리를 거두기에 적절한지를 평가해보는 것이 더 중요합니다.

과거에 평균적으로 보면 근원 개인소비지출 물가 대비 연방 기금 금리가 1.5~1.6%p가량 높았습니다. 즉 이 정도 차이가 나면 '적절한 통화정책을 사용하고 있다'라고 말해볼 수 있습니다. 실제로 뉴욕 연은 총재는 인터뷰에서 '정책 금리에서 근원 개인소비지출 물가를 뺀 값이 1.5%p 정도가 되면 합리적'이라는 이야기를 한 바 있습니다.

연준은 향후 금리 경로에 대한 연준 위원들의 예상치 중간값을 보여주는 점도표와 향후 물가 등 경제 전망에 대한 자료를 1년에 네 번(3, 6, 9, 12월 FOMC 회의) 발표합니다. 여기서 예상 금리와 예상 근원 PEC(개인소비지출) 물가지수를 비교해보면 2022년 6월까지만 해도 연준은 과거 평균 대비 낮은 수준의 숫자를 제시했습니다. 평균에도 못 미치니 물가를 '과연 연준이 제대로 제어할 수 있을까'라는 의문이 생길 수밖에 없었습니다. 하지만 9월부터는 달라졌습니다. 비로소 적절한 수준까지로 눈높이를 맞춘 것입니다. 그리고 12월에도 동일한 입장을 유지했습니다. 이제야 인플레이션과의 싸움에서 승리할 수 있는 기반이 마련된 것입니다.

표 3-7 연준 경제 전망, 점도표 추이

	SEP(Summary of Economic Projections)					
	2021년 12월	2022년 3월	2022년 6월	2022년 9월	2022년 12월	2023년 3월
예상 최종 금리	0.9%	2.8%	3.8%	4.6%	5.1%	5.1%
예상 근원 PCE 물가지수	2.7%	2.6%	2.7%	3.1%	3.5%	3.6%
차이(금리-물가)	-1.8%	0.2%	1.1%	1.5%	1.6%	1.5%

*다음 해 점도표 및 근원 PCE 물가지수 참고 예 : 2021년 1월의 경우 2022년 점도표 및 근원 PCE 물가지수 참고

연준이 방심하고 있을 때에는 실수할 위험이 커집니다. 2022년 6월까지가 그랬습니다. 하지만 이제 방심하지 않고, 일단 적절한 수준까지는 눈높이를 맞추고 있습니다. 만약 향후 물가에 대한 예상이 틀렸다면 그만큼 금리 전망을 상향하면 됩니다.

또한 연준 입장에서는 정책 금리의 변경뿐만 아니라 양적긴축도 병행하고 있습니다. 과거에는 단순히 금리를 인상, 인하하는 방법으로 정책 조절을 했다면, 금융위기 이후로는 비전통적 방법도 들어왔습니다. 정확히 양적긴축이 금리를 몇 퍼센트 더 올리는 역할을 한다고 계량화하기는 어렵지만 일정 부분 영향을 주고 있을 것임은 분명합니다.

이 점에 대해 2022년 11월에 샌프란시스코 연은이 분석한 자료가 있습니다. 양적완화, 양적긴축, 오퍼레이션 트위스트, 포워드 가이던스 등 비전통적 방법까지 모두 포함했을 때 과연 기준 금리 변경에 얼마나 추가적인 영향을 주었을지에 대한 내용을 담고 있습니

다. 이처럼 비전통적 방법까지 모두 포함한 추정 금리를 대용연방기금 금리라고 하였는데, 이를 실제 정책 금리인 연방기금 금리와 비교해보았습니다. 2022년 9월 당시 연방기금금리가 2% 중반인데, 대용연방기금 금리는 5% 초중반에 이르렀습니다. 비전통적 방법이 미치는 영향이 적지 않은 것입니다. 만약 향후 정책 금리가 5%에 도달하게 되었을 때, 여전히 양적긴축을 해나가고 있다면 대용연방기금 금리는 적어도 7% 중반에서 8%에 이르게 될 것입니다. 연준이 해나간 긴축의 강도를 과소평가하기 어려운 이유입니다.

인플레이션에 대해서도 아직 확인할 부분이 많다고 봅니다. 인플레이션은 세 가지로 구성됩니다. 수요 요인, 공급 요인 그리고 기

그림 3-50 비전통적 통화정책이 미치는 영향

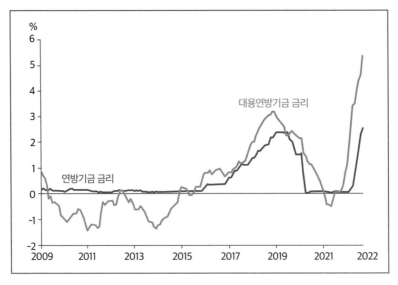

투자의 역사는 반드시 되풀이된다

대 혹은 심리 요인입니다.

코로나로 인해 공급망 교란 문제가 심각해지고, 이는 공급 요인 측면에서 인플레이션을 크게 자극했습니다. 좀 풀려나가나 했더니 2022년 3월부터 상해 대봉쇄가 시작되면서 공급망 문제는 예상보다 오래 지속되었습니다.

이에 더해 2022년 2월에는 우크라이나-러시아 전쟁이 발발했습니다. 이로 인해 원유를 비롯해 식품, 각종 광물 등의 가격이 치솟았습니다. 특히 유럽에서는 천정부지로 치솟은 가스 가격의 영향을 크게 받았습니다.

다행히 공급망 교란 문제는 빠르게 해소되고 있습니다. 2022년 말부터 중국도 리오프닝에 나서면서 정상화에 박차를 가하고 있습니다. 이와 관련하여 뉴욕 연은이 만든 '글로벌 공급망 압박 지수GSCPI, Global Supply Chain Pressre Index'라는 것이 있습니다. 이 지수는 발틱 운임 지수BDI, Baltic Dry Index(철광석, 석탄, 곡물 등 원자재 운반 운임 지수), 하펙스 지수Harpex Index(컨테이너 운임 지수), 미국 항공 화물 운송비용(아시아-미국, 유럽-미국 노선), 그리고 주요국(유럽, 중국, 일본, 한국, 대만, 영국, 미국)의 구매관리자지수PMI 중 배송 시간, 주문잔고, 구매재고를 참고하여 만드는데, 공급망 교란의 정도를 한눈에 파악하는 데 도움이 됩니다.

글로벌 공급망 압박 지수는 2022년 초에 최대치를 기록합니다. 이후 빠르게 떨어져 2023년 2월에 비로소 코로나 이전 수준으로 돌아옵니다. 이 같은 공급망 압박 요인은 시차를 두고 물가에 영향을 미칠 것으로 보입니다.

그림 3-51 글로벌 공급망 압박 지수

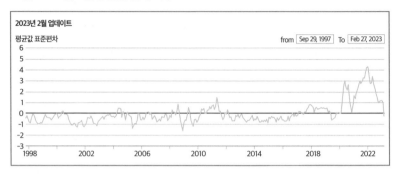

거리두기, 마스크 쓰기 등이 해제되면서 공급망 교란 문제도 그 즉시 해결되었다고 생각할 수 있습니다. 하지만 제품을 만드는 데 어느 한 곳이라도 문제가 있으면 공급망은 어려움을 겪게 됩니다. 비록 해소되는 과정에 있지만 2023년 초까지도 여전히 공급망 문제는 인플레이션에 악영향을 주고 있습니다. 이는 ISM 제조업, 서비스업 PMI 발표 시 나오는 산업별 코멘트에서도 드러납니다.

- 운송 장비: 공급망 문제가 계속해서 생산 일정에 영향을 미치고 있습니다(2023년 1월).
- 숙박 및 음식 서비스: 원료 가용성과 리드 타임은 개선되었지만 여전히 문제가 있습니다(2023년 1월).
- 헬스케어: 공급망 문제가 계속되고 있습니다(2023년 1월).
- 기타 서비스: 주문은 많지만 공급망 문제로 인해 고객이 원하는 때에 배송하기가 어렵습니다(2023년 1월).

투자의 역사는 반드시 되풀이된다

- 컴퓨터: 날짜를 맞추지 못할 위험으로 인해 계속해서 어려움을 겪고 있습니다(2023년 2월).
- 전자제품: 많은 품목이 부족하기에 매일 모니터링해야 합니다(2023년 2월).
- 유틸리티: 리드 타임과 가용성이 약간 개선되었지만 몇몇 품목에서는 여전히 문제가 있습니다(2023년 2월).

즉 향후 공급 요인 측면에서의 인플레이션 유발 요인이 추가로 더 내려가면서 물가 안정에 도움을 줄 수 있어 보입니다.

물가에 대해 기대심리가 크게 자극된 점도 인플레이션에 큰 영향을 끼쳤습니다. 옆집에서 김밥 가격을 1,000원 올리면 다른 집들도 올리고 싶기 마련입니다. 그리고 김밥집뿐만 아니라 순대, 어묵집도 가격을 올리고 싶어 합니다. 이처럼 가격 인상은 연쇄작용으로 이어집니다.

흔히 2%대면 물가를 잊어버리고 산다고 합니다. 3%가 넘어가면 관심을 가지고, 5%를 계속 넘어가게 되면 이것이 기대 수준을 자극시켜서 가속화될 가능성이 커진다고 합니다. 전 세계는 이번에 5% 이상의 물가 상승을 겪었습니다. 미국의 소비자물가는 9%를 넘기도 했습니다. 그렇다면 이는 기대 수준을 자극해서 가속화시키는 결과까지 낳았을 것이라고 추정해볼 수 있습니다. 따라서 당장 2%로 돌아가지 못한다고 할지라도 과도한 물가 심리를 자극할 수준을 벗어나기 시작하면, 심리 부분이 소멸되면서 향후 물가 안정에 기여할 수 있을 것이라고 예상해볼 수 있습니다.

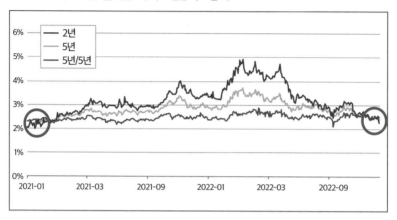

그림 3-52 2021년 초 수준으로 돌아간 기대인플레이션
(2023년 1월, 세인트루이스 연은 자료 참고)

2023년 2월 FOMC 회의에서 파월 의장은 처음으로 디스인플레이션이란 단어를 꺼냈습니다. 그런데 이 단어는 매파인 제임스 불라드 총재가 1월에 먼저 꺼냈습니다. 그는 기대인플레이션이 2021년 초 수준으로 돌아갔음을 제시하면서, '2023년은 디스인플레이션의 해가 될지도 모른다'라고 했습니다(그림 3-52).

과도한 돈 풀기로 인해 인플레이션에서 수요 요인이 크게 자극된 것은 분명합니다. 그러나 계량화하기는 힘들지만 공급 및 심리 요인도 분명히 큰 영향을 주었습니다. 만약 앞으로 이 요인들이 사라지게 된다면 물가 안정은 힘을 얻게 될 것입니다.

투자의 역사는 반드시 되풀이된다

한미 금리 역전, 외환시장은 괜찮을까?

"…한미 금리 역전으로 인해 자금 유출 위험이 커져가고 있습니다…."

연준이 금리를 빠르게 올려 나가면서 한국과 미국의 금리가 역전되었습니다. 그러자 금리 역전에 따른 자금 유출, 나아가 환율 급등에 대한 우려가 나타났습니다. 하지만 실제로는 우려와 다르게 상황이 흘러갔습니다. 한미 금리 차이가 더 커져가고 있음에도 1,400원대 중반으로 치솟았던 환율은 1,200원대 초반까지도 내려왔습니다. 외국인 투자자는 한국 주식을 2022년 4분기부터 공격적으로 매수하고 있습니다.

이처럼 금리 차이에도 불구하고 시장이 다르게 흘러가는 이유는 자금 유출입과 환율 변동의 요인이 금리 차이에만 있는 것이 아니라

복합적이기 때문입니다. 글로벌 경기, 자산시장 변화, 미국 등 주요 국의 긴축 강도 등 다양한 요인이 존재합니다. 또한 이론적으로 보아도 고정 환율제를 사용하고 있는 경우에 금리 차이로 인한 자금 유출입이 온전히 발생할 수 있습니다. 즉 변동 환율제를 사용하고 있는 지금에는 적용되기 어렵습니다.

또한 태국이나 대만 등의 사례를 보아도 미국과의 금리 차이가 자금 유출을 야기한다고 보기는 어렵습니다. 태국과 대만의 기준 금리는 1% 대에 불과하기 때문입니다.

한미 중앙은행 정책 다이버전스에 대해 나오는 우려에 대해서도 마찬가지입니다. 미국이 빅스텝, 자이언트스텝으로 빠르게 금리를 인상해나가는 경우 우리나라도 최소한 같은 방향으로는 움직여야 합니다. 하지만 미국이 그 단계를 지나서 최종 금리를 찾기 위해 금리 인상의 보폭을 줄이게 되면, 그때부터는 자국 사정에 맞게 동결이나 인하 같은 정책을 펼쳐도 무방합니다.

이는 우리나라만의 일이 아닙니다. 우리와 경제 체급이 비슷하면서 가계 부채 증가 및 부동산 문제를 동일하게 겪고 있는 호주와 캐나다의 경우에도 금리 동결에 대한 목소리가 커지고 있습니다.

　　　　　　　　　투자의 역사는 반드시 되풀이된다

가장 비싼 영어 단어 네 개가 있다.
"This time is defferent(이번은 다르다)."

존 템플턴

'강세장은 경기의 앞날에 대한 불안감이 여전히 남아 있고
기업실적도 계속하여 이익 감소가 예상되는
동트기 직전과 같은 어둠 속에서 출발한다.
야말로 '강세장세는 비관 속에서 태어난다'인 것이다.

우라가미 구니오

대개의 사람들은 확률은 무시한 채 리스크를 과대평가한다.

랄프 웬저

크게 보아 나는 주식투자자를 부화뇌동파와 소신파,
두 가지로 분류한다.
소신파는 말 그대로 투자자이다.
장기적으로 보면 그들은 승자에 속하며
그들이 수익을 보는 것은 결국 부화뇌동파 덕분인 경우가 많다.
증권을 가지고 노름을 하는 이들은 부화뇌동파에 속한다.

앙드레 코스톨라니

과거를 기억하지 못하는 자는 과거를 되풀이할 운명에 처한다.

조지 산타야나

| PART 4 |

역동(力動):
코로나 펜데믹 이후
앞으로 3년

- 코로나19 이후에는 증시 순환론이 계속되지 못할 가능성이 더 큽니다.
- 코로나19로 인해 나타난 변화 중 구조적인 것과 비구조적인 것을 구분할 수 있어야 합니다. 비구조적인 부분은 결국 사라질 것이기 때문입니다.
- 현금흐름을 중시하고, 적극적인 주주가치 증대를 추구하는 것이 향후 투자 전략을 세우는 데 핵심이 될 것입니다.
- 경기를 덜 타는 산업을 육성하고, 선진 지수에 편입되어야 한국 증시가 한 단계 성장할 수 있습니다.
- 역사는 반복되지만 재현되지 않는다는 점을 다시 한번 명심해야 합니다.

코로나19 이후로 부활한 증시 순환론이 계속될 수 있을까요?

향후 과잉 재고의 조정이 끝나고 나면 실적장세로 진입하게 될 텐데, 그 이후에는 다시 순환론이 없었던 세상으로 돌아갈지도 모릅니다. IT 기술의 발달로 인해 재차 효율성이 높은 세상이 전개될 가능성이 크기 때문입니다.

물론 지금 당장은 높은 물가가 얼마나 오래갈지에 대한 걱정이 우선 들 수 있습니다. 일부 요인들은 구조적인 변화로 남아서 과거 대비 한 단계 높은 물가 상승 요인이 될 것입니다. 하지만 비구조적인 요인도 물가에 크게 영향을 미쳤고, 비구조적인 요인들은 결국 사라지게 될 것입니다.

과도한 우려는 건강에 해롭습니다.

순환론은 계속될까?

코로나 장세의 핵심은 증시 순환론의 부활이었습니다. 과연 부활한 순환론이 앞으로도 힘을 발휘할 수 있을까요?

순환론의 핵심은 재고 사이클에 있습니다. 2014년~코로나 직전까지는 사라졌던 재고 사이클이 부활하면서 순환론도 함께 부활했습니다. 코로나가 터진 이후에는 극도의 불확실성 때문에 재고를 최소화하려고 노력했습니다. 하지만 생각보다 경제가 이에 대해 대응을 잘했고(혹은 헤아릴 수 없는 돈이 풀려나갔고), 팔 물건이 부족해진 기업들은 강력한 재고 축적 사이클에 들어갔습니다. 덕분에 대단한 실적 시즌을 경험했습니다.

과열된 경기는 글로벌 중앙은행들의 긴축 개시와 함께 냉각되기 시작했습니다. 계속해서 이를 경기가 좋을 것이라고 생각해 공격적으로 쌓아둔 재고는 악성 재고로 변했습니다. 2022년 하반기부터 이를 계속해서 해결해나가는 과정에 있습니다.

악성 재고 문제가 해결된 이후에는 다시금 재고 축적 사이클에 들어갈 가능성이 큽니다. 소위 말하는 실적 사이클입니다. 그리고 여기까지는 부활한 순환론이 잘 작동할 수 있는 환경으로 보입니다.

본 게임은 이때부터입니다. 과연 2014년~코로나 직전과 같은 효율성의 시대가 다시 찾아오게 될까요? 아니면 계속해서 순환하는 시대가 지속하게 될까요?

그림 4-1 미국 총재고(소비자물가 조정 후)와 총재고 장기 추세선(1992~2022년 평균 증가율 감안) 추이(1992~2022년)

투자의 역사는 반드시 되풀이된다

필자는 효율성의 시대가 다시 찾아올 가능성이 크다고 생각합니다. 기술 진보, 정보화로 인해 기업 활동의 효율성이 높아지면서 재고의 과잉, 과소 문제가 많이 해결될 것이라고 보기 때문입니다. 이는 실제로 코로나 전에 몇 년간 우리가 경험한 사회였습니다. 물론 코로나와 같이 전혀 예상치 못한 일이 발생하면 또다시 재고 쇼크가 발생할 수 있습니다. 하지만 기본 시나리오를 설정할 때 100년에 한 번 있는 일을 넣을 순 없습니다.

구조적인 것과
비구조적인 것

코로나19라는 사상 최대의 불확실성이 지나가고 있습니다. 이제 우리는 포스트 코로나 시대를 준비해야 합니다. 그러려면 제일 먼저 그 과정에서 구조적으로 변한 것과 그렇지 않은 것을 구분해야 합니다.

구조적인 변화 중 첫 번째는 고용시장입니다. 코로나19를 겪으면서 베이비부머 세대가 조기 은퇴를 결정하는 경우가 늘었습니다. 이들의 결정은 앞으로 구조적으로 미국 고용시장에서 과거 대비 일할 사람이 부족한 상황을 야기할 것으로 생각됩니다. 그로 인해 임금 상승률이 앞으로도 과거 대비 꽤 높을 것임을 뜻합니다.

그리고 이제 이들은 연금을 납입하는 존재가 아니라 받아가는 존재로 바뀝니다. 그 말인즉슨 채권시장에서 매수자가 아니라 매도

투자의 역사는 반드시 되풀이된다

자가 된다는 말입니다. 그렇게 되면 미국채 시중금리가 과거 대비해서 수급적 요인으로 인해 상승 압박을 받게 될 수 있습니다.

마에스트로란 칭호를 받는 앨런 그린스펀 전 연준 의장이 이 같은 현상을 이미 예언한 바 있습니다. 2007년 그는 회고록『격동의 시대』에서 베이비부머 세대의 은퇴에 따른 인건비 상승과 채권시장 수급 요인 약화로 인해 향후 물가가 4~5%에 달할 수 있다고 전망했습니다.

구조적인 변화 두 번째는 에너지 시장입니다. 탈탄소는 이미 정해진 길입니다. 전 세계는 100% 재생에너지의 시대로 향해가고 있

그림 4-2 유럽 중앙은행 추정 향후 시나리오별 에너지 가격 예상 경로

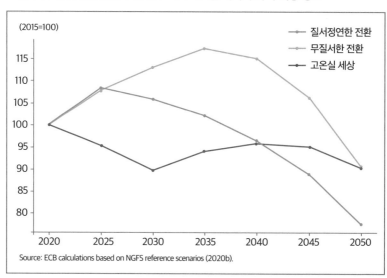

Source: ECB calculations based on NGFS reference scenarios (2020b).

습니다. 하지만 그 과정에서 현실적으로 기존 화석 연료도 계속 사용하게 됩니다. 다만 비중이 줄어들 뿐입니다. 그런데 만약 에너지 대전환 과정이 무질서하게 펼쳐진다면 어떻게 될까요? 이미 이에 대한 연구를 유럽 중앙은행이 한 바 있습니다. 최악의 경우 2035년까지 에너지 가격이 상승할 수 있다고 보았습니다. 물론 경우에 따라서는 오히려 곧바로 하락해버릴 수도 있습니다.

에너지 가격, 그중에서도 유가는 참으로 오묘한 존재입니다. 사실 미국의 소비자물가지수에서 유가를 포함한 에너지가 차지하는 비중은 7%밖에 되질 않습니다. 직접적인 에너지 이외에도 원유를 기반으로 만들어지는 것이 많기에 이보다 영향력이 크다고 볼 수는 있지만, 생각보다는 낮은 것이 사실입니다. 그런데 유가가 오르면 기대인플레이션이 곧장 올라가 버립니다. 실제로 미국의 단기, 장기 기대인플레이션을 보면 유가와 상관관계가 크다는 점이 확인됩니다. 아무리 세상이 고도화되었어도 돌고 돌아 결국엔 유가가 인플레이션에 깊은 영향을 미치는 것입니다. 이런 점을 보면 인플레이션의 안정은 유가의 안정에서부터 시작할 것이라고 보아도 과언이 아닙니다.

구조적인 변화 세 번째는 경제 블록화입니다. 우리는 세계화의 시대를 살아왔습니다. 세계화는 분업화를 통한 효율 극대화를 뜻했고, 이는 물가 안정에 기여했습니다. 하지만 그동안 전 세계의 공장 역할을 해온 중국을 미국이 글로벌 공급망에서 배제하기 시작했습

투자의 역사는 반드시 되풀이된다

니다. 동맹국들 위주로 공급망을 재편하겠다는 것인데, 이 국가들 생산원가가 중국보다 높습니다. 따라서 공급가격이 상승할 수밖에 없을 것입니다. 그런데 그중에서도 특히 미국이 리쇼어링을 추진해나가면서 미국에 공장을 늘리길 원하고 있습니다. 만약 이런 상황이 고착화된다면 한국, 일본, 독일 같은 수출 대국들의 무역 수지가 구조적으로 나빠질 위험이 있습니다. 과거에 자국에서 만들어 미국에 수출했던 것을 이젠 미국 현지에서 생산하게 되니 그 과정에서 벌어들이는 달러가 없어지게 되는 것입니다.

이렇게 무역수지 흑자 폭이 줄어들게 되면 수출 대국의 중앙은행들이 미국채를 사는 금액도 감소하게 될 것입니다. 만약 이 같은 일이 벌어지게 된다면 미국채 입장에서는 베이비부머에 이어 또 하나의 큰 매수 세력을 잃게 됩니다. 미국채 수급 요인은 앞으로 도전적인 상황에 놓일 수 있습니다.

그린스펀의 수수께끼라는 말이 있습니다. 2005년 2월 상원 통화보고서에서 그린스펀 당시 의장은 '기준금리를 아무리 올려도 시장금리가 따라서 오르지 않는다'라며 수수께끼 같은 일이라고 말합니다. 그리고 이에 대해 버냉키는 2005년 3월 연설을 통해 '글로벌 과잉 저축이 전 세계 장기 실질금리를 낮추었다'라고 합니다. 여기서 글로벌 과잉 저축은 수출 대국들을 말합니다. 즉 '수출 대국들이 교역으로 벌어들인 돈으로 미국채를 사버리니 시중금리가 낮게 유지될 수 있었다'라고 원인에 대한 분석 결과를 내놓은 것입니다. 미국의 리쇼어링 및 공급망 재편으로 인해 앞으로는 반대의 일이 벌어질 가능성이 커졌습니다.

　여기까지 보면 향후에 금리가 내려오기 어려워 보이는데, 그건 또 그렇지 않습니다. 우리가 겪은 일들 중에 비구조적인 것들도 크기 때문입니다.

　제일 먼저 공급망 교란 문제를 꼽을 수 있습니다. 코로나19로 인한 잦은 봉쇄, 수에즈 운하 사고로 인해 해상, 항공운임이 천문학적으로 상승했습니다. 그리고 이는 물가 상승에 영향을 주었습니다. 하지만 이제 정상으로 돌아오고 있습니다. 향후 수급 여건을 보면 당분간은 시장에 공급이 더 많기 때문에 해상, 항공운임은 과거 수준에서 머무를 것 같습니다.

　세계 최대 공장인 중국의 과격한 제로 코로나 정책으로 인해 공급망 문제가 제대로 회복되지 못했고, 그 여파는 여전히 남아 있습니다. 하지만 중국의 리오프닝이 순조롭게 진행되고 있으므로, 이는 시간의 문제이지 결국 없어질 요인입니다.

　과열된 미국의 노동시장에도 비구조적인 요인들이 크게 자리 잡고 있습니다. 가장 먼저 코로나로 인해 비정상적으로 증가한 사망자입니다. 파월 의장의 말에 따르면 이는 노동시장에 50만 명 이상의 예상치 못한 부족을 야기했습니다. 또한 이민자의 감소도 큰 요인입니다. 코로나 이후 트럼프 전 대통령이 내린 국경 폐쇄 및 이민 제한 조치로 인해 발길을 돌린 숫자만 2022년 말까지 250만 명에 이릅니다. 코로나 사태가 마무리되면서 관련 조치들은 모두 없어질 것입니다. 일할 사람의 증가는 임금 상승률을 제한하게 될 것이며, 이는 인플레이션 안정에 기여할 것입니다.

또한 여전히 코로나 감염에 대한 우려로 인해 일하러 나가는 것을 두려워하는 사람들도 있습니다. 특히 어린 자녀가 있는 경우 베이비시터를 구해야 하는데, 감염에 대한 우려로 맞벌이 부부의 경우 한 사람이 보육에 전념하게 되는 경우도 생겨났습니다. 이 같은 상황에 처해 있던 이들은 코로나가 종결되면서 사라지게 될 것입니다.

원유시장도 마찬가지입니다. 러시아-우크라이나 전쟁은 비구조적인 요인입니다. 만약 전쟁이 발생하지 않았다면 유가가 120달러를 넘어가는 일도 없었을 것입니다. 그렇다면 향후 전쟁이 마무리 국면에 들어가게 된다면 어떻게 될까요?

1970~1980년대에 유가가 움직인 요인들을 꼼꼼히 살펴볼 필요도 있습니다. 1차 석유 파동을 겪은 이후 각국은 새로운 유전을 개발하기 위해 노력합니다. 그리고 이와 동시에 에너지 사용 효율을 높이기 위해 노력합니다. 당시 알래스카 유전 개발로 증가한 공급이 하루 210만 배럴이었습니다. 미국 정부가 신규 자동차의 평균 효율을 두 배 올린 조치 덕분에 절약한 소비가 하루 200만 배럴이었습니다. 1차 석유 파동 이후 1985년까지 꾸준히 사회 전반적으로 에너지 소비 효율을 상승시킨 덕분에 미국은 무려 일 1,300만 배럴을 절약할 수 있었다고 합니다(대니얼 예긴, 『황금의 샘』 2권, p. 533~534).

이처럼 공급 증가뿐 아니라 효율 증대도 유가에 중요한 요소란 점을 알 수 있습니다. 유럽에서는 가스 가격이 치솟자 집집마다 히트 펌프를 마련하였습니다. 전기차의 점유율은 예상보다 빠르게 올라가고 있습니다. 현재 OPEC은 역대급 감산을 유지하고 있습니다. 이는 마치 2차 석유 파동 이후의 모습과 같습니다. 하지만 도저히 감산만으로는 버티기 힘들어지자 나중엔 치킨 게임에 나서게 되면서 1980년대 중반 유가는 급락하고 맙니다.

다음으로 그저 과도한 재고조정 사이클이었다는 점도 비구조적인 요인으로 들 수 있습니다. 워낙 미증유의 일을 겪으면서 초기에는 재고가 절대적으로 부족했다면, 이후 이어진 폭발적인 수요에 취해 기업들은 너무 많은 재고를 보유하는 실수를 저질렀습니다. 이 악성 재고는 결국 할인판매를 통해 줄일 수밖에 없고, 이 과정에서 기업들의 실적 악화는 필연적이었습니다.

하지만 또 이렇게 재고를 줄여나가서 적정 재고 수준으로 돌아가면 기업들은 과거의 수익성을 되찾게 될 것입니다. 경기 하강 속도가 워낙 빠르게 나타났기에 혹자는 깊은 경기침체, 혹은 구조적 경기침체를 이야기합니다. 하지만 필자는 이와는 반대로 얕은 침체, 혹은 그저 과거와 같이 사이클이 변화해가는 과정이라고 생각합니다. 그리고 그 주된 이유는 '그저 과도한 재고조정 사이클일 뿐이다'에 있습니다.

결론적으로 인플레이션이 과거 대비 한 단계 높아질 것 같습니다. 하지만 그 수준은 과도할 것 같진 않습니다. 구체적으로는 소비자물가지수 상승률이 장기적으로는 2~3% 수준이 될 것으로 봅니다.

향후 투자 전략

코로나19 이전에만 해도 우리는 마이너스 금리에 대해 논의했습니다. 인플레이션이 완전히 사라졌고, 어떻게 하면 인플레이션이 생겨날 수 있을지를 고민했습니다. 그런 상황에서는 성장주가 승자입니다.

그런데 코로나19 이후로는 다릅니다. 혹시 과도한 인플레이션이 오진 않을까라는 걱정이 모든 투자자의 마음 한편에 자리 잡게 되었습니다. 물가와 금리가 꽤 빠르게 내려온다고 할지라도 장기 전망에서 이 둘을 과거 수준으로 낮아지기에는 어려울 것입니다. 이처럼 과거 대비 한 단계 높은 인플레이션의 세상에서 제일 중요한 키워드 두 가지는 현금흐름과 현금의 활용입니다.

먼저 우수한 현금흐름을 가진 기업을 골라야 합니다. 경쟁사 대비 우수한 비용 구조를 갖추고 있거나, 고물가 시대에도 소비를 이 끌어낼 수 있는 매력적인 상품을 파는 기업이 여기에 속합니다.

다음으로 현금 활용을 잘하는 기업을 골라야 합니다. 구슬이 서 말이라도 꿰어야 보배라는 말처럼 현금을 가지고만 있어서는 그 가치가 제대로 평가받기 어렵습니다. 현금을 활용하는 대표적인 방법은 인수합병, 배당, 자사주 매입이 있습니다. 인수합병의 경우 잘되면 좋지만 실패할 경우 위험이 큽니다. 따라서 그동안 인수합병에서 좋은 기록을 가지고 있는 기업을 선택해야 합니다.

다음으로 주주환원책인 배당과 자사주 매입입니다. 둘 중에서 승자는 당연히 자사주 매입입니다. 왜냐하면 세금 측면에서 유리하기 때문입니다. 배당을 받게 되면 그에 따른 세금을 바로 납부해야 하지만, 자사주 매입으로 주가가 오르게 되면 매도 시 차익에 대해 기준을 넘을 때만 세금을 내게 됩니다.

물론 여기에는 전제 조건이 하나 붙습니다. 자사주 매입은 반드시 소각을 전제로 해야 한다는 것입니다. 자사주를 사기만 하고 소각하지 않으면 향후 대주주의 지배구조 강화를 위한 목적에 사용되는 등 오히려 기업가치 훼손이라는 결과로 까지 이어질 수 있습니다. 그렇지 않더라도 언젠가는 매물로 나올 수 있다는 생각을 들게 해서 오히려 자사주를 다 산 후에는 오버행(대량의 대기물량)이 있다는 우려를 만들 수 있습니다. 해외의 경우에는 '자사주 매입=소각'이라는 등식이 너무 자연스럽게 성립되어 있습니다. 오히려 소각이 드문 한국을 보며 외국인 투자자들은 의아해합니다.

자사주 매입 소각의 힘은 매우 강력합니다. 다음은 CEO 2011년 8월, 팀 쿡이 애플의 CEO로 부임한 이래로 2020년까지의 주가 추이입니다.

그림 4-3 팀 쿡의 CEO 부임 이래 애플의 주가 추이(2011~2020년)

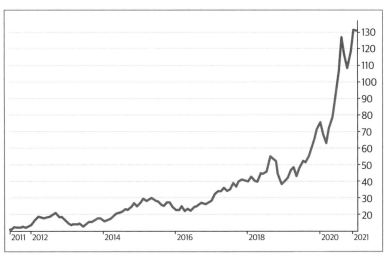

〈그림 4-3〉을 보면 주가가 10배 올랐습니다. 그런데 같은 기간 동안 순이익은 38%밖에 증가하지 않았습니다. 주가는 이익의 함수라는 말이 어찌 된 영문인지 작동하지 않았습니다. 해답은 주주환원책에 있습니다. 이 기간 동안 애플은 현금 배당을 1,026억 달러 지급합니다. 자사주 매입 소각에는 무려 3,787억 달러를 사용합니다. 이로 인해 발행 주식 수가 38%나 감소합니다. 화끈한 주주환원책이

주가 상승을 견인한 것입니다. 애플의 주요 주주인 워런 버핏은 이같은 애플의 정책에 만족감을 표합니다. 그는 연례 서한에서 '애플 주식을 산 후 좀 팔았는데, 자사주 매입 소각을 해서 오히려 지분율은 증가했습니다'라고 말했습니다.

애플의 정반대 사례는 버크셔 해서웨이입니다. 버크셔도 애플과 같은 기간 동안 주가 상승률이 150%로 나쁘지 않았습니다.

그림 4-4 버크셔해서웨이의 주가 추이(2011~2020)

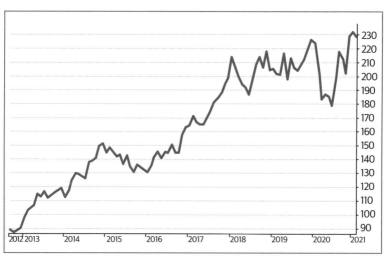

그런데 그사이 순이익이 694% 증가한 점을 감안하면 이 정도 주가 상승에 그친 것은 좀 억울할 것입니다. 역시나 해답은 주주환원책에 있었습니다. 이 기간 동안 버크셔는 현금 배당을 전혀 하지 않

투자의 역사는 반드시 되풀이된다

있습니다. 자사주 매입 소각도 뒤늦게 2019년부터 시작하였습니다. 주주환원책을 펼치지 않는 것으로 유명한 워런 버핏이 아마도 애플을 보고 심경의 변화가 생겨서 자사주 매입 소각을 시작한 것이 아닐까라는 생각이 듭니다.

이후에 버크셔의 주가는 증시 자체가 성장주에서 가치주로 넘어오면서 상대적으로 좋은 수익률을 기록합니다. 하지만 여기에는 단순히 가치주로의 로테이션을 넘어서 버크셔가 2019년부터 강력하게 실행 중인 자사주 매입 소각이 영향을 미친 것으로 보입니다.

여기서 더 나아가 워런 버핏은 2023년 연례 주주 서한에서 왜 자사주 매입 소각이 좋은지에 대해 설명합니다.

"버크셔는 자사주 매입을 통해 2022년에 아주 조금 내재가치 증가가 일어났습니다. 우리의 중요한 투자처인 애플과 아멕스에서도 같은 일이 있었습니다. 버크셔는 발행 주식 수 대비 1.2%만큼의 자사주를 매입하여 직접적으로 주주들의 이익을 증가시켰습니다. 애플과 아멕스의 자사주 매입으로 인해 버크셔는 한 푼도 더 쓰지 않고 지분율을 조금 더 늘렸습니다.

계산은 아주 간단합니다. 주식 수가 감소하면 당신의 이익은 증가합니다. 만약 자사주 매입이 가치 있는 가격에서 이뤄진다면 늘 도움이 됩니다. 다만 회사가 자사주 매입을 과도한 가격에서 한다면 이는 주주들에게 손해가 됩니다. 가치 있는 가격에서의 자사주 매입을 통한 이익 증가는 강조되어야 하며, 이는 모든 주주에게 이익이 됩니다.

어느 지역 자동차 판매점에 세 명의 주주가 있다고 가정해보겠습니다. 이들 중 한 명이 사업을 관리하고 있고, 나머지 두 명은 투자자입니다. 이 두 명의 투자자 중 한 명이 주식을 회사에 되팔고 싶어 합니다. 그런데 팔고자 하는 가격이 나머지 두 주주에게 매력적인 가격이라고 가정해보겠습니다. 이 거래가 이뤄졌을 때 손해 본 사람이 있나요? 대중에게 피해가 발생했나요?

모든 자사주 매입이 주주나 국가에 해롭다는 말을 들었을 때, 혹은 최고경영자에게 더 이익이 될 것이라는 말을 들었을 때, 이는 당신이 경제 문맹자나 말 잘하는 선동가가 하는 말을 듣고 있다는 뜻이 됩니다."

−버크셔 해서웨이 2022년 연례 주주 서한 中

한국에서는 메리츠 금융그룹이 주주환원책을 강력하게 펼치는 기업으로 유명합니다. 메리츠 금융그룹은 2021년 5월 14일에 새로운 주주환원책을 발표하는데, 기존에는 현금 배당을 강조했다면 이번엔 자사주 매입 소각을 강조했습니다. 이후 1년 동안 메리츠지주, 화재, 증권 등 3사의 주가는 평균적으로 27% 상승했습니다. 같은 기간 동안 금융업종 지수 주가는 오히려 27% 하락했습니다. 자사주 매입 소각 전략이 한국에서도 잘 작동할 수 있음을 보여준 것입니다.

주주행동주의의 증가

　주주행동주의란 주주가치 증대를 위해서 투자자가 주주의 권리를 활용해 회사 측에 다양한 요구를 하는 것을 말합니다. 여기에는 배당 확대, 자사주 매입과 같은 소극적 활동에서부터 감사나 이사의 추천, 회사의 분할 혹은 합병 등과 같은 적극적 활동이 포함됩니다.

　그동안 주주행동주의라고 하면 남의 나라 일이라고 생각해왔습니다. 왜냐하면 우리나라의 경우 대주주나 최고경영자가 중대한 잘못을 저질러도 그들의 경영권 행사에는 거의 영향을 받지 않았기 때문입니다. 일반주주의 요구는 묵살당하기 일쑤였습니다.

　그런데 최근 증시에서 일반 주주들의 요구가 증가하고 있습니다. 주주행동주의가 들불처럼 번져나가고 있다는 말까지 나올 정도입니다. 이를 두고 잠시 스쳐 지나가는 유행으로 여기는 시각도 있는데, 필자는 앞으로 더욱 활발한 주주행동주의가 펼쳐질 것이라고 확신합니다. 왜냐하면 과거 일본과 미국에서 주주행동주의가 증가할 때와 비슷한 환경이 우리나라에도 조성되었기 때문입니다.

상황이 좋을 때에는 요구도 없습니다. 예를 들어 주식시장이 활황일 때에는 모두가 행복합니다. 좋은 게 좋은 것이란 태도를 가집니다. 하지만 주가가 폭락한 후 약세장이 이어지면 이야기가 달라집니다. 일본에서 주주행동주의가 시작된 것은 2000년부터입니다. 1990년대 초반 거의 4만 포인트에 달했던 니케이 지수가 1만 포인트 초반까지 떨어진 시기입니다. 주식시장에서 손실을 크게 본 투자자들 입장에서는 그것이 배당이든, 혹은 자사주 매입이든, 아니면 사업을 쪼개고 재편하든 무엇이라도 좋으니 주가가 올라서 손실을 만회하기를 바랐습니다. 그래서 요구를 하기 시작한 것입니다.

미국도 마찬가지입니다. 미국에서 자사주 매입 소각이 본격적으로 증가하기 시작한 것은 1970년대 중반입니다. 1970년대에는 인플레이션 때문에 증시가 지지부진했는데, 특히 1차 석유 파동이 발생한 1970년대 중반에는 주가가 약 50% 폭락했습니다. 그러자 투자자들은 회사 측에 무엇이라도 하라고 강력하게 요구하기 시작합니다. 이 당시에는 기업이 자사주를 매입하면 경영자가 미래 성장에 자신이 없다고 여겨지던 시기였지만 계속된 주가 부진을 탈피할 방법으로 자사주 매입만 한 것도 없었습니다. 당시 제너럴시네마 (상장주식의 30%를 자사주로 매입), 제너럴다이내믹스(30%), 워싱턴 포스트(40%), 캐피털시티스(50%), 텔레다인(90%) 등은 적극적인 자사주 매입으로 우수한 주식 성과를 올린 대표 사례입니다.

3,300포인트를 넘었던 코스피는 2,000포인트 초반까지 내려왔습니다. 약세장이 거의 2년 가까이 펼쳐졌습니다. 투자자들 입장에서는 손실을 복구할 무언가가 필요하고 요구가 증가할 수밖에 없습니다. 일본과 미국에서처럼 말이지요. 특히 코로나 이후 동학개미운동과 더불어 개인투자자의 수가 급증했는데, 주가 하락으로 손실이 큽니다. 주가를 부양하기 위한 다양한 활동에 우호적일 수밖에 없습니다.

스튜어드십 코드(기관투자자들이 타인의 자산을 관리·운영하는 수탁자로서 책임을 충실히 이행하기 위해 만들어진 지침)를 도입한 점도 주주행동주의에 힘을 보탭니다. 스튜어드steward란 집사를 뜻하는데, 주인의 재산을 지키는 집사처럼 투자회사들이 고객의 이익을 극대화하기 위해 노력하도록 만드는 제도입니다. 일본의 경우 아베노믹스 당시 스튜어드십 코드를 도입하여 큰 성과를 올린 바 있습니다. 일본 기업들의 전반적인 주주환원율이 꾸준히 상승했고, 다양한 주주제안이 관철되었습니다. 그래서 스튜어드십 코드 도입은 일본의 주주행동주의가 2차 성장기를 맞이하는 데 결정적 역할을 했다고 보고 있습니다.

우리나라에서도 스튜어드십 코드를 도입했는데, 국민연금이 2018년에 세부안을 마련하여 적용한 이후로 운용업계가 전반적으로 도입했습니다. 주주행동주의에 관심을 가지는 운용사들의 경우이 당시부터 내부적으로 주주행동주의를 펼칠 기업들을 선정했습니다. 대부분의 경우 행동주의에도 단계를 밟습니다. 먼저 비공개로 회사 측에 요구 사항을 전달합니다. 이후 비공개 요구 사항이 실제로 받아들여지는지 확인합니다. 잘 받아들여진다면 계속해서 비공개로 진행됩니다. 반면 받아들여지지 않는다면 공개 요구로 전환됩니다. 몇몇은 주주제안을 통해 주주총회 안건으로 올리기도 합니다. 이 같은 공개 요구가 바로 투자자들이 흔히 떠올리는 주주행동주의입니다.

이처럼 물밑에서 2~3년간 비공개 활동으로 이뤄져 오다가 더 이상 비공개 요구로는 회사를 설득하기 어렵다고 여겨 공개 활동으로 전환되는 사례가 2022년 부터 나오기 시작한 것입니다. 즉 갑자기 생겨난 것이 아니라 이미 수면 아래에서는 부글부글 끓고 있었고, 이제 공개 활동이 꽃을 피우기 시작한 것입니다. 이처럼 과거 단발성의 주주행동주의와 현재의 주주행동주의는 명백한 차이가 있습니다.

뿐만 아니라 정책적인 움직임도 나타나고 있습니다. 정부는 의무공개매수제도 도입을 예고하였고, 자사주 매입 시 소각을 의무화하는 방안에 대해서도 논의가 시작되었습니다. 또한 일반투자자들의 최대 숙원 사업인 「상법 제382조의3, 이사의 충실 의무」 개정에 대해서도 활발한 논의가 이뤄지고 있습니다. 지난 대선에서 상법 개정을 공약에 넣은 당도 있었으며, 실제로 개정안이 발의되기까지 했습니다. 물론 아직 광범위한 지지를 얻지는 못하고 있습니다만 개인투자자들의 요구가 계속 커지는 상황에서 시간의 문제이지 개정은 될 것이라고 생각합니다.

투자의 역사는 반드시 되풀이된다

이사의 충실 의무 개정이 중요한 이유는 그래야 비로소 주주가 권익을 보호받을 수 있는 장치가 마련되기 때문입니다. 현재 「상법」 은 '이사는 법령과 정관의 규정에 따라 회사를 위하여 그 직무를 충실하게 수행하여야 한다'라고 되어 있습니다. 그렇기 때문에 만약 회사와 주주 사이의 이익이 배치될 때, 혹은 주주 사이에서도 최대주주와 일반주주 사이의 이익이 배치될 때 주주나 일반주주의 권익이 훼손되어도 법적으로 문제를 제기할 수 있는 근거 자체가 없는 상황입니다. 우리나라에서 일반주주가 받는 대우란 것이 왜 그토록 보잘것없으며, 회사 측에서 말도 안 되는 행동을 서슴없이 저지르는지를 바로 이 대목에서 알 수 있습니다. 코리아 디스카운트 해소는 바로 이사의 충실 의무 개정에서부터 시작되어야 합니다.

성공하는 주주제안과 실패하는 주주제안

몇 가지 제도적인 부분과 기관투자자의 의결권 행사 특성을 알면 성공하는 주주제안과 실패하는 주주제안을 구분할 수 있습니다.

먼저 과도한 특별배당과 자사주 매입을 요구하는 경우에는 실패할 가능성이 매우 큽니다. 기본적으로 배당이 증가하고 자사주를 매입하는 것은 주주에게 도움이 됩니다. 그래서 어느 정도 더 높이자는 제안은 승리할 가능성이 큽니다. 하지만 보유 현금을 모두 사용할 정도로 과도한 요구를 하는 경우에는 '과도한 배당으로 인해 향후 투자가 위축되어 장기적으로는 기업가치에 훼손이 발생할 수 있다'라는 논리에 막혀 버리게 됩니다. 안타깝게도 여전히 너무 많은 주주제안이 이처럼 과도한 주주환원을 요구하고 있습니다. 아마도 제안을 하는 쪽에서는 '배당이 극적으로 늘어나면 기관투자자 입장에서도 좋을 텐데, 왜 나의 제안에 반대 의견을 내는 거지?'라고 의아해할 수 있는데, 바로 이런 이유 때문입니다. 적절한 수준을 제안하는 것이 중요합니다. 그리고 그 적절한 수준을 뒷받침할 수 있는 확실한 논거가 필요합니다. 적절한 수준은 주주환원을 추가로 할 수 있는 자료가 뒷받침되어야 합니다. 만약 탄탄한 논리와 자료를 바탕으로 적절한 수준의 주주환원 증가를 제안한다면 이는 성공 가능성이 매우 큽니다. 왜냐하면 기관투자자들의 경우 더 높은 수익을 올릴 수 있는 기회가 있는데, 특별한 이유 없이 이를 선택하지 않을 경우 펀드 가입자로부터 배임행위를 했다는 이의 제기를 받을 수 있기 때문입니다.

간단한 예로 정리해보겠습니다. 지난해에 100원을 배당한 회사가 있습니다. 이 회사에 대해 '미래를 위한 투자금을 제외해도 업계 평균 수준의 배당을 가정하면 배당을 120원까지는 늘릴 수 있습니다'라고 주장하는 주주제안이 있다면 이는 성공 가능성이 큽니다. 반면 같은 회사에 대해 '사내유보금을 보아 하니 1,000원을 배당해야 합니다'라고 주장한다면 이는 실패할 가능성이 큽니다. 사내유보금은 회계상으로 존재하지 않는 개념으로 완전히 틀린 기준이며, 10배씩이나 높은 배당을 요구하는 것은 회사 재정에 무리를 줄 수

투자의 역사는 반드시 되풀이된다

도 있기 때문입니다.

　다음으로 감사 선임을 노려야 합니다. 기본적으로 주주행동주의는 이사회의 장악을 목표로 합니다. 하지만 우리나라에서 이사회를 장악하는 것은 여간 어려운 일이 아닙니다. 미국과 달리 최대주주의 지분율이 높기 때문입니다. 따라서 어느 정도 지분율을 갖춘 최대주주와 표 대결에 들어가면 이길 확률은 상당히 낮아집니다. 만약 최대주주가 50%+1주를 가지고 있다면 이길 확률은 제로입니다. 승리 확률이 없습니다.

　하지만 감사는 다릅니다. 아무리 지분율이 높아도 3% 룰에 의해 의결권이 제한되기 때문입니다. 가령 50%를 가진 주주와 3%를 가진 주주가 이사 선임에서는 50% 대 3%가 되지만 감사 선임에서는 3% 대 3%로 동일합니다. 따라서 주주제안이 감사 선임으로 들어간 경우에는 성공 확률이 높다고 볼 수 있습니다.

　그런데 여기서 '감사가 선임되어 봤자 얼마나 회사를 바꿀 수 있을까'란 의문이 생길 것입니다. 회사의 중요 결정을 내리는 이사가 아니기 때문입니다. 그런데 감사는 생각보다 많은 것을 할 수 있습니다. 가령 언제든지 이사에 대하여 영업에 대한 보고를 요구하거나, 회사의 업무와 재산 상태를 조사할 수 있습니다. 그리고 이사회 및 주주총회를 소집할 수 있는 권한이 있으며, 자회사에 대한 조사권도 가지고 있습니다. 즉 최대주주나 이사회가 회사에 손실을 끼치는 행위를 하는 경우 이를 알아낼 수 있으며, 이는 일반주주가 향후 행동주의를 하는 데 큰 힘이 됩니다. 감사 선임이 강력한 힘을 발휘한 경우로는 에스엠 사례를 들 수 있습니다. 투자자들 입장에서 심증만 있고 물증이 없었던 최대주주의 비정상적 행위를 정확하게 밝혀낼 수 있었기에 건전한 지배구조로 나아갈 수 있었습니다.

감사나 이사 선임 시 후보를 제안할 때 주의할 점이 있는데, 바로 결격 사유 유무입니다. 정말로 경영을 더 잘할 것으로 보이는 후보를 추천하는 것이 주주제안을 승리로 이끄는 길이라고 생각할 수 있습니다. 그런데 아무리 능력 있는 후보라도 결격 사유가 있다면 그 즉시 탈락입니다. 기관투자자들의 경우 보유한 기업은 많고, 주주총회는 3월에 몰려 있기 때문에 의결권 행사 시 현실적으로 대부분은 이미 계약해둔 의결권 자문기관의 의견을 거의 그대로 따릅니다. 그런데 의결권 자문기관은 이사나 감사 후보에 대해서 결격 사유가 있는지 여부만 체크하지, 그 사람이 경영을 잘 해낼 수 있을지 여부는 판단하지 않습니다. 따라서 어떤 경우에는 회사 측 후보와 주주제안 측 후보에 대해 모두 찬성 의견이 나오기도 합니다. 양쪽 모두 결격 사유가 없을 때 벌어지는 일입니다. 그리고 실제로 이사의 경우 회사 측 정관에 인원 제한이 없다면 양쪽 후보가 모두 선임될 수도 있습니다. 즉 중복 투표가 가능한 것입니다.

중대한 결격 사유란 대표적으로 최근에 실형이나 금고형 이상을 선고받은 경우, 겸직이 많은 경우입니다. 각 의결권 자문기관은 이와 관련해 명확한 기준이 있으므로 꼭 확인해봐야 합니다.

기관투자자들이 의결권 자문기관의 의견을 준용하는 데에는 다

투자의 역사는 반드시 되풀이된다

른 이유도 있습니다. 바로 삼성물산과 제일모직 합병 사건 때문입니다. 불공정한 비율이었음에도 의결권을 합병 찬성으로 행사한 부분에 대해 강도 높은 조사가 진행되었고, 이와 관련된 인물들이 실형을 선고받았습니다. 기관투자자들도 평범한 직장인입니다. 굳이 의결권 행사 문제로 조사를 받고 실형까지 선고받고 싶지는 않습니다.

때문에 의결권 자문기관의 의견을 준용했다고 하는 것이 여러모로 도움이 됩니다. 전문가의 의견을 따랐다고 하면 면피할 수 있는 부분이 많기 때문입니다.

이를 반대로 생각해보면 운용사는 의결권 자문기관의 의견과 반대되는 결정을 내리기 어렵다는 것도 됩니다. 따라서 주주행동주의는 의결권 자문기관을 설득하는 것이 주요 과제라고도 할 수 있습니다. 운용사들이 의결권 자문기관의 의견을 따르는 것은 외국도 마찬가지입니다. 그러므로 주주제안을 할 때에는 국내뿐 아니라 해외 의결권 자문기관도 반드시 신경 써야 합니다.

마지막으로 회사의 합병이나 분할을 요구하는 것은 승리 확률이 낮아지는 제안입니다. 왜냐하면 합병이나 분할은 특별결의이기 때문에 참석 주주 절반의 찬성이 아닌 3분의 2의 찬성이 필요합니다. 만약 회사 측의 지분율이 3분의 1을 넘는다면 이는 하나 마나 한 제안입니다. 그런데 이 부분 또한 반대로 활용해볼 수 있습니다. 회사 측이 합병이나 분할을 진행하려 할 경우에 상대적으로 일반주주들이 이를 막기도 상대적으로 쉽다는 것입니다. '회사가 힘이 세니 나 같은 소액의 일반주주가 반대해봤자 뭐가 달라지겠어. 의결권 행사를 하지 말아야지'라는 식의 무기력한 대응을 그동안 일반주주들이 일삼아 왔기 때문에 합병과 분할이 거의 통과된 것뿐이지, 사실은 매우 어려운 일입니다. 일반주주들의 적극적인 의사 표현이 필요합니다.

투자의 역사는 반드시 되풀이된다

코스피200 기업들이 자사주를
모두 소각한다면

해외의 경우 자사주 매입은 소각을 동반합니다. 이는 상식입니다. 그런데 한국은 매우 독특하게도 자사주를 매입하면 이를 그냥 보유하고 있습니다. 그러니 발행 주식 수가 줄지 않아서 주주가치 증대에 별 도움을 주지 못하는 것입니다. 아니, 나중에 지배구조 개편에 와일드 카드로 쓰이면서 오히려 주주가치를 훼손하는 일까지도 벌어집니다.

만약 우리나라 기업들이 해외처럼 자사주를 모두 소각한다면 어떤 일이 발생하게 될까요? 2022년 3분기를 기준으로 코스피200 기업들이 보유한 자사주는 시가총액 대비 약 3%였습니다. 만약 이들을 모두 소각한다면 코스피200이 3% 상승할 수 있는 것입니다.

그런데 여기서 자사주가 하나도 없는 삼성전자를 제외하고 보면 자사주 비중이 약 4%로 올라가게 됩니다. 시장 전체로 보았을 때 작

표 4-1 2022년 3분기, 코스피200 기준, 자사주 비율 5% 이상 목록

종목별	자사주 %	종목별	자사주 %
한샘	32.6%	한화	8.8%
롯데지주	32.5%	NAVER	8.6%
대웅	28.5%	유한양행	8.5%
동원산업	27.9%	더블유게임즈	7.9%
SK	24.4%	삼성카드	7.9%
태광산업	24.4%	아모레G	7.5%
미래에셋증권	23.7%	엔씨소프트	7.5%
두산	18.2%	오뚜기	7.4%
금호석유	17.9%	CJ	7.3%
KCC	17.2%	LX인터내셔널	7.2%
삼성화재	15.9%	한국가스공사	7.0%
DB손해보험	15.2%	신풍제약	7.0%
LS	14.2%	영풍	6.6%
한화생명	13.5%	현대백화점	6.6%
메리츠화재	13.3%	롯데제과	6.3%
삼성물산	13.2%	LG생활건강	6.1%
메리츠증권	13.0%	TKG휴켐스	6.1%
KT&G	12.6%	고려아연	6.0%
CJ대한통운	12.6%	현대차	5.9%
현대해상	12.3%	SK하이닉스	5.5%
제일기획	12.0%	효성	5.5%
SK네트웍스	11.9%	KB금융	5.5%
에스원	11.0%	호텔신라	5.4%
한섬	10.8%	한국금융지주	5.4%
현대그린푸드	10.6%	키움증권	5.3%
HD현대	10.5%	세방전지	5.3%
POSCO홀딩스	10.3%	SKC	5.3%
삼성생명	10.2%	강원랜드	5.2%
KT	9.7%	대한유화	5.0%
SK이노베이션	9.5%		

투자의 역사는 반드시 되풀이된다

지 않은 숫자입니다.

그렇다면 삼성전자는 왜 자사주가 없을까요? 삼성전자가 처음 3개년 주주환원책을 발표했던 2015년 10월에는 자사주 매입이 포함되어 있었습니다. 그리고 자사주를 매입한 이후에는 모두 소각하는 친주주 행보를 보였습니다. 하지만 3년 뒤, 2차 3개년 주주환원책을 발표할 때에는 자사주 매입이 빠졌습니다. 이유는 삼성생명과 삼성화재 때문입니다. 우리나라에서는 금융계열사가 신규로 10% 이상 제조계열사의 지분을 보유하기 위해서는 금융당국의 사전 승인이 필요합니다.

삼성전자가 자사주를 매입 소각하기 전에는 삼성생명과 삼성화재가 보유한 삼성전자 지분율이 10%를 넘지 않았습니다. 하지만 소각을 하자 삼성전자에 대한 지분율이 10%를 넘어가게 되었습니다. 그러자 10%를 넘어가는 수량만큼을 그냥 블록딜 매도하면서 지분율을 9.99%로 낮추게 됩니다. 투자자들 입장에서는 어리둥절했습니다. 앞으로 삼성전자가 자사주를 매입 소각하면 삼성생명과 삼성화재가 보유한 삼성전자 지분이 또 시장에 매도 물량으로 나오게 된다는 뜻이었으니 말입니다. 이처럼 잠재적으로 대량의 매도 물량이 대기하고 있는 경우 오버행 물량이 있다고 표현합니다. 그리고 당연하게도 오버행 물량은 주가를 억누르는 역할을 합니다. 금융계열사 보유 지분에 대한 조치 없이는 삼성전자가 애플이나 버크셔 해서웨이처럼 자사주를 매입 소각할 수 없는 이유입니다.

경기를 덜 타는
산업의 육성이 필요한 이유

당신이 감독이라면 타율은 낮지만 걸렸다 하면 넘어가는 홈런 타자와 두루두루 능력치가 좋은 팔방미인형 타자 중 누구를 선발하겠습니까?

여기서 팔방미인형 타자는 꾸준히 이익이 증가하는 기업을 말하는데, 즉 미국이라고 할 수 있습니다. 홈런 타자는 주식으로 치면 경기민감주입니다. 걸렸다 하면(경기가 좋아지기만 하면) 이익이 엄청나게 많이 납니다. 반면 헛 스윙하면(경기가 나빠지면) 적자로 돌변합니다. 우리나라가 여기에 속합니다.

화끈한 홈런 타자가 좋은 것 아니냐고 생각할 수 있습니다. 하지만 변동성이 크다는 점은 보통 약점으로 작용합니다. 왜냐하면 이익 추정이 매우 어렵기 때문입니다. 이익 추정의 어려움은 결국 낮은

투자의 역사는 반드시 되풀이된다

밸류에이션으로 이어집니다. 투자자들은 안정적으로 수익이 증가하는 기업을 더 선호하기 마련입니다.

그렇다고 이에 대한 해결책으로 경기민감 섹터를 인위적으로 줄이자는 것은 절대 아닙니다. 이미 잘하고 있는 분야를 굳이 줄이는 것은 옳지 않습니다. 그나마 있는 강점마저 죽이는 것이기 때문입니다. 그보다는 약점을 보완해나가는 것이 맞습니다. 즉 우리나라는 경기에 덜 민감한 산업을 육성해야 합니다.

경기를 덜 타는 대표적인 산업으로는 플랫폼, 바이오, 콘텐츠가 있습니다. 빠르게 성장하고 있는 분야이긴 하지만 우리나라 전체적으로 보면 그 비중이 여전히 낮습니다.

코로나19를 전쟁과 비교하기도 합니다. 예상치 못한 엄청난 일이 일어났고, 이를 해결하기 위해 총력전을 펼쳤으며, 그 과정에서 엄청난 유동성을 공급했다는 점이 전쟁과 똑 닮았기 때문입니다. 그리고 과거에 큰 전쟁을 치른 후에는 어김없이 기술 혁신이 일어났습니다. 혹시나 코로나19 이후에도 비슷한 일이 되풀이되지 않을까라는 생각을 해봅니다. 그리고 그때마다 필자가 주요 후보로 꼽는 산업은 AI 및 자율주행, 바이오 그리고 엔터테인먼트입니다. 우리가 보강해야 하는 영역과 정확히 일치합니다.

바이오의 경우 mRNA라는 새로운 방식이 전 세계인을 대상으로 빠르게 검증 과정을 거쳤다는 점이 혁신으로 이어질 수 있는 요소라고 생각됩니다. AI 및 자율주행의 경우 코로나19를 거치면서 비대면, 재택에 대한 인식이 크게 높아졌고, 일할 사람을 구하기 너무 힘든 상황이 장기간 이어진 점이 이들에 대한 필요성을 높일 것이라고 생각했습니다.

마지막으로 엔터테인먼트의 경우 필자가 가장 사랑하는 분야이기도 한데, 코로나19를 떠나서 인류가 발전해나가면서 강조될 수밖에 없는 분야라고 봅니다. 유명 경제학자인 케인스가 약 100년 전에 쓴 에세이 『우리 손자 세대의 경제적 가능성Economic Possibilities for Our Grandchildren』을 보면 소득 수준 등의 향후 성장 속도를 가정해볼 때 2030년에는 인류가 주당 15시간만 일할 것이라고 예상했습니다. 실제로 유럽 국가들의 경우 이미 평균 근로 시간이 주당 30시간 초중반까지 내려왔습니다. 그로 인해 여가 시간은 증가하고, 그 시간을 차지할 가장 좋은 아이템은 엔터테인먼트입니다.

투자의 역사는 반드시 되풀이된다

선진 지수에 편입하려면
무엇이 필요할까

국민연금의 고갈 시기가 계속해서 앞당겨진다는 이야기를 많이 들어보았을 것입니다. 실제로 국민연금에 대한 문제는 심각해서 이제는 2030년대 후반이면 연금 자산이 정점을 찍고 내려오기 시작할 것이란 분석도 나오고 있습니다. 만약 그렇게 된다면 이제 더 이상 국민연금은 주식시장에서 매수 주체가 되지 못합니다. 국민연금이 매수한다고 좋아하는 일도 추억이 될 것입니다. 국민연금은 연금을 지불하기 위해서 보유하고 있는 자산을 매각하기 시작할 것입니다. 한국 증시에서 큰 매도 주체가 하나 생겨나는 것입니다.

이 시기를 늦추려면 수익률 제고에도 힘써야 하지만 더 내고, 덜 받고, 더 늦게 받는 것 같은 연금 개혁이 필수적으로 병행되어야 합니다. 하지만 워낙 이해관계가 첨예하게 대치되는 문제이기 때문에 개혁이 쉽지 않을 수도 있습니다.

그렇다면 우리 증시 입장에서는 새로운 매수 주체가 필요하고, 선진 지수에 편입되는 것이 그 해결책이 될 수 있습니다. 우리 증시는 지금 신흥 지수에 편입되어 있습니다. 중국, 인도, 대만 등에 이어서 10% 이상의 비중을 차지합니다. 그런데 새롭게 이 지수에 편입되는 국가가 꾸준히 생겨나고, 우리의 성장 속도가 신흥 국가들 사이에서는 뒤처지기 때문에 이 지수에서 차지하는 비중은 꾸준히 감소하고 있습니다. 그래서 주요 지수가 리밸런싱(운용하는 자산의 편입 비중을 재조정하는 것)하는 날에는 보통 외국인의 매도 물량 압박이 발생하게 됩니다. 그런데 선진 지수로 편입되면 상황이 반대입니다. 신흥 지수에 있을 때보다 작게는 10조 원 중반, 많게는 60조 원 이상의 자금이 순유입될 것으로 예상됩니다. 현재 국민연금이 보유하고 있는 국내 주식이 100조 원 초·중반 수준임을 감안하면 큰 도움이 될 것입니다.

만약 선진 지수에 편입된다면 밸류에이션 멀티플이 올라가는 효과를 누릴 가능성도 큽니다. 선진 지수에 포함된 국가들은 우리 증시와 대비해서 30~50%가량 밸류에이션 멀티플이 높은데, 우리도 이를 어느 정도 따라갈 것이란 가정을 충분히 해볼 수 있습니다. 실제로 2022년 말에 나온 모 외사의 한국 증시 리포트에서는 한국 증시가 선진 지수에 편입될 경우 밸류에이션 멀티플 상향 효과가 30%가량 나올 것이라고 예상하기도 했습니다.

그렇다면 선진 지수 편입의 최대 걸림돌은 무엇일까요? 바로 외

투자의 역사는 반드시 되풀이된다

환시장 추가 개방입니다. 다른 조건은 사실상 다 갖추었습니다. 그런데 자유로운 외환 거래가 되지 않는다는 점이 최대 약점입니다. 글로벌 투자자들은 언제든지 돈을 넣었다 뺄 수 있기를 원합니다. 하지만 우리는 IMF 외환위기를 겪었던 트라우마가 있기 때문에 외환시장의 추가 개방에 매우 조심스러운 태도입니다. 다만 우리도 이제 대외 자산이 많이 증가한 상황이고, 국민연금의 해외 투자 시 외화 헤지 비율 증대 등 환시장을 안정화시킬 수 있는 다양한 방법이 마련되어 있습니다. 2024년 하반기부터 외환시장 마감 시간을 연장하려는 계획이 발표되었는데, 만약 실제로 시행된다면 무난하게 선진 지수에 편입될 것으로 보입니다.

비록 선진 지수에 들어가지 못하더라도 우리 시장 체질 자체를 선진화하는 방법도 있습니다. 바로 주주권익을 증대할 수 있는 다양한 법안을 만드는 것입니다. 주주권익에 대한 무시로 인해 우리 증시는 코리아 디스카운트에 놓여 있는 상황입니다. 앞에서도 강조했지만 핵심은 이사의 충실 의무를 개정하는 것입니다. 일단 권익이 침해당했을 때 일반주주가 여기에 대해 이의를 제기할 수 있는 최소한의 환경을 만드는 것이 급선무입니다.

더불어 국내 자금이 금융시장으로 계속 유입될 수 있는 유인책 마련이 필요합니다. 고질적으로 지적된 사항인데, 한국은 전체 자산에서 금융자산이 차지하는 비중이 다른 나라와 비교했을 때 많이 낮습니다. 이처럼 편중된 자산 구조를 갖추고 있으면, 특정 자산군이 하락할 때 안정성이 낮아질 위험이 있습니다.

역사 공부를 통해
주식에 투자할 때 주의 사항

역사는 반복되지만 재현되지 않습니다. 투자자들은 현재 발생하는 일이 과거와 다를 수 있다는 점을 늘 명심해야 합니다.

이번 코로나19 이후 나타난 증시도 마찬가지입니다. 사람들은 연준이 금리를 올려 나갈 때에는 증시가 절대 빠지지 않고, 올라간다고 말했습니다. 과거에 그랬다고 말이지요. 실제로 과거를 보면 금리를 올려 나갈 때 주식시장도 같이 올라간 경우가 많았습니다. 이유는 이렇습니다. 위기가 오면 연준이 금리를 크게 내리게 됩니다. 이후 경제가 조금씩 살아나게 되면 연준은 경기가 살아나는 속도보다 조금 더 느리게 금리를 올려 나가기 시작합니다. 중병을 앓았다가 간신히 건강을 회복했으니 무리하지 않고 일상에 복귀할 수 있도록 서서히 재활의 강도를 높여가는 것과 같습니다. 이처럼 경기가 회복하는 속도보다 느리게 금리를 올리기 때문에 비록 금리를 올려 나가고 있지만, 실제 금융환경은 상대적으로 완화적인 상황이 계속 유지됩니다. 그렇기에 금리 인상기에 경제가 계속해서 확장하고, 주식시장도 좋았던 것입니다.

그런데 이번에는 인플레이션 때문에 울며 겨자 먹기로 빠르게 금리를 인상해갔습니다. 과거의 일반적인 양상과는 다른 것입니다. 그렇다면 금리 인상기에 주식시장의 반응이 반대로 나올 수도 있음을 시나리오에 넣어두어야 합니다. 실제로 금리를 인상해나가던 2022년에 미국 주식시장은 급락했습니다. 단순하게 과거를 공부했다면 이처럼 변주가 나타났을 때 하락을 피할 수 없었을 것입니다.

그렇다면 이제 다음도 생각해봐야 합니다. 앞서 금리를 올려 나갈 때 증시가 절대 빠지지 않는다고 주장했던 사람들은 반대로 연준이 금리를 내릴 때에는 증시가 반드시 급락한다는 주장을 합니다. 경제가 침체로 빠져드니 어쩔 수 없이 금리를 내리는 것이고, 침체에 빠지는 과정에서 주가 폭락이 함께 나타났다는 것입니다. 그런데 금리가 올라가던 국면에서 이미 그 관계가 깨져 버렸습니다. 그렇다면 이번엔 과거와 다르게 반응할 수도 있다는 가능성을 염두에 두어야 합니다.

예를 들어 인플레이션으로 신음했던 1970년대에도 데이터 간의 관계성이 괴상하게 발생한 사례가 있습니다. 1970년대에는 인플레이션이 초반, 중반, 후반, 세 차례 왔습니다. 앞서 초반, 중반의 두 차례에는 물가가 상승하면 주식시장이 하락하고, 반대로 물가가 하락하면 주식시장이 상승했습니다. 둘의 관계가 명확했습니다. 그런데 후반에는 물가가 오르는데 주식시장도 함께 올랐습니다. 반면 물가가 내리는데 주식시장도 함께 내렸습니다. 오직 물가와 주식시장과의 관계성에만 의존해서 투자했다면 낭패를 보았을 것입니다.

장·단기 금리 역전에 대해서도 마찬가지입니다. 설명력이 높은 지표이지만 절대적이진 않습니다. 1960년대 중반에는 장단기 금리가 역전되었음에도 불구하고 침체로 빠지지 않았습니다. 왜 1960년대 중반에는 그런 일이 발생했을까'에 대한 가설 중 하나가 당시 비전통적인 정책이 사용되었기 때문이라는 말이 있습니다. 금융위기 이후 보았던 비전통적 정책 중 하나인 오퍼레이션 트위스트가 당시에 처음 사용되었습니다.

이처럼 과거 공부를 했음에도 불구하고 현재에 적용할 때 어려움을 겪는 대표적인 이유는 딱 한 가지로 모든 걸 설명하려는 경향이 강하기 때문입니다. 만약 주식시장이 한두 가지 자료로 설명 가능했다면 과학자 뉴턴이 남해회사 주식에 투자해 전 재산을 잃지는 않았을 것입니다. 그러므로 투자자는 다양한 가능성을 열어두고 데이터의 총체성을 따져보아야 실수를 줄일 수 있습니다.

이처럼 아무리 열심히 공부했다고 해도 증시는 언제든지 변주를 만들어냅니다. 따라서 완벽하게 맞추는 경우는 없습니다. 그래서 투자자는 적절히 포트폴리오를 구성하여, 감당 가능한 리스크만 지도록 행동하는 것이 중요합니다. 분석의 정확도도 중요하지만 스스로 발생할 수 있는 변수를 생각해서 탄탄한 포트폴리오를 구성해야 합니다.

그리고 아무리 하락이 점쳐진다고 하더라도 하락 베팅은 위험하다고 말하고 싶습니다. 이미 증시가 역사상 가장 비싼 국면에 진입했음에도 불구하고 닷컴 버블 당시에 증시는 추가로 상승했습니다. 시장에서는 종종 말도 안 되는 일들이 발생하곤 합니다. 그러므로 만약 하락이 예상된다면 그저 현금 비중을 높여두는 것 외에는 좋은 방법이 없다고 생각합니다.

스스로의 투자 기준을 만들어야 하는 이유

대학을 졸업한 이후에도 거의 매 학기 주식 동아리에 나가 강의를 했습니다. 언젠가 다음과 같은 질문을 받은 적이 있습니다.

"그런데 선배님이 오늘 말하지 않은 필살기는 무엇인가요? 노하우를 다 알려주진 않을 거잖아요."

주식투자는 의외로 간단해서 감정을 절제하고, 싸게 사서 비싸게 파는 과정을 반복하면 큰 실수를 줄일 수 있습니다. 그래서 사실 교육이란 것이 별로 필요하지도 않습니다. 5분이면 중요한 모든 걸 다 말할 수 있습니다. 그런데 사람들은 무언가 대단한 비밀이 투자 세계에 숨어 있을 것이라고 생각합니다. 그것이 진짜라고 생각하면서 말이지요.

유튜브와 방송을 시작한 이후로 새로운 사람들을 많이 만나게 됩니다. 가장 많이 들었던 질문이 방송에서는 못하는 솔직한 이야기를 해달라는 것이었습니다. 그러면서 "사실은 A라고 생각하는데 유튜브나 방송에서는 어쩔 수 없이 B라고 이야기하는 것뿐이죠?"라는 이야기도 많이 들었습니다. 사람들은 비밀스럽고, 나만 아는 그 무언가를 갈망합니다. 투자 세계에서는 더더욱 말이지요. 그래서 유튜브에서 말한 게 전부라고 하면 이내 실망해 버립니다. 자신에게 마음을 열고 정보를 공유하지 않는 사람으로 취급해 버립니다.

하지만 비밀스러운 정보에 의존한 투자는 사상누각이 되어 버릴 수 있습니다. 세상에는 역정보도 많기 때문입니다.

그래서 투자자는 반드시 스스로의 기준을 만들어야 합니다. 모두 다 워런 버핏처럼 가치투자를 하자는 것이 아닙니다. 서로 생김새가 다르듯이 자신에게 맞는 투자 방법도 다릅니다. 그러므로 스스로의 성향에 맞는 투자법을 선택하고, 이 방식의 장단점을 객관적으로 파악하여 위험을 관리해나가면 됩니다.

스스로의 기준 없이 다른 사람의 말만 듣고 투자하면 양방향으로 위험이 발생합니다. 먼저 손실이 발생할 때 추가로 물타기를 해야 하는지, 아니면 손절매를 해야 하는지 알 수 없습니다. 가령 금융위기 때 어떤 종목은 회사 경쟁력에 아무런 문제가 없는데도 불구하고 주가가 10분의 1 토막이 났습니다. 남의 말만 듣고 투자했다면 추가로 매수할 엄두를 내지 못했을 것입니다. 이후 금융위기가 걷히자 바닥 대비 100배, 위기 전 가격 대비 10배 넘게 상승했습니다.

투자의 역사는 반드시 되풀이된다

반대로 이익을 너무 빨리 실현해 버려서 기회 손실이 발생할 위험입니다. 남의 말만 듣고 주식투자를 하면 적당히 10~20% 올랐을 때 주식을 팔고 싶어집니다. 사실은 향후 100% 이상 상승할 주식인데 말입니다.

짧은 투자 조언 몇 가지

• 일생일대의 기회 증후군에서 탈출하기

투자자는 가급적 영화 「빅쇼트」를 멀리할 필요가 있습니다. 100년에 한 번 일어날 일을 맞춘 짜릿한 쾌감이 있는 실화이지만, 반대로 생각하면 그런 일은 정말로 가끔 일어나는 일일 뿐이기 때문입니다. 투자자는 확률에 기대서 판단하는 것이 장기적으로 더 낫습니다.

• 타이밍에 대한 과도한 관심

투자자들은 너무나 스마트합니다. 그래서 가치 대비 저평가인 기업을 발굴한 이후에도 고민에 빠집니다. '과연 이 종목에 대한 시장의 오해가 언제 풀릴까'라는 고민 말입니다. 오해가 풀리는 타이밍을 정확히 알 수 있다면 그사이 다른 종목에 투자해서 수익을 올릴 수 있는 기회가 또 생겨나는 것이니 얼마나 매력적인 고민입니까. 하지만 오해가 풀리는 타이밍은 정말로 알기 어렵습니다. 때때로 시장은 몇 년에 걸쳐서 오해하기도 하기 때문입니다. 일단 제대로 가치를 평가해서 가격 대비 저평가 기업을 찾았다면 투자하기에는 그것으로 충분합니다.

• 감당 가능한 리스크

분석도 중요하지만 실제 투자에서는 위험 관리가 핵심입니다. 위험 관리는 '스스로가 감당 가능한 수준' 내에서 이뤄져야 합니다. 그리고 이 감당 가능한 수준이라는 것은 투자자의 성향에 따라 모두 다릅니다. 자신의 성향에 맞는 수준을 반드시 설정해야 합니다.

• 투자자가 될 것인가, 평론가가 될 것인가

투자자는 종종 대중과 반대로 움직여야 합니다. 이처럼 대중과 반대로 움직일 때 이를 두고 사람들은 '현실을 모르고 낙관론에 빠져 있는 바보'라고 비웃을 것입니다. 똑똑한 척을 하기엔 평론가가 좋습니다.

• 지적 매몰 비용 효과에 대한 경계

공부한 게 아까울 때가 있습니다. 그래서 사람들은 단순히 그 분야를 분석하는 데 많은 시간을 쏟아부었다는 이유만으로 (혹은 그래서 잘 알고 있다는 착각에 빠져서) 과감하게 투자 결정을 내리는 경우가 있습니다. 이를 필자는 지적 매몰 비용 효과가 발생했다고 표현합니다. 더 많은 분석 시간을 들인 것과 투자 성공 여부는 아무런 관계가 없습니다.

• 능력 범위 넓히기

제대로 알고 있는 분야에서 투자 결정을 내리는 것은 상대적으로 쉬운 일입니다. 그래서 투자자는 끊임없는 탐구를 통해 '제대로 알고 있는 분야'를 꾸준히 넓혀가야 합니다. 다만 여기서 주의할 점이 있습니다. 아직 탐구가 설익었음에도 불구하고 수익의 기회를 놓칠까 봐 조바심에 투자 결정을 내리는 경우가 있습니다. 투자자는 이를 경계해야 합니다. 지금 공부를 시작했다면 이와 관련한 당신의 능력 범위는 몇 년 뒤에야 넓어질 것입니다. 이처럼 능력 범위를 제대로 써먹으려면 충분히 무르익는 과정을 거쳐야 합니다.

때때로 '아, 저거 알고 있었는데 놓쳤네. 아쉽다'라는 말을 합니다. 하지만 이는 틀린 말입니다. 원래 투자 아이디어를 10개 내면 그중에서 실제 투자로 이어지는 경우는 3~4개에 불과합니다. 그리고 그중에서 절반이 조금 넘는 아이디어가 성공으로 이어집니다. 알고 있는 것을 놓친 게 아쉬운 것이 아니라, 아이디어가 부족한 것이 문제입니다.

• 변하는 것과 변하지 않는 것

기업가치에 투자하는 전략이 우수하다는 것은 워런 버핏이 평생

증명해 보였습니다. 성공적인 투자를 하려면 버핏처럼 해야 한다는 것은 변하지 않는 사실입니다.

그런데 자신만의 방법을 만들어가는 과정에서 '매크로'를 보기로 마음먹었다면 이제 당신은 변하는 것의 세상에 들어온 것입니다. 그래서 늘 예상치 못한 어떤 일이 벌어질 수 있다는 생각을 가지고 매크로를 바라보아야 합니다.

공부하는 투자자가
승률이 높은 이유

첫 책을 쓰면서 느낀 점이 있습니다. 바로 책이란 읽는 즐거움도 크지만 쓰는 즐거움도 크다는 점입니다. 내용을 정리해가는 과정에서 스스로 더 많은 공부가 필요함을 느꼈고, 이를 보완해가는 과정에서 지식이 하나둘 쌓여감을 느낄 수 있었습니다.

반면 표현이 많이 미숙하다는 점도 깨달았습니다. 경제, 주식을 다루다 보니 전문 용어를 사용할 수밖에 없는데 이 과정에서 간단한 내용을 어렵게 설명해나가는 경우가 많았습니다. 더 잘 알수록 더 쉽고 간단하게 설명할 수 있다고 하는데, 필자의 내공은 아직 많이 부족합니다.

주식이 좋아서, 주식과 관련된 일을 하게 된 필자 입장에서 최소한 이 책을 접하신 분들께서는 주식이 도박이라는 인식을 갖지 않았으면 하는 바람입니다. 투자는 확률 싸움이고, 역사를 공부하면 확률을 높일 수 있기 때문입니다.

부족함이 많은 필자의 첫 책이 세상에 나올 수 있도록 아낌없는 응원과 조언을 보내주신 김선준 대표님, 송병규 팀장님, 그리고 포레스트북스에 감사하다는 말씀을 드리고 싶습니다.

세상을 보는 바른 눈을 가질 수 있도록 길러주신 아버지, 어머니께도 감사한 마음을 전합니다. 또한 늘 무한한 믿음과 응원을 보내주는 아내와 코로나19 사이에 태어난 씩씩한 아들에게도 고맙다는 말을 하고 싶습니다. 사랑합니다.

투자의 역사는
반드시 되풀이된다

초판 1쇄 발행 2023년 5월 22일
초판 3쇄 발행 2023년 6월 23일

지은이 정광우
펴낸이 김선준

책임편집 송병규
편집팀 송병규, 이희산, 정슬기
마케팅팀 이진규, 권두리, 신동빈
홍보팀 한보라, 유준상, 이은정, 유채원, 권희, 박지훈
디자인 김세민
일러스트 온도 justondo@kakao.com
경영관리팀 송현주, 권송이

펴낸곳 (주)콘텐츠그룹 포레스트 출판등록 2021년 4월 16일 제2021-000079호
주소 서울시 영등포구 여의대로 108 파크원타워1 28층
전화 02) 332-5855 팩스 070) 4170-4865
이메일 www.forestbooks.co.kr
종이 (주)월드페이퍼 인쇄 더블비 제본 책공감

ISBN 979-11-92625-47-8 (03320)

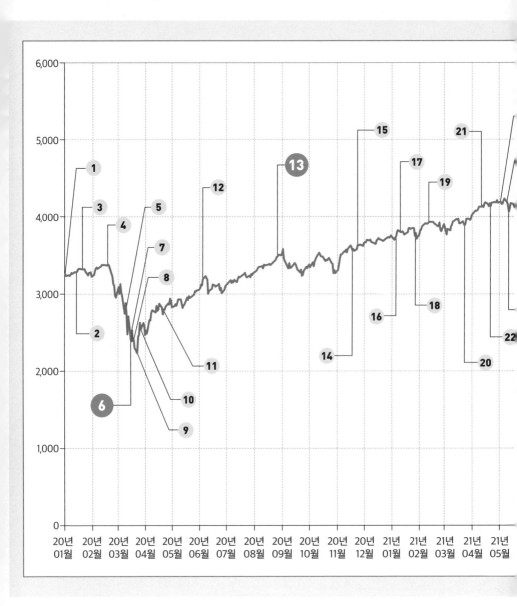

1	2019년 12월	중국, 첫 코로나19 확진자 발생
2	2020년 1월 15일	미-중, 1단계 무역합의
3	2020년 1월 20일	미국, 한국, 첫 코로나19 확진자 발생
4	2020년 2월 19일	S&P 500, 나스닥, 코로나19 폭락 이전 최고점
5	2020년 3월 9일	미국채 10년물 코로나 최저점 기록(0.31%)
⭐ 6	2020년 3월 15일	연준, 제로 금리 및 양적완화 결정
7	2020년 3월 16일	한국, 공매도 전면 금지
8	2020년 3월 19일	한-미 통화 스와프 체결 / 한국 증시 코로나19 폭락 최저점
9	2020년 3월 23일	미국 3대 지수 코로나 19 폭락 최저점
10	2020년 3월 27일	CARES Act 승인(트럼프 2.2조 달러 경기부양법안)
11	2020년 4월 20일	원유 선물, 첫 마이너스 기록(−37달러)
12	2020년 6월 5일	나스닥, 코로나 전고점 돌파
⭐ 13	2020년 8월 27일	연준, 평균물가목표제 도입(AIT)
14	2020년 11월 18일	화이자 백신 예방효과 95% 발표
15	2020년 11월 24일	코스피, 코로나 전고점 돌파
16	2021년 1월 6일	미국채 10년물, 코로나 이후 첫 1% 돌파
17	2021년 1월 11일	삼성전자, 코로나 랠리 최고점일 / 거래대금 최대치일(65조 원)
18	2021년 1월 28일	게임스탑 급등(밈 주식 신드롬)
19	2021년 2월 12일	캐시 우드, ARKK 최고가일
20	2021년 3월 24일	수에즈 운하 배 사고 발생
21	2021년 4월 10일	알리바바, 역대 최고 벌금 부과(중국 정부의 플랫폼 규제 본격 시작)
22	2021년 4월 21일	캐나다 중앙은행, 선진국 중 최초로 테이퍼링 결정
23	2021년 5월 3일	한국, 공매도 부분 재개(코스피200, 코스닥150 한정)
24	2021년 5월 10일	5년 기대인플레이션 2006년 5월 이후 최고치 기록
25	2021년 5월 12일	미국 소비물가 4% 돌파
⭐ 26	2021년 5월 27일	미국, 제2차 세계대전 이후 최대 규모 재정적자 예산안 공개
27	2021년 6월 25일	코스피, 코로나 랠리 최고점
28	2021년 8월 6일	코스닥, 코로나 랠리 최고점
29	2021년 8월 16일	S&P 500, 저점 대비 2배 상승, 제2차 세계대전 이후 가장 빠른 속도
30	2021년 8월 26일	한국은행, 코로나 이후 첫 금리 인상
31	2021년 9월 23일	중국 부동산 기업 헝다, 달러채 이자 미지급으로 부동산 우려 확산
32	2021년 11월 3일	연준, 테이퍼링 발표 / 미국 대통령 선거(바이든 승리)
33	2021년 11월 22일	바이든, 파월을 연준 의장으로 재지명 / 나스닥, 코로나 랠리 최고점
34	2021년 11월 23일	미국, 10년 만에 전략적 비축유 방출 결정
⭐ 35	2021년 11월 30일	파월, 인플레이션 일시적 의견 철회
36	2021년 12월 28일	비트코인, 50주선 하향 이탈하자 가격 급락
37	2021년 12월 31일	한-미 통화 스와프 종료
38	2022년 1월 4일	매파적인 12월 FOMC 회의 의사록에 증시 하락 / S&P500, 코로나 랠리 최고점
39	2022년 1월 27일	LG에너지솔루션 상장(청약 증거금 신기록 114조 원)
40	2022년 2월 10일	미국채 10년물 코로나 이후 첫 2% 돌파
⭐ 41	2022년 2월 17일	러시아-우크라이나 포격 / 미국 증시 차트상 헤드앤숄더 출현
⭐ 42	2022년 3월 16일	연준, 코로나 이후 첫 금리 인상(0.25%)
⭐ 43	2022년 3월 27일	중국, 코로나로 상해 대봉쇄
44	2022년 3월 29일	미국, 장단기 금리 차(2년-10년) 코로나 이후 첫 역전
45	2022년 5월 4일	연준, 2000년 이후 첫 빅스텝(0.50% 인상)
46	2022년 5월 5일	미국채 10년물 코로나 이후 첫 3% 돌파
47	2022년 6월 15일	연준, 1994년 이후 첫 자이언트스텝(0.75% 인상)
⭐ 48	2022년 7월 13일	미국, 소비자물가 9.1% 기록 / 한국은행 사상 첫 빅스텝(0.50%)
49	2022년 8월 2일	낸시 펠로시 미국 하원의장, 대만 방문
50	2022년 8월 16일	바이든, 인플레이션 감축 법안 사인(IRA)
51	2022년 8월 26일	파월, 잭슨홀 연설에서 폴 볼커에 빙의하는 극강 매파성 보여
52	2022년 10월 19일	한국, 레고랜드발 자금 경색
53	2022년 10월 20일	영국, 정책 혼란 책임을 지고 트러스 총리 사퇴
54	2022년 10월 21일	WSJ 닉 티미라오스 기자, 연준 피벗
⭐ 55	2022년 11월 2일	연준, 사상 첫 4연속 자이언트스텝(0.75% 폭의 금리 인상을 지칭)
56	2022년 11월 9일	미국 중간선거(상원-민주당, 하원-공화당 승리)
57	2022년 11월 11일	중국, 방역 일부 완화 조치 발표
58	2022년 11월 18일	일본, 소비자물가 40년 만에 최고치
⭐ 59	2022년 12월 14일	연준, 금리 인상 감속(0.75% ⇨ 0.50%)
60	2022년 12월 20일	일본, YCC 범위 확대 조치
61	2022년 12월 22일	한국, 법인세 인하, 금투세 2년 유예, 대주주 기준 유지 결정
62	2022년 12월 27일	중국, 입국자 시설격리 해제 발표(해외 여행 사실상 자유화)
63	2022년 12월 29일	유럽, 가스 가격 전쟁 전 수준으로 회귀

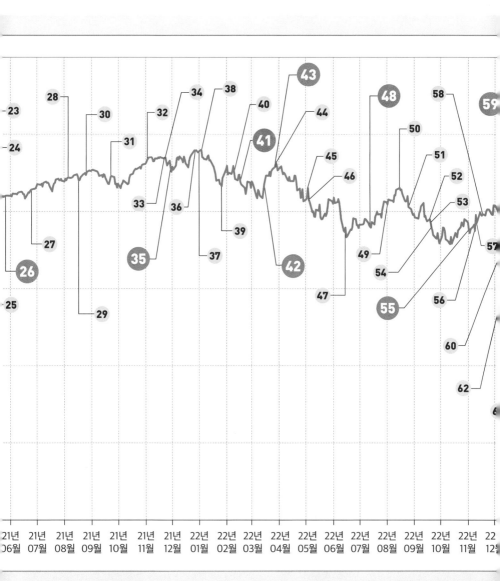